中国文化简史

冯天瑜
周积明
著

北京大学出版社
PEKING UNIVERSITY PRESS

图书在版编目（CIP）数据

中国文化简史 / 冯天瑜，周积明著 .-- 北京：北京大学出版社 ,2025.1.--ISBN 978-7-301-35667-8

I. K203

中国国家版本馆 CIP 数据核字第 20244EG356 号

书　　　名	中国文化简史 ZHONGGUO WENHUA JIANSHI
著作责任者	冯天瑜　周积明　著
策 划 编 辑	王炜烨
责 任 编 辑	王炜烨　王立刚
标 准 书 号	ISBN 978-7-301-35667-8
出 版 发 行	北京大学出版社
地　　　址	北京市海淀区成府路 205 号　100871
网　　　址	http://www.pup.cn　新浪微博:@北京大学出版社
电 子 邮 箱	zpup@pup.cn
电　　　话	邮购部 010-62752015　发行部 010-62750672 编辑部 010-62750673
印 刷 者	北京九天鸿程印刷有限责任公司
经 销 者	新华书店 965 毫米 ×1300 毫米　16 开本　29 印张　399 千字 2025 年 1 月第 1 版　2025 年 1 月第 1 次印刷
定　　　价	159.00 元

未经许可，不得以任何方式复制或抄袭本书之部分或全部内容。
版权所有，侵权必究
举报电话：010-62752024　电子邮箱：fd@pup.cn
图书如有印装质量问题，请与出版部联系，电话：010-62756370

目 录

001　　题记

005　　第一章
　　　　文化、中国文化、中国古代文化

019　　第二章
　　　　"纳细川于巨流"
　　　　——中国文化的生成机制

049　　第三章
　　　　中国文化的"土壤分析"

079　　第四章
　　　　农业—宗法社会养育出来的中国文化
　　　　——一个以伦理意识为中心的系统

131　　第五章
　　　　从文字到书籍

153　　第六章
　　　　具有独特范畴系统和思维方式的哲学

173	第七章
	中国本土宗教与外来宗教的本土化
211	第八章
	高峰迭起的文学
273	第九章
	异彩纷呈的艺术
327	第十章
	承传不辍、代有高峰的史学
353	第十一章
	科举制度
	——近代西方文官制的模本
373	第十二章
	长期走在世界前列的中国古代科技
413	第十三章
	中外文化交通
447	结语
	中国近代文化从挫折中崛起

题记

冯文瑜

中国文化是世界仅见的延绵不绝、高峰迭起的文化系统，它以卓异的风格、众多的成就，使世人叹为观止。

随着工业化在世界范围的普遍展开，运河已不胜枚举，而贯穿中国南北的京杭大运河，其里程迄今仍居通航运河的首位。各国在古代、中世纪、近代都曾集中能工巧匠，修建了许多精美壮观的宫殿，而北京故宫是其中的佼佼者，它以规模的宏大和气象的雄伟，使巴黎凡尔赛宫、莫斯科克里姆林宫相形见绌。

古代西方人以他们的眼界所限，曾把埃及胡夫金字塔、巴比伦空中花园、阿尔忒弥斯神庙、奥林匹亚宙斯神像、摩索拉斯陵墓、罗德岛太阳神巨像和亚历山大灯塔这七个东地中海沿岸的古建筑称作"世界七大奇迹"，而当他们的后代目睹西安附近兵马俑所模拟的公元前两个世纪秦朝将士庞大方阵的时候，不禁由衷地赞叹，这是"世界第八大奇迹"！其实，兵马俑不过是秦始皇陵墓的附属设施，发掘这个"千古一帝"的陵墓，无疑将打开一个更加丰富的中国古代文化的宝库。

从16世纪至17世纪开始，充满理性精神的中国古典哲学、洋溢着民本思想激情的元杂剧和明清小说传入欧洲，给这个文明大陆展现了一个崭新的精神天地，莱布尼茨、伏尔泰、歌德、巴尔扎克、托尔斯泰等文化巨匠都从中受到教益，获得灵感和启示；造纸术、印刷术、指南针、火药、瓷器等项发明，对欧洲及整个人类进步所起的伟大作用，早已为培根、马克思、恩格斯所确认。

至于中国文化对东亚文明圈的影响，就更为直接。美国的日本问题专家埃德温·赖肖尔指出："日本人非常清楚，他们的文字、词汇、艺术和许多传统的价值观念都来源于中国。中国是他们的希腊、罗马。"①

中国文化充满魅力，蕴蓄无穷的奥秘，它曾引起世界各国的倾慕和研究兴趣，汉学成为几个世纪来西方各国及日本一门愈益兴盛的学问，中国文化学是其重要的组成部分；而资本——帝国主义殖民强盗百余年间则处心积虑地掠夺这份宝藏，圆明园的洗劫、千佛洞的窃取，便是那些"文明强盗"令人发指的劣迹中的两项。而无论是外国学人的研究工作还是侵略者的窥探和强取豪夺，都报告着中国古代文化所具有的世界意义，敦促我们更深入地了解自己民族文化的传统，真实地而不是虚骄地把握中国文化历数千年而不衰或虽衰复盛的机制所在，理智地而不是浮躁地认识导致中国文化在近几个世纪由先进转为落后的原因。

对于当代中国人来说，中国古代文化绝不仅仅只具有文物价值，它作为一种传统与习惯，早已渗入中国人的血液中。从这一意义而言，中国传统文化并非明日黄花，而是与当今和未来息息相关的，正如梁启超所说：

> 凡一国之能立于世界，必有其国民独具之特质。上自道德法律，下至风俗、习惯、文学、美术，皆有一种独立之精神。祖父传之，子孙继之，然后群乃结，国乃成。斯实民族主义之根柢源泉也。②

中国文化所取得的成就，是今日中国人前进的基点，又是激发文化自信的有力材料，它生动地表明，中国人绝非低能儿，其智慧可与任何民族相媲美，从而扫荡那种数典忘祖、妄自菲薄的病态倾向。在中华民族屡遭挫折的20世纪初，拨动中国人爱国心弦的，很重要的一个力量，便是祖国悠久而灿烂的文化。毋庸讳言，中国古代文化作为宗法式

---

① ［美］埃德温·赖肖尔：《日本人》，孟胜德、刘文涛译，上海：上海译文出版社1980年，第462页。
② 梁启超：《新民说·释新民之义》，汤志钧、汤仁泽编：《梁启超全集》第2集，北京：中国人民大学出版社2018年，第533页。

农业社会的产物，存在着若干固有弱点，这些弱点在近几个世纪日益成为一种历史的惰力，阻碍着中国迈向近代社会。因此，改造传统文化，是近代中国先进的人们思考的一个重要课题，他们曾经呼唤："儒教不革命，儒学不转轮，吾国遂无新思想、新学说，何以造新国民？悠悠万事，唯此为大已吁！"[①] 由于种种复杂原因，中国近现代并没有完成对传统文化实现科学改造的任务。当今，当中华民族进行了历史的反省，决计完成以中国式现代化全面推进中华民族伟大复兴的使命之际，对中国传统文化给予科学的估量，无论是就激励民族自信心，还是就焕发改革精神而言，其积极意义都是显而易见的。为达到这一目标而探究中国传统文化，既非"嗜古成癖"，也不是一味陶醉于往昔的荣光，用阿Q式的"老子先前比你阔"之类的话语麻痹自己；而是攀登新高峰时对基地的检阅，跃进前深沉的反顾。

在近现代，中国人对于传统文化的态度，曾出现过西化派的"全盘否定"和国粹派的"全盘肯定"两种偏颇，这些片面性的观点都给中华民族带来过损失。而经过实践检验的可取态度，则是对于中国传统文化坚持"拿来主义"：

> 我们要拿来。我们要或使用，或存放，或毁灭。……没有拿来的，人不能自成为新人，没有拿来的，文艺不能自成为新文艺。[②]

如果本着"拿来主义"的态度，以科学的、主人翁的精神去追溯中国文化的发展踪迹，并深入其堂奥，辨析其优长与缺失，审度其弃取抑扬的所在，将有助于我们"冲决历史之桎梏，涤荡历史之积秽，新造民族之生命，挽回民族之青春"[③]。

---

① 吴虞：《儒家主张阶级制度之害》，《新青年》1917年6月1日第3卷第4号。
② 鲁迅：《且介亭杂文·拿来主义》，《鲁迅全集》第6卷，北京：人民文学出版社2005年，第41页。
③ 李大钊：《青春》，《新青年》1916年9月1日第2卷第1号。

第一章

文化、中国文化、中国古代文化

"文化"既是中国古已有之的概念，又是一个在近代吸收了外来意识，赋予了新含义的词汇。

文化大致可归纳为广义文化、狭义文化二说。所谓广义文化，指人类劳动创造成果的总和，凡是超越本能的、人类有意识地作用于自然界和社会的一切活动，都属于广义的"文化"；或者说，"自然的人化"就是文化。狭义文化，则指与特定的、民族的生产方式和生活方式相适应，以语言为符号传播的价值观念和行为准则。本书所指的"文化"，主要限于狭义文化，即社会意识形态，如思想、道德、风尚、宗教、文学艺术、科学技术、学术等，以及与之相适应的制度和组织。

中国古代的"文化"概念，基本属于精神文明的范畴。

第一节

何为文化

在中国古代典籍里,文化是"文"和"化"的复合。从字源分析,"文,华也"①;"华"即古"花"字。《说文解字》中"文"通"纹",故"文"指错画,有花纹、纹路、纹理的意思,可引申为文字、文章、文采、条文等。早在先秦,"文"已屡见于各种典籍。《尚书·序》说"由是文籍生焉",这里的"文"指文字;《尚书·大禹谟》说"文命敷于四海",称颂大禹以文德布陈于四海,这里的"文"指文德教化。《论语·学而》说"行有余力,则以学文",此处"文"与"德行"对应,指道艺,即诗书礼乐之类,或谓"六艺之文"。《论语·雍也》说:"质胜文则野,文胜质则史。文质彬彬,然后君子。"意为自然形态胜于人为形态的谓之"野",人为形态胜于自然形态的谓之"史",人为形态与自然形态彼此切合,就符合君子的风貌了。在这里,"文"与"质"对称,具有修饰、人为加工等含义。

至于"化"字,则有变、改、化生、造化等意思,如《礼记·乐记》说"和,故百物皆化",这里的"化"指化生;《黄帝内经·素问》说"化不可代,时不可违",这里的"化"指造化。

中国现存最早的哲学著作《易》的《贲卦·彖传》开始把"文"与

---

① 《论语·雍也第六》。

"化"联系起来使用:"观乎天文,以察时变;观乎人文,以化成天下。"①此处的"人文"是从"文"的纹理义演化而来,借指社会生活中人和人之间的各种关系,如夫妇、父子、兄弟、朋友、君臣纵横交织,构成复杂网络,具有纹理的表象,因此,"人文"是指人伦的序列,"人文""化成天下"意即通过人伦教化使人们自觉行动。可见,中国古籍(主要是儒家典籍)里的"文化"有"以文教化"的意思,即以诗书礼乐、道德伦序教化世人,由此引申为封建王朝所施的文治教化的总和。总之,中国古代的"文化"概念,基本属于精神文明的范畴。

现在通用的"文化"一词,是近代翻译家在译介西方相关语汇时,借用的中国古已有之的"文化"这一词语。而西方所谓的"文化",原从拉丁文 cultura 转化而来,在德文中为 kulture,在英文与法文中均为 culture。cultura 的拉丁文原形为动词,本义为耕种,16 世纪至 17 世纪,cultura 逐渐由耕种引申为对树木禾苗的培养,并进而被指为对人类心灵、知识、情操、风尚的化育。可见,"文化"一词在欧洲文化系统中,是从人类的物质生产逐渐引申到精神生产的。当今在英语中,Culture 有十分广泛的用途,如农业为 agriculture、人工养殖的珍珠为 cultured pearl、体育为 physical culture。总之,Culture 既有物质生产又有精神创造的含义。

自 19 世纪下半叶,随着人类学、社会学、文化学等学科的兴起,"文化"这一人类独有的现象开始得到专门研究。不少人类学者、社会学者、文化学者以及历史学者给文化下过许多定义,作过种种说明。有的认为文化是人类行为的形式;有的认为文化是生活方式;有的学者分文化为四大主要成分——物质、社会、语言、精神;还有的学者拟出文化的普遍模式,其中包括九大类——语言、物质特质、艺术、神话与科学知识、宗教、动作、家庭与社会制度、财产、政府、战争。文化学

---

① 《周易·贲·彖传》。

的奠基者泰纳则给文化先后下过两个定义：其一，文化是一个复杂的总体，包括知识、艺术、宗教、神话、法律、风俗，以及其他社会现象。其二，文化是一个复杂的总体，包括知识、信仰、艺术、道德、法律、风俗，以及人类在社会里所获得的一切能力与习惯。迄今为止，国内外关于文化的定义已不下百种。

尽管人们对文化的解释歧见纷纭，但加以提炼，大致可归纳为广义文化、狭义文化二说。

所谓广义文化，指人类劳动创造成果的总和，凡是超越本能的、人类有意识地作用于自然界和社会的一切活动，都属于广义的"文化"；或者说，"自然的人化"就是文化。美国人类学家赫斯科维茨在《文化人类学》中认为，"文化是环境的人造部分"。一块天然的石头不具备文化的意蕴，但经过人工打磨的石器，就进入了"文化"范畴。广义文化包括物质生产、社会组织和精神生活、科学技术、思想观念。以风俗习惯为主要内容的行为文化，也属于广义文化。考古学上的"文化"，则指同一时期、同一地区具有共同特征的考古遗存的总体，通常以首次发现地点或特征性的遗迹、遗物命名，如仰韶文化、龙山文化、彩陶文化、黑陶文化等。考古学上的文化包括人类的精神创造和物质创造两个侧面，属于广义文化范畴。此外，人们通常所说的中国是"声明文物之邦"，也是广义文化的概念。"声"指语言、音乐；"明"指光彩、色彩，包括服装、绘画；"文"指文字、文法、文体、文学、文献；"物"指经人类加工的物质。所以，"声明文物"这样的文化概念，包含了物质文明和精神文明两个侧面。

至于狭义文化，则指与特定的、民族的生产方式和生活方式相适应，以语言为符号传播的价值观念和行为准则。本书所指的"文化"，主要限于狭义文化，即社会意识形态，如思想、道德、风尚、宗教、文学艺术、科学技术、学术等，以及与之相适应的制度和组织。

当然，精神文化与物质文化虽有区别，却不能截然分离，人类精

>>> 人们通常所说的中国是"声明文物之邦",也是广义文化的概念。"声"指语言、音乐;"明"指光彩、色彩,包括服装、绘画;"文"指文字、文法、文体、文学、文献;"物"指经人类加工的物质。图为中国古代音乐舞蹈陶俑。

神文化的发展历程,是与整个历史(历史首先是物质文明的历史)交织在一起的。一方面,精神文化总是受制并附丽于一定的物质条件,如音乐演奏需要乐器,美术创作离不开颜料、笔墨纸砚,文学的流传依赖印刷、纸张等物质材料,更毋庸说人类从事一切精神文化活动必须在解决了衣食住行等物质生存条件之后方能进行;同时,精神文化是以物质世界和人类的物质创造作为自己表现、描绘或研究的对象。另一方面,人类的物质创造又凝结着智慧、意向、情绪、审美意识,例如一座建筑——当然是物质文化,但这座建筑又包含着价值意识、科学技术、美学思想等精神文化的成果,并打上了政治、伦理观念的烙印,实际上是精神的物化或物化了的精神。因此,把精神文化与物质文化混为一谈,固然无法进行科学研究;将两者简单地加以分割,也失之于机械,不是文化史研究的正途。

第二节

中国文化史的发展阶段

如同世界上的一切事物一样,文化也具有自身的发展序列,这就是文化的历史,它是通过人们的创造长期积累发展起来的持续变迁系统。概略言之,这个运动着的系统经历了原始文化、古代文化、中世纪文化、近代文化、现代文化几个阶段。

原始文化是人类处于氏族社会时期的文化。在极端低下的物质生产水平的制约下,上古初民只能凭借感性的、质朴的思维方式(即所谓原始思维),把握自然界的某些表象,把自然力加以人格化和形象化。因此,原始宗教与上古神话成为这一时期精神文化的主要产品,它们与文明时期的人为宗教和文人创作神话的根本区别在于,原始宗教和上古神话为初民所确信,这里不存在后世人为宗教、文人创作神话那样的有意识的虚构。在充溢着泛灵观念的原始宗教和上古神话里,初民的宇宙观、道德标准、对自然界以及人自身的认识也尽包括于其中。这一时期的文化交流,以迁徙为典型方式,速度缓慢,规模窄小。

奴隶制文化,又称古代文化。在奴隶制时代所创造的物质文明的基础上,精神文化得到多方面的发展。埃及、巴比伦、印度、印第安都产生过高度发达的古代精神文明,希腊、罗马更创造了古代文化的高峰。尤其是古希腊,涌现了荷马史诗、埃斯库罗斯的悲剧、阿里斯托芬的喜剧、菲狄亚斯的雕刻、欧几里得的几何学、阿基米德的力学、柏拉图和亚里士多德的哲学。它们成为欧洲后世文化的先导，以至古希腊文化被称作欧洲文明之母，古希腊被视为欧洲文化的"家园"，雅典被推尊为欧洲的"文化首都"。中国的奴隶制时代也创造了灿烂的文化，20世纪70年代出土的随州擂鼓墩曾侯乙墓编钟，不仅显示了两千多年前中国青铜铸造的规模之巨大和工艺之精美，还以音色的优雅、音域的宽广及和声学所达到的高度震撼了世界音乐界。由于随州编钟的出土，"世界音乐史有必要重新撰写"。它只不过从一个小小的侧面展现了中国古代文化的辉煌。至于春秋战国之际出现的儒、道、墨、法、阴阳、杂、农诸家争鸣的盛况，更显示了中国古代文化的精深博大。而先秦诸子学对中国后世文化的影响，可与古希腊文化对欧洲后世文化的影响相比拟，中国人每当徜徉于先秦典籍之中，一种"家园感"也油然而生。

中世纪文化，即封建文化，在西方的欧洲与东方的中国，情形有很大差异。欧洲的封建制度是在日耳曼蛮族南侵、罗马帝国崩溃之后建立的，而中国的封建社会是通过新兴封建主（他们多由奴隶主贵族转化而来）完成统一战争后正式确立的，封建制度相当完整地保存了奴隶制度积累的文化成果，并运用"大一统"的封建帝国的政权力量改造并发展这个文化传统。类似欧洲的那种从古代到中世纪转变时期发生的巨大的文化倒退现象，中国没有出现；类似欧洲的那种神学在知识活动的整个领域中建立无上权威的情形，中国也没有出现。一种以宗法伦理意识为潜质的、以经验理性为主要形态的世俗文化，始终在中国封建时代居主导地位，因此，中国才有可能给人类提供最光辉的封建文化的范例。

由于中国的奴隶制文化与封建制文化没有像欧洲那样区别得泾渭分明，而是一脉相通，并无清晰的此疆彼界，所以学术界习惯将中国的奴隶制文化和封建制文化一并称作"中国古代文化"，而不必像欧洲那样区分为古代文化和中世纪文化。中国古代文化虽有伟大成就，但又带有笼统、直观的思维特征，具有若干蒙昧主义成分，同时，在自然、社会与心理的隔离下，无法摆脱民族闭塞性。随着封建经济、封建政治步入

>>> 春秋战国之际出现的儒、道、墨、法、阴阳、杂、农诸家争鸣的盛况，显示了中国古代文化的精深博大。图为当代佚名《诸子百家》。

晚境,其文化的种种弊端日益显露,成为社会进步的阻力,一种与新经济、新政治相适应的新文化,便在封建社会的母体内潜滋暗长。

近代文化孕育于中世纪末期,与资本主义生产方式的萌芽相共生。资本主义生产方式的发展,是用火与剑为自己开辟道路的,同时它还用笔与舌,为自己的合理性辩护,从观念形态上向封建秩序挑战。欧洲是近代文化最早兴起的大陆,而意大利是欧洲最早产生资本主义萌芽的国家,以意大利为中心,14世纪至17世纪,南欧和西欧兴起了文艺复兴运动,在复兴希腊、罗马古典文化的形式下,宣扬新的文化思潮——人文主义。到了18世纪资产阶级大革命的前夜,法、英等国的启蒙运动以更加完备的形态和明朗的内容,展现了一个与神学蒙昧主义相对立的"理性王国",从而使近代文化正式冲破中世纪的黑暗,放射出灿烂的异彩,并以欧洲为辐射中心,波及全世界。

近代文化就其达到的水平和发展的速度而言,都远远超过古代、中世纪。马克思、恩格斯在19世纪中叶指出:"资产阶级在它的不到一百年的阶级统治中所创造的生产力,比过去一切世代创造的全部生产力还要多,还要大。"[①]"它第一个证明了,人的活动能取得什么样的成就。它创造了完全不同于埃及金字塔、罗马水道和哥特式教堂的奇迹。"[②]在近代,由于一切生产工具的迅速改进,由于交通的极其便利,由于资产阶级以商品加炮舰来按照自己的面貌改造世界,民族、国家间的种种障壁被打破,于是,一切民族甚至"最野蛮的民族"都卷入近代文明的漩涡,"民族的片面性和局限性日益成为不可能"。近代的人们开始突破以往狭隘的境界,把视野投向更广阔的空间范围和各种文化类型,正如英国诗人约翰逊在1749年发表的《人类的虚荣》一诗中所写:"要用远大的眼光来瞻视人类,从中国一直到秘鲁。"中国古代文化正是在这种历

---

① [德]马克思、恩格斯:《共产党宣言》,《马克思恩格斯选集》第1卷,北京:人民出版社2012年,第405页。
② 同上书,第403页。

史条件下开始发生变异,并汇入世界性近代文化总流之中的。

开端于20世纪的现代文化,是与发展到更高层次的工业化社会相适应的新的文化形态;它以技术长足进步、信息迅速传递为推进器,显示出空前强大的活力,精神文化的各个侧面都发生着巨大的变化。现代文化的一个重要事实,是资本主义和社会主义两种形态的文化并存。

资本主义各国的文化在20世纪有明显进展,同时也面临难以解脱的困境。生产的社会化与生产资料的私人占有这组基本矛盾继续困扰整个社会。这一制度下的人们,包括最杰出的文化大师,都愈益感受到高度发达的物质文明与精神领域的贫困之间的强烈反差造成的严重危机。德国物理学家玻恩指出,现代文明所面临的严峻问题是"伦理原则的崩溃",现代"大多数工人在生产过程的一个特殊部门里,只熟悉自己很小范围内的专门操作,而且几乎从来没有看到过完整的产品。自然他们就不会感到要对这个产品或对这个产品的使用负责。这种使用无论是好还是坏,是无害还是有害,是完全在他们的视野以外的"[①]。这种行动与效果的分离,使人们在发展物质文明的同时,丧失了伦理原则,引起道德的崩溃。

社会主义新文化在短短的几十年间已取得了可观的成就。然而,社会主义毕竟不是一座自天而降的乐园,不是哲人虚构的乌托邦、太阳城或大同世界,它是从旧社会脱胎出来的、充满了生机而又存在着种种矛盾的新社会。社会主义文化的发展也必然要走过崎岖坎坷的道路。以新中国为例,两千多年的封建文化虽然留下了丰富而深厚的遗产,却也带来了因袭的重负;资本主义文化中的积极因素,尚需进一步分辨予以吸收,其消极因素的影响却已经足以值得警惕。而社会主义文化义只能在封建文化和资本主义文化的基础上建立,它既受惠于这两种传统文化,更要摆脱其束缚,进行新的创造,此中的艰难是不言而喻的。但只要真

[①] [德]玻恩:《我的一生和我的观点》,李宝恒译,北京:商务印书馆1979年,第23页。

正发挥社会主义公有制的优越性，发挥马克思主义科学体系的指导作用，面向世界、面向未来，勇于实践、勇于创造，那么社会主义文化的繁荣昌盛是可以预期的！

从原始文化到现代文化，每一阶段都包含着对前一阶段的愚昧因素的否定，而每一阶段文化中富于活力的成分又为后一阶段所继承。在这种不断扬弃的过程中，人类以螺旋上升的方式朝更高的精神境界攀登。

本书所面对的是中国古代文化，也即中华民族在奴隶社会和封建社会创造的文化，它大体起自夏代，迄于鸦片战争爆发，在论述中当然也要进行必要的上溯和下延。

中国古代文化与印度古代文化、欧洲古代文化、阿拉伯古代文化相并列，同为世界文化史上富有特色的、影响巨大的文化系统，是当今中国文化之"根"，它不仅遗留下多姿多彩的可闻、可见、可触摸的物化了的精神文化，向全世界展示出中国的典籍之富、文物之美，而且以长期形成的文化传统，潜移默化地影响着当今中国人的思维方式和行为方式。因此，中国古代文化不仅陈列在博物馆、蕴蓄在线装书里，更活跃在现实生活之中。中国文化的优良传统，诸如爱国精神、民本思想、经世致用的学术、无神论倾向、任人唯贤的施政原则、舍生取义的节操，曾经是并将继续是激励中华民族奋进的精神动力；而宗法观念、等级思想、夜郎自大、轻视科学、德力相分、义利对立以及缺乏严密的实证精神等弊端，长期以来特别是一百多年来又一直梦魇般地纠缠着中国人，成为阻碍中华民族通向近代世界的沉重负担。为着中国的今天和明天，为着创建现代中华现代文明，了解中国文化及其历史，区分其健康成分与腐朽成分、富于人民性的成分与反人民的成分、科学成分与迷信成分，无疑是必要的。"唯知之深，故爱之切"，只有较深入地了解中国悠久的文化传统，才能更真切地热爱自己的祖国、改造自己的祖国，使爱国精神升华到理性的高度。

第二章

"纳细川于巨流"

——中国文化的生成机制

中国文化犹如一条波澜壮阔的大江，气势磅礴，一泻千里。沿着大江溯流而上，追寻源头，便会领悟到它那"纳细川于巨流"的宏大气魄。而这正是中国文化气象万千，始终保持喧腾活力的机制所在。

第一节

中华民族的共同创造

中国文化的来源是多元、多根系的。考古发现证明,中国旧石器时代的遗址分布在 25 个省、市、自治区,新石器时代的文化遗址 6 000 多个,遍布全国各地。在氏族社会后期,公元前 2700 年左右,游徙于关中平原、晋西南盆地和豫西河洛沿岸的各氏族部落,为传说中居于陕西的部落联盟首领黄帝所统一,奠定了华夏族的基础。以后,作为炎黄两族胄裔的夏人、商人、周人相继进入奴隶社会,先后建立夏、商、周三个王朝,并与黄河中下游其他各部族相互融合,形成华夏族,亦称诸夏。

华夏族在其发展壮大的过程中,与周边民族彼此交往、相互融合。据古籍记载,夏商周三朝不断有中央朝廷接待"四夷"的活动,如"夏后即位七年,于夷来宾。少康即位三年,方夷来宾。……后芒即位三年,九夷来御"①。周朝还专门设立"象胥"这一职官,负责接待四方使节和诸族宾客,"掌蛮夷闽貉戎狄之国使,掌传王之言而谕说焉,以和亲之"②。这些周边异族与华夏族的生活方式、文化传统本有很大差别,一位戎族酋长说:"我诸戎饮食衣服不与华同,贽币不通,言语不

---

① 《册府元龟》卷九六八《外臣部·朝贡一》,北京:中华书局 1959 年,第 11 376 页。
② 《周礼·秋官》。

>>> 在氏族社会后期,游徙于关中平原、晋西南盆地和豫西河洛沿岸的各氏族部落,为黄帝所统一,奠定了华夏族的基础。图为明代石锐《轩辕问道图》。

达。"① 以后,在长时期的民族融合过程中,周边异族与华夏族彼此吸收文化成分,逐渐"达其志,通其欲"②,使华夏族的范围日渐扩大。到了周代,"华夏"已经是一个包容很广的民族概念——既有原来的华夏人,又有华夏化了的戎人、狄人、夷人。

华夏族的形成,孕育了与本民族经济、政治相适应的观念形态及其制度的集合体——华夏文化。商周时期的甲骨文、金文;精美的青铜工艺;庞大的宫殿建筑群;执干戈、挥羽籥的武舞、文舞;瑟、笙、管、钟、磬、鼓齐奏,堂上堂下众声俱作的音乐;最早的散文与诗歌——

---

① 《左传·襄公十四年》。
② 《礼记·王制》。

《尚书》与《诗经》；开始从宗教意识里脱颖而出的哲学。这些都标志着华夏文化雏形的形成。

华夏文化从诞生之日起，便绝非自我禁锢的系统。以迁徙、聚合、民族战争为中介，华夏族及以后的汉族与周边民族继续交往、融合，不断吸收新鲜血液，历数千年，方构成今日气象恢宏的中华文化。

春秋战国，是中国历史上一个民族大融合的时期，也是铸造中国本土文化的关键时期。在诸侯争霸的兼并战争中，周边民族逐渐华夏化。如燕国势力进入辽河流域，东北地区的东胡族与华夏族的交往日趋密切；齐国成为东方大国，融合东夷等民族于其中；韩、赵、魏三国则融合了今山西、河北、河南地域范围内的少数族；楚、秦本为"蛮夷""戎狄"，此时不仅自身华夏化，而且分别融合了南方的苗、彝等"蛮夷"族，西部的氐、羌、巴等"戎狄"族。在民族大融合的基础上，华夏文化不断地吸收、融合各族文化，如秦国废揖让、变礼俗。再如楚人从南蛮和越族中吸收了悠扬的巫歌和想象力丰富的神话传说，造就了风格迥异于中原文化的楚文化。在"百家争鸣"中独树一帜的道家，其思想、人文渊源正来自楚文化。而开创中国古代诗歌浪漫主义先河的屈原，也是楚文化的集大成者。此外，孔子门下聚有狄人；诸子中的公孙龙、邹衍、老子、庄子出身"蛮""夷"，也表明中原以外民族的文化已相当深刻地渗入了华夏文化系统。

先秦民族文化融合的一个典型事例，是赵武灵王"胡服骑射"。赵武灵王在位期间，"战国七雄"争相变法，赵武灵王为了强兵救国，主张采用胡人的衣冠和军事技术。公子成竭力反对赵武灵王的主张，他认为，中原文化是最优秀的文化，圆满无缺，无须外求，舍弃这种文化而学习胡人文化就是"变古之教，易古之道，逆人之心"①；赵武灵王针锋相对指出，文化的主要功用是"利其民而厚其国""果可以利其国，不一其用；果可以便其事，不同其礼"②，因此，无论是华夏文化还是夷狄文化，只要有利于国家，都可以采用。经过激烈的论争，赵武灵王获胜。他下达"胡服骑射"之令，又聘请擅长骑兵战术的匈奴军官为赵国训练军队；使用铁链制成皮制小扣串成的伊兰式铠甲，以取代从前用犀牛皮制成的硬重铠甲。赵武灵王凭借这支改革后的武装力量，灭了中山国，出兵攻打楼烦、林胡，扩充赵国领土，"北至燕、代，西至云中、九原"。赵武灵王的改革尽管属于军事范畴，但在文化史上却自有其深远意蕴。首先，赵武灵王的行为表明，在北方游牧民族的巨大压力下，中原文化开始自觉地吸收异系统的文化成分，以增强本系统的生命力，其实际上是"习胡人之长技以制胡"，19世纪"师夷长技以制夷"与之有着潜在的联系；其次，赵武灵王与公子成的论争实质上是开放的文化观与中国文化本位观的论战，这样的论战在以后的中国历史上一再出现。

---

① 《史记》卷四十三《赵世家第十三》。
② 同上。

公元前221年,秦始皇统一六国,在"地东至海暨朝鲜,西至临洮、羌中,南至北向户,北据河为塞,并阴山至辽东"①的辽阔土地上建立了统一的、中央集权的封建国家。汉帝国又在此基础上扩展疆土,此后,华夏族渐称汉族。统一国家的建立,推动着更高程度上的文化大融合。秦汉时期的儒家,已非春秋战国时期的旧儒家,而是吸收道、法、阴阳三家的新创造。"书同文"统一了全国文字,结束了战国以来"文字异形"的局面;"行同伦"则使广大疆域内的人民在心理素质、道德风尚方面趋于一致。各族文化的融合与统一,生动地反映到秦汉时期的艺术作品中。如1971年在内蒙古和林格尔新店子发现的五十多组东汉壁画中,有边行边猎的乌桓族、髦头褚衣的鲜卑族、互市交易的汉族和其他少数族,形象地反映了各族人民的密切交往。

公元前138年,汉武帝派张骞出使西域,开辟了中西交通的新纪元。不久,西域文化沿着被称为"丝绸之路"的通道源源传入中原。在短短几十年中,由西域传入中原的,不仅有芝麻、胡麻、无花果、安石榴、绿豆、黄瓜、大葱、胡萝卜、大蒜、番红花、胡荽、酒林藤、玻璃、海西布(呢绒)、宝石、药剂和罗马胶等物产,还有音乐、舞蹈、杂技等艺术。从西域或大秦(古罗马)传来的吞刀、吐火、种树、屠人、截马等幻术,对于重实际、轻玄想的农业文化与"不语乱力怪神"的儒家文化而言,更为新鲜、别致。在汉画像石中有许多表演乐舞百戏的图景,如倒挈面戏、舞偶人戏、乌获扛鼎、跳丸、跳剑、走索、钻刀圈等,都是张骞通西域后,中亚、西亚文化在中原传播的形象表现。

魏晋南北朝时期,民族融合出现又一次高潮。其时汉族统治者腐朽黑暗,势力大大削弱,匈奴、鲜卑、羯、氐、羌等周边民族利用这种

---

① 《史记》卷六《秦始皇本纪》。

>> > 先秦民族文化融合的一个典型事例,是赵武灵王"胡服骑射"。其实际上是"习胡人之长技以制胡",赵武灵王与公子成的论争实质上也是开放的文化观与中国文化本位观的论战。图为当代崔晓柏《胡服骑射·武灵阅兵》。

形势，纷纷进入内地，先后建立了二十多个国家，历史上称为五胡十六国。这一时期，民族矛盾最尖锐，斗争最激烈，但民族融合的进程也最为迅速。公元471年，北魏孝文帝拓跋宏与其祖母冯太后改制，施行三长制、均田制，以中原地区封建政治制度为楷模，建设北魏政权；又改胡姓为汉姓，禁鲜卑语、从汉语，改胡服为汉装。有力地促进了以鲜卑族为中心的北方各族的汉化过程。与此同时，长江流域的汉、"蛮"诸族也进入大规模融合过程。当北方内乱时，原来世居中原的"中州士女"，举族南迁，从十六国到隋末，竟达百万之众。这一流徙，有力地促进了汉族与南方的东瓯、西瓯、百越、竇族、苗族等族的接触和融合。

新鲜血液的吸收，使汉族面貌为之一新。隋唐时期的汉族已与秦汉时期的汉族有所不同，实际上是长江、黄河两大流域以汉族为主体的各族人民融合而成的新汉族。在当时，不仅下层人民有很多是胡汉混血儿，就连隋唐皇帝也有异族血统。隋炀帝杨广、唐高祖李渊的母亲都是鲜卑族的独孤氏，唐太宗李世民生母窦氏也出自鲜卑族纥豆陵氏。在隋唐的文臣武将中，汉化的民族为数众多。隋代二品以上官员除汉族以外其他民族血统的达63名。唐代名臣李怀仙是汉化的胡人，大将王武俊、李光弼是汉化的契丹人，高仙芝、王毛仲是汉化的高丽人，李怀光、高崇文是汉化的靺鞨人，史宪诚、李宝臣是汉化的奚人，姜公辅是汉化的安南人。据陈寅恪考证，唐代大诗人李白，也有胡人血统。故鲁迅也说"其实唐室大有胡气"[①]。隋唐的强盛与胡人新鲜血液的注入不无关系。

魏晋南北朝到隋唐是一个民族大融合的时期，也是汉民族和其他民族文化大交融的时期。人们的生活方式、观念形态，无一不增添了新的色彩。唐贞观至开元年间，中原妇女几乎完全模仿西域地区的装饰习俗，如少女头戴锦绣浑脱帽、上穿翻领窄袖袍、下着条纹波斯裤、足蹬金锦小蛮靴；有些还佩挂西域地区的装饰品，如鞢鞻带、承露囊等。在绘画上，西域画风渗入画坛，色彩运用受到普遍重视，来自西域的画家尉迟乙僧，巧妙地将中原传统的技法与西域画风结合起来，创作了线

---

① 鲁迅：《致曹聚仁》，《鲁迅全集》第12卷，北京：人民文学出版社2005年，第404页。

色结合而突出色彩立体感的绘画作品，达到"气正迹高"的境界，获得"可齐中古"，与阎立本、吴道子并肩的地位。反映兄弟民族生活的美术创作日益繁荣，出现了专以"番族"生活为题材的画家。画家胡瓌父子亦以描绘游牧民族生活见长，《宣和画谱》著录了胡瓌的65件作品，内容有卓歇、牧马、骆驼、射骑、射雕、毳幕、汲泉、出猎等，俱为形形色色的游牧生活景象。魏晋—隋唐时期，绘画之所以因气魄雄伟、色彩灿烂、作风豪放而盛极一时，与对其他民族画风及题材的吸收有直接关系。唐代的舞蹈也充溢着多民族的丰富色彩。这一时期，胡旋舞、胡腾舞、骨鹿舞等民族舞蹈，从于阗、库车、高昌、鄯善等地传入长安。而唐王朝也以宏大的气魄，将周、隋以来的旧乐舞、散于民间的俚曲俗舞、周边民族及外国传入的乐舞，加以搜集、改编、补充，并排演于太常和宫廷；龟兹乐、天竺乐、西凉乐、高昌乐等异族曲调亦融合传统的"雅乐""古乐"。唐太宗的《秦王破阵舞》"皆擂大鼓，杂以龟兹之乐，声震百里，动荡山岳"[①]，显示了各民族文化大融合的壮阔气象和无比活力。一些诗人的作品也描绘了唐代汉族与周边民族密切交往的情景。如岑参的《奉陪封大夫宴，得征字，时封公兼鸿胪卿》中有"座参殊俗语，乐杂异四方"的句子，讲到在节度使的宴席上，有操不同语言的各族人士，演奏着各民族的不同音乐。岑参的《与独孤渐道别长句兼呈严八侍御》写道："军中置酒夜挝鼓，锦筵红烛月未午。花门将军善胡歌，叶河蕃王能汉语。""花门将军"指节度使幕府中的其他民族将领；"叶河蕃王"指西域民族首领，他们参加唐朝军营中的酒宴，在席上演唱"胡歌"，又用汉语交谈。这是何等典型的民族文化大融合的历史场景。元稹也在《和李校书新题乐府十二首·法曲》一诗中云："胡音胡骑与胡妆，五十年来竞纷泊。"汉人吸收周边民族文化，周边民族学习汉文化，这两个侧面共同构成唐代民族文化大融合的

---

① 《旧唐书》卷二十九《音乐志》。

唐代的舞蹈充溢着多民族的丰富色彩。这一时期,胡旋舞、胡腾舞、骨鹿舞等民族舞蹈,从于阗、库车、高昌、鄯善等地传入长安。图为唐代的敦煌壁画。

盛况。

宋辽金元时期，是民族融合的又一加速推进时期。这几百年间，几个政权共存：除汉人建立的宋朝外，还有北方契丹族建立的辽、女真族建立的金、蒙古族建立的元，南方有白族建立的大理，西北有党项族建立的西夏。其时战乱频仍、社会动荡，但血污和战争乃是民族融合的强力催化剂。元以后，契丹、党项这些民族不再见于史籍，而融合为汉族的一部分。元末明初，蒙古人、色目人由于与汉人长期相处，已经达到"相忘相化"，不易区别的程度。民族融合的浪潮，再次给文化系统注入新鲜血液。北宋末年，"乐番曲"随着金人入主中原以及蒙古族的南下，大量输入中原地区。据史籍记载，当时京师，"街巷鄙人多歌番曲，名曰'异国朝''四国朝''六国朝''蛮牌序''蓬蓬花'等，其言至俚，一时士大夫亦皆歌之"[①]。筝、琵琶、胡琴等大批的新乐器也相随输入。与此相适应，词的文学形式变化翻造，形成一种新的文学体裁——曲。在关汉卿、王实甫、张可久、白朴等人的努力创造下，元曲擅一代之长，成为中国古代文学的高峰之一。元人又对绘画技艺加以发展，着重讲求笔墨趣味，并用书法文字和朱红印章来配合补充画面，形成中国美术的独特风格。

17世纪中叶，满族入主中原，各民族文化大融合推进到新的阶段。这一时期，清朝开发东北，加强新疆、西藏与中央政府及内地人民的联系，奠定了现在中国的疆域和以汉民族为主体的中华民族的基础。尽管满族统治者竭力保持本民族特殊的文化地位，但民族大融合的趋势不可逆转。在清朝二百多年的统治中，满族本身无可避免地卷入了民族文化融合的巨流中。《儿女英雄传》用纯正的北京口语表达了作者、满族人文康的思想感情，书中的"侠女"十三妹与汉人笔下的英雄豪杰如出一辙。旗人曹雪芹"滴泪为墨，研血成字"，著成《红楼梦》，这部不朽巨

[①]（宋）曾敏行：《独醒杂志》卷五，《全宋笔记》第4编五，郑州：大象出版社2008年，第158页。

著同《诗经》、屈赋、《史记》、李杜诗章、关王杂剧,以及《水浒》《三国》《儒林外史》等优秀作品,共同组成中华文学绵延不断的群峰。《红楼梦》是封建末世的艺术写照,也是民族文化大融合的生动表征。

  清代的艺术创作也表现出民族文化大融合的趋势。如清人李有义所藏藏族唐卡图,生动地反映了清代民族交融的情景。画中的三姓佛——左侧观音菩萨象征藏族、中间文殊菩萨象征汉族、右边手持金刚象征蒙古族。承德避暑山庄的外八庙是清朝帝王政治活动的产物,也是清代民族文化大融合的象征。这些庙宇,融会满、汉、蒙、藏各族宗教建筑艺术的特长,风格各异,别开生面。

  "民族"和"民族文化"都是历史的范畴。源远流长、仪态万千的中华文化,是一个巨大的复合体。它是历史上曾经存在过的许许多多部族和民族的共同创造,当今仍然活跃在历史舞台上的那些民族还在继续为这个文化大系统竞相做出贡献。

第二节

在博采外域中走向雄浑壮大

中国文化不仅在内部各族文化的相互融合、相互渗透中得到发展，而且在与外部世界的接触中，先后受容了中亚游牧文化、波斯文化、印度佛教文化、阿拉伯文化、欧洲文化。中国文化系统或以外来文化做补充，或以外来文化做复壮剂，使整个机体保持旺盛的生命力。鲁迅在谈到文学创作的规律时曾说："因为摄取民间文学或外国文学而起一个新的转变，这例子是常见于文学史上的。"① 其实，吸取外来成分以使自身获得新的生机，不限于文学领域，这也是整个文化发展史的通例。梁启超指出："中国智识线和外国智识线相接触，晋唐间的佛学为第一次，明末的历算学便是第二次。"② 这两次中外文化大交会，都对中国文化的发展起了重要推动作用。梁氏说中外文化第一次大交会在晋唐间，这是粗略言之。事实上，这次文化交会，应当追溯到汉代。如果说，秦以前是中国本土文化起源与发展期，那么，从汉代开始，便进入本土文化与西来文化的交会期。这种"西来文化"，先是西域文化，后是南亚次大陆文化。不过，后者对中国文化的影响要深刻得多。

---

① 鲁迅:《门外文谈》,《鲁迅全集》第 6 卷,北京:人民文学出版社 2005 年,第 97 页。
② 梁启超:《中国近三百年学术史》,《饮冰室合集》第 10 册《专集之七十五》,北京:中华书局 1989 年,第 8—9 页。

公元前2世纪至公元8世纪，中国古代社会处在"汉唐盛世"，中华民族在世界舞台已一展雄姿，西方的欧洲人也开始报道中国这个远东的文明国度。希腊地理学者斯特拉波，罗马诗人、史学家佛罗鲁斯，罗马著作家梅拉都在公元1世纪前后有关于赛里斯人（即中国人）的记述，罗马学者白里内的《博物志》更具体介绍了赛里斯人的蚕丝业和民情风俗。中国的史籍也记载了汉代与外域发生的相当广泛的政治、经济、文化联系，如《史记》《汉书》都载有汉代使臣远达安息（今伊朗）、犁轩（又称大秦，即古罗马）、身毒（今印度）、奄蔡（今里海东北）、条支（唐代称大食，今波斯湾西北），历临波斯湾的情形。中国的丝绸、钢铁、冶铸和水利技术远传中亚、西亚和南欧，使汉帝国威名播扬久远，以至世界上不少国家以"汉"为中国的代称，把中国人称为"汉人"。繁荣昌盛的唐王朝更是公元8世纪前后世界文化的中心。近世"唐人""唐字""唐言""唐山"等专用名词皆因此流行至今，当今欧美诸国的华人聚居区被称作"唐人街"，亦盖源于此。唐朝的广州、扬州、洛阳等主要城市，都是外国人的聚居之地，首都长安更是中外经济、文化大规模交流的中心。唐朝前半期，来自各国的使臣、留学生、僧人、商贾、乐士、舞士等聚居长安，最多时达千人之众。唐代诗人王维在《和贾舍人早朝大明宫之作》诗中吟道"九天阊阖开宫殿，万国衣冠拜冕旒"，生动地描绘了长安城宫殿的雄伟和各国使者朝会长安的盛况。

对于到达中国的外国人来说，唐文化是启迪心智的精神财富，他们根据自己民族的文化传统，斟酌吸收，使本国文化得以发展。这一点日本人做得最为突出。对于唐代中国人来说，外域传来的文化，也是启发耳目的新事物。此时的唐王朝国势安定，经济繁荣，社会洋溢着昂扬进取的精神，这就使得中国文化系统对外来的新成分有充分的吸收和消化能力。这一时期输入中国的主要是南亚次大陆文化，不仅印度、尼泊尔的佛学，而且印度的逻辑学、音韵学、医药学、天文学、数学、历法以及音乐、舞蹈、绘画、雕塑也都渗透于中国固有的文化系统，产生重大

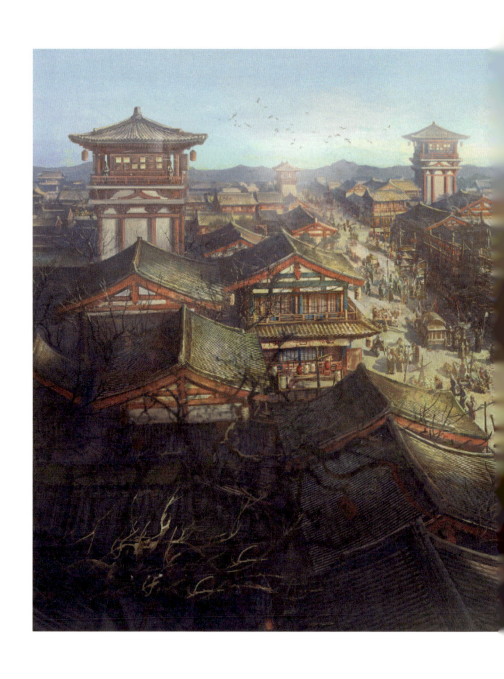

>>> 唐朝的广州、扬州、洛阳等主要城市,都是外国人的聚居之地,首都长安更是中外经济、文化大规模交流的中心。图为唐代长安城。

影响。连汉语中的不少词汇，如空间、时间、世界、刹那、当头棒喝等都是从印度文化系统中翻译过来的。

南亚次大陆的佛教文化是汉唐时期输入中国的外来文化的主体。早在公元前2年（汉哀帝元寿元年），佛教便开始传入中国，东汉和魏晋时期佛教传布日广。399年（东晋隆安三年），名僧法显去国15年，历尽艰险到达印度，带回大量佛教经典，并著有《佛国记》。

唐代贞观年间，高僧玄奘因所传经文颇多讹误，决计西游，以求真经。他从长安出发，"蹦葱岭之危嶝，越沙碛之险路"，远涉南亚次大陆，在那里他游历五天竺（东汉时称印度为天竺），遍访名僧求学，并为众僧讲学说法，深为印度各界所佩服，回国时玄奘携带了大量佛经，计有"大乘经二百二十四部，大乘论一百九十二部，上座部经律论一十五部，大众部经律论一十五部，三弥底部经律论一十五部，弥沙塞部经律论二十二部，迦叶臂耶部经律论一十七部，法密部经律论四十二部，说一切有部经律论六十七部，因论三十六部，声论一十三部，凡五百二十夹，总六百五十七部"[①]。唐高宗时，高僧义净也由东南海路到印度留学，带回大量佛经。玄奘与义净回国后，都组织有专长的僧人，大量翻译佛经。两人共计译成经论136部、1 574卷。佛教哲学固然是一种宗教唯心论，但其思辨的繁复与缜密大大超过魏晋时期流行于思想界的玄学，也较儒学为高，因此，佛学的系统传入，对中国哲学以至整个文化界起了巨大的启迪作用。当然，中国人对于佛教哲学并非不加改造地加以照搬，在汉唐至宋明的千余年间，不断将佛教哲学中国化，把中国传统哲学中诸如孟子、庄子等人的思想融入佛教，使宗教唯心论进一步精炼化、哲学化。弘忍及其弟子神秀、慧能所创立的"禅宗"，以及南宗、华严宗，便是中国化了的佛学。宋明时期，新儒学派又从佛学中

---

① （唐）玄奘、（唐）辩机：《大唐西域记校注》卷十二《记赞》，季羡林校注，北京：中华书局1985年，第1 042页。

汲取了大量营养，使之与《易》、老、庄"三玄"相糅合。如程颢、程颐宣扬的"理"，即套自佛教的"真如佛性"，不过赋予了更多的伦理道德意蕴。朱熹的客观唯心论体系，也有若干内容采自佛教禅宗的唯心思辨。传统儒学与外来佛学相摩相荡，终于产生了中国古代社会后期的文化正宗——宋明理学，这是文化交流上的创造性转化的一个范例。这一范例形象地揭示出文化史上的一个通例——文化交流，绝非单向文化移植，而是一个文化再组合的过程。在这一过程中，主体文化与客体文化均发生变迁，从中产生出具备双方文化要素的新的文化组合。在改造了的儒学与改造了的佛学相糅合的基础上所产生的宋明理学，正是这样一个新的文化组合。

中国文化系统不仅吸收、消化了南亚次大陆的佛教哲学，而且还在再创造的基础上，又反输出给其他文化系统。公元8世纪至10世纪，印度佛教开始衰微，13世纪伊斯兰教传入，印度佛教文化遭到毁灭。但中国恰在公元7世纪至8世纪，佛教长足发展，大量的佛教详著和论著输出到东北亚、东南亚。日本曾出版《大正藏》，意在网罗中外所有佛教著作。这部巨型书籍，拥有两万三千九百多卷，其中大部分为中国学者所译或所著。这一"输入—吸收—输出"的文化流动，显示了中国文化系统的强劲生命力。

唐代的艺术也因吸收佛教文化而更为瑰丽辉煌，诚如鲁迅所言，"在唐，可取佛画的灿烂"①。佛教绘画传入中国后，隋唐画匠迅速地从佛画的绚丽色彩与宗教题材中汲取营养，大大提高了民族绘画的技巧与表现力。画家吴道子专事宗教壁画，然而流泻其笔端的绘画却洋溢着深厚的民族风格，他的《天王送子图》中的净饭王和摩耶大人，是中国的民族绘画中常见的贵族阶层的人物形象，武将的脸形构造和唐

---

① 鲁迅：《且介亭杂文·论旧形式的采用》，《鲁迅全集》第6卷，北京：人民文学出版社2005年，第24页。

>>> 在汉唐至宋明的千余年间,不断将佛教哲学中国化。弘忍及其弟子神秀、慧能所创立的"禅宗",以及南宗、华严宗,便是中国化了的佛学。图为明代戴进《达摩六代祖师图》。

代武士俑的精神完全一致,衣纹用锐利的兰叶描,笔迹恢宏磊落。阎立本、李思训等画家吸收佛画中用金银来加强色彩效果的手法,创金碧山水画,以"满壁风动""灿烂而求备"的风格,来表现唐代的丰功伟业和时代精神。魏晋六朝至隋唐的雕塑壁画,也在吸收佛教文化的基础上,力加创新,取得辉煌成就。云冈、敦煌、麦积山等石窟艺术,都有印度艺术的影响。在艺术家的改造下,佛的庄严、菩萨的温和与妩媚、迦叶的含蓄、阿难的潇洒、天王力士的雄健和威武,都充满着青春的活力,达到了前所未有的成熟与完美。其他文化领域也在吸收—创新的路径上,有新的进展。唐代"药王"孙思邈的《千金要方》载有印度药方;隋唐流行"天竺乐"与"高丽乐";宝塔是中国古代建筑形式之一,而塔的名称和形制都来自印度。唐时寺院的"俗讲"极为盛行,但内容已不是佛教教义,也不是六朝名士的"空""有"等玄虚思辨,而是世俗生活、民间传说和历史故事,成为宋人平话和市民文艺的先声。

总之，在中国艺术家的改造下，佛教艺术中的宗教色彩被洗涤，而从形式到内容上的若干精华，汇入雄健奔放、生机勃勃的唐宋文化的大潮之中。

隋唐五代不仅有佛教的流行和化入，而且伊斯兰教、景教、祆教、摩尼教也相继传入。如提倡互助、主张明暗相争的摩尼教，颇易为下层民众所接受，故虽屡受官方严禁，但乃播行于民间，每每成为农民用以组织起义的斗争工具。北宋方腊起义，便以糅合了其他宗教教义的摩尼教来组织和发动群众。元末红巾军起义，亦从祆教、摩尼教中汲取了思想资料。此外，中亚、西亚的科技知识也丰富了中国科技宝库。如大秦"医眼及痢，或未病先见"的医术也为当时医学界所吸收。隋代地理学家裴矩搜集西域境内及中亚、西亚各国的资料，在中外地理学相错合的基础上撰成《西域图纪》。

汉唐时期，是中国文化兴隆昌盛的黄金时期。而这一盛况的出现，重要原因之一，乃是由于大规模的文化输入，使中国文化系统处于一种"坐集千古之智""人耕我获"的佳境。在此氛围中，中国文化系统根据本民族的特质，对外来文化选择取舍、加工改制，收到了"以石攻玉"之效。鲁迅对此曾经给予高度评价，他说："那时我们的祖先对于自己的文化抱有极坚强的根据，决不轻易动摇他们的自信心，同时对于别系文化抱有极恢廓的胸襟与极精严的抉择，决不轻易地崇拜或轻易唾弃。"①唐人的这种宏大气魄与勇于探求的精神，在当时世界上是无与伦比的。尤为值得注意的是——汉唐时期，尽管中国文化系统吸收了大量外来文化，但是中国文化却没有成为"四不像"，仍然是堂堂正正的中华民族文化。这种稳定性也是中国文化的特色之一。

宋元时期，印度文明已经衰微，欧洲尚处在基督教神学的统治下，经济、文化水平低于中国，因此，当时的中外文化交流，中国呈"出超"状。元时意大利人马可·波罗东游，其功绩不在于给中国带来了多少西方文化，而在于向欧洲报告了比较详细的中国情形。他的《马可·波罗行纪》所流露的是西方人对于中国文明的惊异和赞叹。

中国文化线与外国文化线第二次大交会，开端于明朝万历年间，亦即16世纪末叶。这次文化大交会已延绵四个世纪，至今仍在继续进行。中外文化16世纪至20世纪的这次大融合，既不同于两汉时期对落后于本土文化的西域草原文化的吸收，也不同于魏晋唐宋时期对与本土文化水平不相上下的南亚次大陆文化的借鉴，这一次中国人面对的是水平超过自己的欧洲（后来还有美国、日本）文化，正如哲学家冯友兰所说：

> 中国民族，从出世以来，轰轰烈烈，从未遇见敌手。现在他忽逢劲敌，对于他自己的前途，很无把握。所以急于把他自己既往的成绩，及他的敌人的既往的成绩，比较一下。②

东西方文化的强烈反差对中国社会和中国文化系统造成的震撼，其

---

① 孙伏园：《鲁迅先生二三事》，长沙：湖南人民出版社1980年，第46页。
② 冯友兰：《三松堂学术文集》，北京：北京大学出版社1984年，第44页。

程度大大超越以往。

16世纪至17世纪，世界格局发生了急剧变化。长期禁锢于中世纪黑暗里的欧洲，已走到近代社会的门边，孕育于封建制度母体之中的资本主义生产关系，日渐壮大，即将脱颖而出。资产阶级革命的先声——文艺复兴已达到极盛时期，文学、艺术、哲学、自然科学纷纷冲破神权的桎梏，呈现一种冬尽春来、万象更新的局面。然而，此时的中国由于封建专制制度的严重束缚、小农经济的停滞，尽管资本主义因素有所萌生，但社会生活仍然在封建的轨道上运行，与欧洲相比，中国的经济、文化开始从先进转为落后，在这样的历史关头，利玛窦、汤若望等欧洲耶稣会士联翩来华。

耶稣会士来华，始于明代万历年间。这些肩负罗马教廷向东方实行宗教殖民使命的教士，为了叩开封闭的"远东伟大帝国"的大门，"不使中国人感觉外国人有侵略远东的异志"，确立了"学术传教"的方针，即通过介绍西洋科学、哲学、艺术，引起士大夫的注意和敬重，以此扩大耶稣会的影响，"使中国学术界坦然接受，而认识基多（基督）圣化的价值"[1]。这样，耶稣会士来华，固然意在传教，却带来了范围远比宗教广泛的欧洲文化，客观上促进了中西科学文化的交流，成为当时"两大文明之间文化联系的最高范例"[2]。

明清之际耶稣会士传入中国的西方文化，包括欧洲的古典哲学、逻辑学、美术、音乐及自然科学等，而后者又是最主要部分。这些西洋学术都是值得中国认真采纳的新鲜学问——欧氏几何及其演绎推论，对中国思想界来说是一种崭新的思维方式；世界舆图使中国人扩大了视野，获得了新的世界概念；火器的使用、望远镜等仪器的介绍或应用都具有

---

[1] ［法］裴化行：《利玛窦司铎与当代中国社会》第1册，上海：上海东方学艺社1943年，第249页。
[2] ［英］李约瑟：《中国科学技术史》第4卷，第2分册，北京：科学出版社1975年，第693页。

>>> 耶稣会士来华,始于明代万历年间。利玛窦、汤若望等欧洲耶稣会士联翩来华,带来了西洋学术,徐光启、李之藻人有较为清晰的认识。图为明代佚名《利玛窦与徐光启》。

极为重要的意义。对此，徐光启、李之藻、方以智、王应麟等晚明文化界中的先进士人，有较为清晰的认识。徐光启在著述中多次谈道，传教士带来的西方科学技术"多所未闻"，从学习和钻研中，感到一种"得所未有"的"心悦意满"。在驳斥反对派的诘难时，他更鲜明地指出，如果外来文化"苟利于国，远近何论焉"。其他启蒙学者也有相似议论，如李之藻说，利玛窦等传教士带来的物理、几何等科学，"有中国累世发明未晰者""藻不敏，愿从君子砥焉"。方以智在《考古通论》中指出，西洋学术能"补开辟所未有"。王应麟也说，西洋科学技术"翼我中华岂云小补"？这种对外域学术的开明态度以及溢于言表的爱国精神，反映了中国启蒙学者宽阔的襟怀。

承认西洋学术有高妙之处，并非"心醉西风"，对外来文化盲目崇拜。科学家徐光启以宏大的气魄和强烈的民族自信心，响亮地提出了"超胜"西学的口号。为此，徐光启等科学家努力将中国传统文化与西方先进文化加以"会通"，企望充分发挥输入知识的效益。方以智在《物理小识》中，讲风引述西方的"风力说"，讲水引述艾儒略的"水力说"，讲交通引用利玛窦的"舶制造说"；李之藻力主会通中西，与利玛窦合作完成了《同文算指》。徐光启更是将中西学"会通归一"的大师。他负责的修历工作，便是将中西历的长处结合起来，"正朔闰月，从中不从西；定气整度，从西不从中"①。由于徐光启等启蒙学者吸收、融合外来文化的努力，晚明的数学与天文学面目为之一新。

1644年，明亡清兴。初入关的满洲贵族是一个生机勃勃、比较开明的统治集团，对于西方科学技术，并无民族和国籍的偏见。顺治帝和多尔衮不以承认中国历法不如西法为耻，抛弃"但以远人，多忌成功"的偏狭心理，而主张吸收西方科学技术，"补数千年之缺略"。康熙帝更

---

① （清）阮元等：《畴人传汇编》卷四十二《国朝九·江永》，彭卫国、王原华点校，扬州：广陵书社2009年，第476页。

是引进西学的杰出人物，他让南怀仁以耶稣会副省会长的名义，向其欧洲的教友们发出呼吁，请求他们派遣大批有学问的传教士入华，特别是天文学家。1697年（康熙三十六年），又专命白晋为"钦差"，赴法争取招聘更多的科学家和携带更多的科学书籍来华。他还特召传教士进宫廷，讲授几何、测量、代数、天文、物理、乐理以及解剖学知识，无日间断。在康熙帝的主持下，梅珏成、陈厚耀、明安图等数学家主持编修了《数理精蕴》一书，该书将明末清初传入中国的各种数学知识，加以系统编排，又将当时有传本的中算典籍收集入内，对西方科学技术的推广起了重要促进作用。诚然，康熙帝优容西学是有限度的，清初中西科学交流，也仅局限在宫廷内进行，但是从多尔衮到康熙帝对西方科学技术的政策，也体现出中华民族善于吸收外来文化的传统。

到了18世纪，由于封建生产方式更趋没落，统治集团中锐意进取、乐于吸收外来文化的精神亦随之衰落，代之而起的是抱残守缺、夜郎自大、故步自封的思想。如乾隆帝在给英王的信中声称天朝"无所不有""从不贵奇巧"。乾隆时代的学者俞正燮荒谬地认为，西方科学技术不过是"鬼工"而已，他讥讽"知识在脑不在心"的说法是西方人"心窍不开"的产物。鸦片战争前后，视西方科学技术为"奇技淫巧"，把"翻夷书，刺夷事"说成是"坐以通番"，已成为社会流行的公论。抗拒外来文化，"但肯受害，不肯受益"的自我封闭心理，使"西学东渐"的进程在雍正以后戛然而止，而断绝与外来文化系统信息交流的大清帝国，亦成为一个实际上的木乃伊，只能在与外界隔绝的状态中维系生存。19世纪中叶以后，当西方列强的坚船利炮打破清帝国紧闭的大门，封建的中国社会及其文化系统便发生解体，而此后欧洲近代文化与中国文化的交会更具有强制的性质，其规模与速度都大大超过明清之际。

陈独秀在《吾人最后之觉悟》一文中，将四个世纪以来中国吸收欧洲文化的历史分为七期，从这七期可以看到"西学东渐"的大致脉络，也可以看到中国文化系统从古代中世纪的轨道走向近现代的曲折历程。文章大体勾勒出中国人采纳西方文化的基本线索——首先接受的是"火器历法"，随之是"制械练兵之术"，进而是"西政"：从君主立宪到民主共和国思想。陈独秀认识到，学习西方只限于"声、光、化、电、营阵、军械"之类技艺固然不够，停留在行政制度的改良也无补于大计，还必须有"政治根本问题之觉悟"，尤其要"多数人之觉悟"，其中包括政治的觉悟和伦理的觉悟，这才是"吾人最后觉悟之最后觉悟"①。在这里，陈氏已接近于提出这样一个思想：要使处于封建社会的、处处被动挨打的中国走向现代化，以自立于世界民族之林，必须全面改造中国社会及其文化，从它的生产方式、技术手段，到政治制度，以至于思想文化体系的最深层次。而要做到这一点，借鉴先进的西方文化精华，是使中国古老的文化系统获得新生命的契机所在。

中国古代文化从形成、壮大到晚期陷入停滞，又饱经磨难后终于赢得新生命的漫长历程，深刻表明文化财富是不分国界的，"学术为吾人类公有之利器，无古今中外之别"②。一个民族、一个国度文化的进步离不开同外部文化的交流。"问渠那得清如许，为有活水源头来。"没有交流的文化系统，是没有生命力的静态系统；断绝与外来文化信息交流的民族，不可能是朝气蓬勃的民族。犹如江河之于细流，拒之则成死水，纳之则诸流并进，相激相荡，永葆活力。故鲁迅深刻地指出："国民精神之发扬，与世界识见之广博有所属。"③改革开放以来，中华民族再次

---

① 陈独秀：《吾人最后之觉悟》，载《青年杂志》1916年2月第1卷第6号，第6—9页。
② 陈独秀：《学术与国粹》，《陈独秀文集》第1卷，北京：人民出版社2013年，第298页。
③ 鲁迅：《摩罗诗力说》，《鲁迅全集》第1卷，北京：人民文学出版社2005年，第67页。

敞开国门,发现自己处在古今东西文化的会合点上,放眼望去,真可谓"千山竞秀,万壑争流"。当今之际,抚今追昔,可以策励人们以更加开放的胸襟,大智大勇地走向世界、走向未来。

第三章

中国文化的"土壤分析"

每个民族都是一个世界,其内部由于阶级、阶层、职业、信仰等差异,各色人等的文化心理呈现出复杂的状况。然而,同一民族由于有着共同的语言、共同的地域、共同的经济生活和共同的历史渊源,承接着大体一致的文化积淀,因而又具有表现于共同文化上的共同的心理素质,或曰民族性格。例如,人们一谈起英国人,便想到"绅士风度";一议及德国人,便与"精确"联系起来;此外,美国人的开放性格、日本人的善于博采异邦,也是众所周知的特征。至于中国人,即使走到天涯海角,也会被辨认为"华人",这不仅由发肤的特点所标识,还与文化心理的独有色彩相关。

第一节

从民族性格说开去

一则幽默故事说：以大象为论题作文，德国人写的是《大象的思维》、法国人写的是《大象的情爱》、俄国人写的是《俄罗斯的大象是世界上最伟大的大象》，中国人的题目则是《大象的伦常》。

另一则幽默故事说：一幢各族杂居的大楼失火，犹太人首先背出钱袋、法国人立即抢救情人，中国人则奋不顾身地寻觅老母。

这两则故事自然只能当作谈资，绝不可套用于这些民族内林林总总的人们，但这些笑料毕竟大略勾勒出上述民族的特色——德意志民族的重哲理思辨、法兰西民族的重情爱、犹太人的重金钱、俄国人的大俄罗斯民族自豪感、中国人的重孝亲。

民族性格的形成是一个复杂问题。对于这个问题，可以做哲学的、社会学的、民族学的、伦理学的等多方面的研究，但更需要从宏观上做文化学的总体把握，这是因为，"民族的宗教、民族的政体、民族的伦理、民族的立法、民族的风俗，甚至民族的科学、艺术和机械的技术，都具有民族精神的标记。这些特殊的特质要从那个共同的特质——即一个民族特殊的原则来了解，就像反过来要从历史上记载的事实细节来找出那种特殊性共同的东西一样"①。

---

① ［德］黑格尔:《历史哲学》，王造时译，上海：上海书店出版社2001年，第64页。

>>> 王夫之具体对比了"华夏"与"夷狄"之间的文化差异,对游牧文化特征、农业文化特征作了概括。图为清代金廷标《狩猎图》。

古代中国人对于民族性格以及与此相关联的民族文化特质，已有一定程度的认识，先秦时期即反复讨论的"华夷之辨"，就是那个时代的人们所作的这类努力。孔子说："夷狄之有君，不如诸夏之亡（无）也。"①他是在比较了"诸夏"（中原地区的民族）与"夷狄"（周边诸民族）之后，对华夏族政教文化的高明之处所作的赞扬。明清之际的王夫之更具体对比了"华夏"与"夷狄"之间的文化差异，指出夷狄处于"射生饮血"阶段，其生活方式是"彼自安其逐水草、习射猎、忘君臣、略昏宦、驰突无恒之素"，这是对游牧文化特征的概括；至于中原地区的华夏族则"有城廓之可守，墟市之可利，田土之可耕，赋税之可纳，昏姻仕进之可荣"②，这是对农业文化特征的概括。

如果说，中国古人对自己文化特质的把握，主要是在农业文化与游牧文化的权衡中实现的；那么，近现代中国人对自己文化的特质则主要是在农业文化与西方工业文化的较量中得以认识的。前一种对比曾使中国人以"文明之邦""天朝上国"而自诩；后一种对比则使中国人认识到传统文化虽然富于魅力，却也存在不少弊端，因而"民族性"（或曰"国民性"）的改造必不可缓。

西方在近几个世纪产生的工业文化，从其物质文明到精神文明都与东方传统的农业文化形成明显的区别，而19世纪中叶以后，东方的农业文化又连连在西方的工业文化面前吃败仗，这使得一向对自己的文化抱有极度尊严感的中国人不得不反躬自问：东西方文化的差异何在？中国文化怎样方可以获得新的生命力？

较早系统地探讨东西方文化的差异，并进而认识中国文化特质的，是"曾经作过《天演论》"的严复。这位近代中国感觉敏锐的人物从英国学习海军归国后，痛感振刷民族精神的必要，遂展开中西文化的

---

① 《论语·八佾第三》。
② （明）王夫之：《读通鉴论·五代上》，《王船山全书》第10册，长沙：岳麓书社1992年，第1 093—1 094页。

比较研究，进而对中国文化的特质作出别开生面的概括，他在1885年指出：

> 中国最重"三纲"，而西人首明平等；中国亲亲，而西人尚贤；中国以孝治天下，而西人以公治天下；中国尊主，而西人隆民；中国贵一道而同风，而西人喜党居而州处；中国多忌讳，而西人众讥评。其于财用也，中国重节流，而西人重开源；中国追淳朴，而西人求欢虞。其接物也，中国美谦屈，而西人务发舒；中国尚节文，而西人乐简易。其于为学也，中国夸多识，而西人尊新知。其于祸灾也，中国委天数，而西人恃人力。①

严复在对中西文化从政治、伦理、经济、学风诸方面作比较的同时，还总括言之"中西事理，其最不同而断乎不可合者，莫大于中之人好古而忽今，西之人力今以胜古"②。

在五四新文化运动的酝酿阶段，新文化的健将们进一步在中西文化的比较中探索中国传统文化的特征。李大钊在这方面做了很有影响的研究工作。他将世界文化区分为东洋的与西洋的，"东洋文明主静，西洋文明主动"；继而他又将人类文明区分为"南道文明"和"北道文明"——"南道文明者，东洋文明也；北道文明者，西洋文明也。南道得太阳之恩惠多，受自然之赐予厚，故其文明为与自然和解、与同类和解之文明。北道得太阳之恩惠少，受自然之赐予啬，故其文明为与自然奋斗、与同类奋斗之文明。"③李大钊在1918年写的这篇题为《东西文明

---

① 严复：《论世变之亟》，《严复集》第1册，王栻主编，北京：中华书局1986年，第2—3页。
② 同上书，第1页。
③ 李大钊：《东西文明根本之异点》，《李大钊全集》第2卷，北京：人民出版社2006年，第211页。

根本之异点》的论文中，还对东西（或曰南北）两种文化的特征作了条分缕析的罗列：

> 一为自然的，一为人为的；一为安息的，一为战争的；一为消极的，一为积极的；一为依赖的，一为独立的；一为苟安的，一为突进的；一为因袭的，一为创造的；一为保守的，一为进步的；一为直觉的，一为理智的；一为空想的，一为体验的；一为艺术的，一为科学的；一为精神的，一为物质的；一为灵的，一为肉的；一为向天的，一为立地的；一为自然支配人间的，一为人间征服自然的。①

李大钊在对比中西文化特征后，进一步引申到社会政治方面："东方之道德在个性灭却之维持，西方之道德在个性解放之运动"；"东方想望英雄，其结果为专制政治，有世袭之天子，有忠顺之百姓"；"西方依重国民，其结果为民主政治"②。李大钊认识到，"动"的西方文化比"静"的中国文化先进，中国要谋图振作，"唯以彻底之觉悟，将从来之静止的观念、怠惰的态度，根本扫荡，期与彼西洋之动的世界观相接近，与物质的生活相适应"③。

如果说，李大钊主要是从地理环境的差异性出发解释中西文化的特性，那么，同一时期的陈独秀则从社会制度的不同，剖析中西文化的优劣。他认为在古代专制政体下，中西文化并无大异，到了近代西方发生资产阶级革命，"群起而抗其君主，仆其贵族，列国宪章，赖以成立"④；而东方社会仍然迟滞不前，"自游牧社会，进而为宗法社会，至今无以

---

① 李大钊：《东西文明根本之异点》，《李大钊全集》第2卷，北京：人民出版社2006年，第211—212页。
② 同上书，第213页。
③ 同上书，第217页。
④ 陈独秀：《法兰西人与近世文明》，《青年杂志》1915年9月第1卷第1期。

异焉;……自酋长政治，进而为封建政治，至今亦无以异焉"①。这样，东西方文化便有了鲜明差异，西方已是近代社会之"近代文明"，而东方仍然是"宗法社会""封建政治"之下的旧式文明，未能脱出"古代文明之窠臼"。据此，陈独秀具体展示了东西方文化的特质——西洋民族以战争为本位，东洋民族以安息为本位；西洋民族以个人为本位，东洋民族以家族为本；西洋民族以法治为本位、以实利为本位，东洋民族以感情为本位、以虚文为本位。这就大体揭示了作为古代中世纪社会产物的东方文化与作为近代社会产物的西方文化之间的强烈反差。五四运动以后，瞿秋白更明确指出："东西文化的差异，其实不过是时间上的。"②也就是说，东西方文化之歧，实质上是古今文化之别；由于东方与西方处在不同的社会发展阶段，造成这两大文化之间的明显差异。

总之，中国文化的特质问题，是鸦片战争以后，尤其是19世纪末叶以来，沐浴了欧风美雨的先进中国人对自己民族传统进行深沉反思的过程中提出的一个重大课题。这个问题的提出以及探讨的深化，是一个民族自我意识趋向自觉的标志，也是一个民族对自己的文化传统实行现代化改造的前提条件。20世纪初叶，邹容等人力主革除"奴隶之根"；梁启超倡导"新民说"，号召"振刷国民之精神"；五四运动前后，鲁迅更锲而不舍地着意于"国民性"的改造。这些努力都建立在把握民族文化特质的基础之上。

---

① 陈独秀：《东西民族根本思想之差异》，《青年杂志》1915年12月第1卷第4号。
② 瞿秋白：《东方文化与世界革命》，载《新青年》1923年第1期。

第二节

中国古文化植根的土壤

一个民族文化的特质,或曰"民族精神的标记",既非造物主的赋予,也不是绝对理念的先验产物,而是从深厚的民族生活土壤里生长出来的。19世纪末叶,泰纳、勃兰兑斯等文化历史派认为种族、环境和时代是决定民族文化的"三因素",其中又特别突出种族因素,断言种族因素中的天赋、情欲、本能、直观是决定民族文化特征的"永恒冲动"。文化历史派的观点包含着可借鉴的成分,但片面强调种族因素,并未能真正追溯文化特质的终极原因。事实上,民族文化的差异性,是那些民族所处的地理环境、所从事的物质生存方式、所建立的社会组织形态的多样性造成的。因此,要把握一个民族文化的特征,必须首先了解这个民族的文化得以繁盛的独特自然环境和社会条件。

近代中国文化人在剖视民族文化的特征时,曾作过这类"土壤分析",但他们大都偏于一端,未对自然和社会条件作全面考虑。如《东方杂志》上发表的杜亚泉(笔名伦父)的文章,把中西文化的差异归结为民族斗争的有无,以及地理环境的区别。

梁启超、李大钊等人在五四运动前后,也认为东西方文化的差异是地理因素和气候因素造成的。陈独秀有深入一步的见识,他在肯定地理—气候影响的同时,还指出,以"家族为本位"的宗法制度,是中国文化类型形成的重要因素。然而,由于思想武器的单弱,近代文化人都未能对中国传统文化的土壤作多层次的综合考察，因而其见解难免偏颇，有欠深刻，即使最有见地的陈独秀，也"语焉不详"。

作为社会意识的文化是由社会存在决定的，这是唯物论的一个总体性命题。但社会存在又有若干层次，自然条件（或曰"地理环境"）是最基础的层次，其上则有经济层次（生产方式）和社会组织层次等，它们分别通过各种复杂的渠道对作为社会意识的文化施加影响。同时，社会意识又并非都如照相机式地直接反映社会存在，特别是较高级的社会意识总要通过若干中介去反映社会存在。一般而言，社会意识可区分为社会心理和社会意识形态。社会心理是未经精密加工的、在民众中普遍流行的思想意识，它们与社会存在保持着较密切的联系；而社会意识形态则是经过系统加工的社会意识，它们往往是由文化专门家对社会心理这一中介进行理论的或艺术的处理，曲折地同时也更深刻地反映社会存在。因此，为着真切地把握中国文化的特征，便有必要对中国文化得以繁衍的土壤进行多层次的综合研究，进而考察这种土壤对社会心理和社会意识形态发生怎样的影响。

对其进行这种综合的、比较的研究时，便会发现，养育中国古代文化的土壤是一种区别于开放性的海洋环境的半封闭大陆环境，是一种既不同于游牧经济也不同于工商业经济的农业型自然经济；是一种与古代希腊、罗马的城邦共和制、元首共和制、军事独裁制，以及和印度种姓制均相出入的家国一体的宗法制社会。

地理环境的、物质生存方式的、社会组织的格局，决定了中国古代社会心理的特点，而中国古代文化匠师们便以这种初级的思想材料作为原料进行加工，创制了富于民族色彩的文化。

中国文化得以滋生的土壤，从三个层次进行分析。

一　半封闭的温带大陆型社会地理环境

人类历史和文化的发展，是以自然为基础和前提的。一方面，人

>>> 中国正处在北半球的温带—暖温带,地理环境提供了"自然之富,物产之丰",这显然是古老的中华文明得以滋生发达的一个先决条件。图为宋代王希孟《千里江山图》。

类本身便是自然的产物；另一方面，人类的劳动对象也是自然。唯心史观总是企图把地理逐出社会，把自然逐出历史，将文化全然归结为智力的或精神的产物。唯物史观则毫不含糊地把地理环境、自然条件视作人类社会活动的物质基石，认为"地理环境的特性决定着生产力的发展，而生产力的发展又决定着经济关系的以及随在经济关系后面的所有其他社会关系的发展"①。同时,唯物史观也不赞成"地理环境决定论",因为这种理论把地理环境全然看作人类社会的外力,是这种外力决定着社会的进程。事实上,地理环境是"人化了的自然界",通过人类对自然的征服和改造,地理环境日益转化为人类社会内部不可缺少的因素。在这一意义上,可以把地理环境称作"社会地理环境"。总之,人类历史的变迁和文化类型的形成,是作为社会的人的创造,并非由自然—地理环境直接赋予,但地理环境毕竟给人类文化的创造提供了物质材料,在一定程度上影响着文化的发展趋向和色彩。而且,人类社会愈接近原始阶段,这种影响力所占的比重愈大。所以,在考察中国文化尤其是中国古代文化的类型时,必须把地理环境纳入自己研究的视野。

按地理环境的一个重要因素——气温带进行分类,人类可以粗略区别为寒带民族、温带民族、热带民族。由于温带气候适中,提供了较良好的生产、生活条件,所以,温带—暖温带成为文明的发祥地和繁盛之区。"历史的真正舞台所以便是温带,当然是北温带,因为地球在那儿形成了一个大陆,正如希腊人所说,有着一个广阔的胸膛。"②而中国正处在北半球的温带—暖温带,地理环境提供了"自然之富,物产之丰",这显然是古老的中华文明得以滋生发达的一个先决条件。

按地理环境的另一重要因素——濒海性来区分,人类又可判别为大陆民族与海洋民族。古人的交通往来,主要靠河海提供舟楫之便。希腊、罗马、斯堪的纳维亚诸国、英吉利、日本都是典型的海洋国家,居民栖息在半岛或群岛上,享有海运之便,因而商业发展较早;又由于这些岛屿或半岛腹地比较狭窄,更促成人们向海外展拓。因此,上述海洋

---

① [苏]列宁:《马克思主义的基本问题》,《列宁全集》第55卷,北京:人民出版社1990年,第446页。
② [德]黑格尔:《历史哲学》,王造时译,上海:上海书店出版社2001年,第124页。

民族的文化心理较为外向，文化系统处于一种动态的和开放的状况。梁启超曾以诗一般的语言描述海洋给人的感受：

> 试一观海，忽觉超然万累之表，而行为思想，皆得无限自由。彼航海者，其所求固在利也。然求利之始，却不可不先置利害于度外，以性命财产为孤注，冒万险而一掷之。故久于海上者，能使其精神日以勇猛，日以高尚。此古来濒海之民，所以比于陆居者活气较胜，进取较锐。①

同时，海洋还使滨海民族之间得到较充分的文化交流。埃及、巴比伦与希腊间，希腊与罗马间，多次发生就古代而言规模巨大的文化交融现象，以至世界史学界已开始采用"东地中海文明区"的概念，因为，地中海这一海上走廊沟通了上述文明古国，使它们的文化"你中有我，我中有你"，在一定程度上成为一个浑然一体的系统。

中国的情形则另具一格：中华先民自古生活在东亚大陆上，这里东濒茫茫沧海，西北横亘漫漫戈壁，西南耸立着世界上最险峻的青藏高原。这种一面临海——须知：这是古人难以横渡的太平洋，与地中海这样的内海不同，其他三面陆路交通极不便利，而内部回旋余地又相当开阔的环境，造成一种与外部世界相对隔绝的状态，这对中国文化类型形成的影响是不可低估的。梁启超曾对这个问题发表过看法。他虽有一味强调地理因素的偏颇，却淋漓尽致地揭示出这样一种真实情形——亚洲的多山造成交通阻隔，限制了文化交流的规模。

由于中国古代文化系统从半封闭的大陆性地理环境中获得了比较完备的"隔绝机制"，而"隔绝机制"正是一个独立的古文化系统得以延续的先决条件。所以，虽然从秦汉到隋唐，中原文化曾与中亚、西亚的

---

① 梁启超：《地理与文明之关系》，《饮冰室合集》第2册《文集之十》，北京：中华书局1989年，第108页。

草原文化以及南亚次大陆的佛教文化进行过颇有声色的交流，但中国古代文化始终保持着自身的风格和系统。

由于中国古代文化始终保持着独立的、一以贯之的发展系统，加之古代中国人对外部世界知之甚微，这使得中国人在相当长的期间，把黄河、长江滋润的那片土地视作真实的"域内"，而把其他地区看作虚幻的"方外""化外"。虽然"九州观""天下观"在渐次扩大，但直至19世纪中叶以前，中国人一直把自己的国度当作世界的主体，这只要看一看中国古人绘制的世界地图便一目了然。又由于古代中国的政治、经济、文化较周边地区先进，古代中国人一向自视为"天朝上国"；加之古代华夏族、汉族多建都于黄河南北，处在"四夷"之中，故自称"中华""中国"，所谓"是以声名洋溢乎中国，施及蛮貊"①。这种特定的氛围，使中国人自以为处在世界的中央，"中国者，天下之中也"，是中国人长期以来形成的颇富于尊严感的"自我意识"。凡此种种，铸造了中国人独具风格的世界观念和文化心理，古代中国的哲学、文学艺术和科学技术，无不受到这种世界观念和文化心理的制约。"白日依山尽，黄河入海流。欲穷千里目，更上一层楼""大漠孤烟直，长河落日圆"之类诗作所展现的，正是一个大陆民族所特有的视野和壮阔的襟怀；中国古代诗文也有议及海洋的，但极少有征服海洋的内容。"相土烈烈，海外有截"②，讲到商汤的祖先相土功业显赫，使海外威服，但这里的"海外"仅限于渤海等近海。孔孟生活在滨海的邹鲁地区，但他们都没有冒险远航的经历，他们偶尔提到过海洋，如"道不行，乘桴浮于海。从我者，其由与"③"观于海者难为水，游于圣人之门者难为言"④。或者是把海洋作为逃遁的处所，或者是把海洋作为浩叹的对象。孔子还说："知者

---

① 《礼记·中庸第三十一章》。
② 《诗经·商颂·长发》。
③ 《论语·公冶长第五》。
④ 《孟子·尽心章句上》。

乐水，仁者乐山；知者动，仁者静；知者乐，仁者寿。"① 把尚山（大陆）的"仁者"置于尚水（海洋）的"知者"之上，显示了一个大陆—海岸型思想家的风格，与有着丰富的航海经历和海外知识的柏拉图、亚里士多德等古希腊哲人存在着明显差异。中国的古代建筑风格，也与大陆民族特性有关，北京故宫那种高度对称、凝重而富丽的建筑风格，则淋漓尽致地显示了"中央帝国"雄踞万邦的雍容、庄严的气度。至于中国人强烈的民族观念（所谓"华夷之辨"），对国籍的格外注重（一些海洋民族视变更国籍为常事，而中国人则不然），以及眷恋国土乡邦的情怀，也是一种执着的大陆民族意识。尽管这种民族意识是在半封闭状态中养育出来的，但在两千多年间，确乎是支撑中华民族保家卫国、发扬文化传统的巨大精神力量。

二 农业型自然经济

中国文化得以滋生的地理环境是大陆型的。然而，大陆环境又有几种不同类型：中亚一带属于大漠大陆型，匈奴人、突厥人、蒙古人在这片旱而开阔的荒漠——草原上发展了游牧经济，并组成英勇善战的骑兵，在十几个世纪中对东亚和欧洲文明世界一再带来可怖的军事威胁；东欧是草原—森林大陆型，斯拉夫人在这里发展了半农半牧经济，成为欧亚文明的过渡形态；而中国的主体——汉人聚居的地区则是湿润半湿润的大河大陆型，黄河、长江哺育着这片肥沃的土地，为先民从事精耕细作的农业生产提供了条件。

农业取得进步的地区，是文化首先得以繁荣的地区，这是世界史的通例。巴比伦、埃及、印度和中国，都是在大河养育下农业最早得到发展，因而文化最早兴盛的国度。这是因为只有当社会生产出多余的食物，才有可能从人群中分化出一部分从事非生产性活动的文化人，去进

---

① 《论语·雍也第六》。

>>> 中国先民的主体早在距今6 000年前后,就逐渐超越狩猎和采集经济阶段,进入以种植经济为基本方式的农业社会。图为清代张恒《农耕图》(四屏)。

行科学的、文学的、艺术的、哲学的创造。

中国先民的主体早在距今6 000年前后，就逐渐超越狩猎和采集经济阶段，进入以种植经济为基本方式的农业社会。"禹、稷躬稼而有天下"①，中原地区的古代部落长能够统治天下，是发展农业的结果，这与游牧民族的酋长靠硬弓、骏马制驭诸部大异其趣。后来，中国更素称"以农立国"，历代帝王都有耕籍田、祀社稷、祷求雨、下劝农令的仪式和措施，并且无一例外地把"重本抑末"作为"理国之道"②。中国农具的制作、牛耕的发明、农书的刊行，都著称于世。中国还是多熟农业的发源地之一，《荀子》便有"一岁而再获之"的记载，张衡的《南都赋》则提到"稻下种麦"，这都显示了古代中国农业的发达。与此相关，古代中国人的主体——农民大都束缚在土地上，"日出而作，日入而息。凿井而饮，耕田而食"③，少有流动，他们世世代代、年复一年地从事简单再生产，并成为国家赋役的基本承担者和社会上层建筑赖以立足的根基。这就注定了中国古代文化在很大程度上是一个农业社会的文化，中国文化若干传统的形成都与此相关。

当然，单以"农业社会"概括中国古代社会，也是不全面的。中国周边民族长期从事游牧经济，从先秦到两汉的戎、羌诸族以及匈奴人，唐代的突厥人，此后活跃在北方地区的女真人、契丹人、党项人、蒙古人、满洲人（由女真人发展而来）都是强悍的游牧民族。这些游牧民族创造的游牧文化，是丰富多彩的中国文化系统的一个重要组成因素。而游牧文化又多次与中原地区精耕细作的农业文化发生碰撞，并在反复的冲突中实现融合。这对中华民族文化的发展产生过长远的、全局性的影响。

然而，农业经济毕竟是中国古代社会经济的主干，中国文化的一系

---

① 《论语·宪问第十四》。
② 《后汉书》卷二八上《桓谭传》，北京：中华书局1962年，第958页。
③ 《帝王世纪·击壤歌》。

列特征都由此而派生出来。例如民族心理的务实精神，便是由农业社会导致的一种心理趋向。"国民常性，所察在政事日用，所务在工商耕稼。志尽于有生，语绝于无验。"[①] 章太炎的这一描述，说出以农民为主体的中国人"重实际而黜玄想"的民族性格，正是这种民族性格使中国自周秦以后的2 000余年间虽有种种土生的或外来的宗教流传，但基本上没有陷入全民族的宗教迷狂，世俗的、入世的思想始终压倒神异的、出世的思想。一般而言，中世纪是文化的黑暗时代，但中国人创造了世界上最辉煌的封建文化，在15世纪至16世纪以前的1 000余年间，中国文化长期处于世界前列，被神学蒙昧主义所笼罩的中世纪欧洲各国不能望其项背，13世纪来华的马可·波罗在其口述的《马可·波罗行纪》中，便充满了对中国文化的赞叹，真实地表达了欧洲人"自愧不如"的情绪。中国封建文化所取得的高度成就，早已蜚声世界，被认作是人类文明的第二个高峰（第一个高峰：奴隶制文化，其代表为希腊、罗马；第二个高峰：封建文化，其代表为中国；第三个高峰：资本主义文化，其代表为意大利、尼德兰、英吉利、法兰西），这不能不归因于中国农业社会的发达和成熟，归因于中国农民和士人非宗教的理性精神。当然，中国人的非宗教倾向，并不是以科学思维为基础的，而是以农业社会所特有的经验理性为基石，先秦时期的两大"显学"——儒学和墨学，以及贯穿整个封建时代的三大学派——儒家、道家、法家，都具有这种思维特征。

农业社会的政治观念也有自己的特点。一方面，由千百个彼此雷同、极端分散而又少有商品交换关系的村落和城镇组成的社会，需要产生高高在上、君临一切的集权政体和统治思想，这便是所谓的"东方专制"，它将国家的军、政、财、文大权全部集中到朝廷以至皇帝个人手

---

① 章太炎：《驳建立孔教议》，《章太炎政论选集》下册，北京：中华书局1977年，第689页。

中。中国早在距今两千余年的秦汉时期,就确立了这种专制的中央集权的君主政体,而欧洲直至中世纪晚期才出现类似政体。这是东方式农业社会的中国的一个显著特点。

另一方面,农业社会存在和发展的前提,是农业劳动力——农民的"安居乐业",一旦这种格局遭到大规模破坏,"民不聊生""民怨沸腾",便有可能导致王朝的崩溃。这使得封建统治者很早便领悟到民为水,君为舟,即"水能载舟,亦能覆舟"的道理,因此,"民为邦本""使民以时""民贵君轻"等民本思想成为中国这个农业社会的一种传统观念,反对杀鸡取卵、竭泽而渔的"仁政""王道"学说即由此派生出来。"爱民""恤民"的思想与"残民""虐民"的绝对君权,相互对立又相互补充,共同组成中国式农业社会政治思想的主体。而重民心、重民意的民本思想作为中国文化系统中比较富于人民性和素朴民主精神的部分,对中国文化人理论体系的构筑和创作活动的展开,都发生着深刻影响,从屈原的"哀民生之多艰",到杜甫的"朱门酒肉臭,路有冻死骨",无不跳动着民本思想的脉搏。

此外,中国人的崇尚中庸,少走极端;推崇诚实可靠、注重自然节奏;着眼于现世和人事,不太关心来世和人事以外的自然界;注意切实领会,鄙弃口辩,以至往往把能言善辩当作"巧舌如簧"、狡猾的别名,而讷讷于言、笨嘴拙舌则成为忠厚老实的同义语……中国人还被西方人称赞为东方民族中"最善于处理实际事务的"。这都是农业民族典型性格的表现。

中国传统的国防观念也由农业社会的属性所决定。中国古代虽然不乏卫青、霍去病这样"勤远略"的军事家,也有过张骞通西域、郑和下西洋之类的探险和远航壮举,但国家和民族所孜孜以求的基本战略目标是"四夷宾服"式的"协和万邦"。杜甫诗云:"杀人亦有限,列国自有疆。苟能制侵陵,岂在多杀伤?"这正反映了中华民族既有抗御外敌入侵的坚强决心,又不热衷于无限扩张疆域、滥杀生灵的特征。长

长城这种防御性的军事建筑,正是中国人历来求统一、求和平的民族心理的物质表征。图为明代修建长城。

城这种防御性的军事建筑，正是中国人历来求统一、求和平的民族心理的物质表征。明代万历年间来华的意大利耶稣会士利玛窦（他来华前曾遍游南欧列国以及印度）指出，明朝的军队是他所见到过的世界上数量最庞大、装备最精良的军队，但他发现这支军队完全是防御性的，中国人没有想到过要用这支军队侵略别国。总之，中国人作为一个农业民族，采用的主要是农业劳动力与土地这种自然力相结合的生产方式，农民固守在土地上，既是农民自身的要求，也是统治农民的地主阶级的需要。这样，古代中国人所追求的是从事周而复始的自产自销的农业经济所必需的安宁和稳定，以"耕读传家"而自豪。这与中亚、西亚多次崛起的游牧民族，以军事征服和战争掠夺为荣耀的心理大相径庭，与以商品交换和海外殖民为致富手段的民族对外展拓的意向也判然有别。一些工商业比较发达的海洋民族，如古代的罗马、中世纪及近代的日本，多次制定过征服全世界的计划，而在中国汗牛充栋的经、史、子、集各类典籍中，可以发现先民们有过"兼爱""非攻""礼运大同""庄生梦蝶""归墟五神山"之类美好的理想，或奇妙的玄想，唯独找不到海外扩张、征服世界的狂想。这大概只能用建立在自然经济基础上的大陆性农业民族平实、求安定的文化心理加以解释。

三 家国一体的宗法社会

中国古代的社会制度和组织发生过种种变迁，但由氏族社会遗留下来的，以父家长为中心、以嫡长子继承制为基本原则的宗法制度却延续数千年之久，直到近代还保留着明显的痕迹。

中国历史由原始社会向奴隶社会过渡，没有像希腊、罗马那样发生奴隶主民主派推翻氏族贵族统治的革命，荷马史诗生动展现了古希腊发生的这种冲突斗争；而中国关于上古社会的历史记述以及神话传说却表明，先民们跨入阶级社会的门槛，氏族首领直接转化为奴隶主贵族，以后又由家族奴隶制发展成宗族奴隶制，建立起"家邦式"国家，而不是像希腊、罗马那样由家庭奴隶制转变为劳动奴隶制，随之建立起"城邦式"国家。总之，中国古代史的发展脉络，不是以奴隶制的国家去取代由氏族血缘纽带联系起来的宗法社会，而是由家族走向国家，以血缘纽带维系奴隶制度，形成一种"家国一体"的格局。这样，氏族社会的解体在中国古代完成得很不充分，因而氏族社会的宗法制度及其意识形态的残余大量积淀下来。

中国进入阶级社会的情形与印度也有显著差异。印度同样是在氏族制度解体很不充分的情况下跨入阶级社会的，但印度不是像中国那样确立一种"家国一体"的宗法制国家，而是从进入初期阶级社会（吠陀时代）起，便形成种姓制度，婆罗门（僧侣）、刹帝利（武士）、吠舍（自由民）、首陀罗（压迫者）四大种姓判然有别，前三个种姓尤其与首陀罗之间壁垒分明，首陀罗不得参加高级宗教仪式，不得与前三个种姓通婚。这一制度沿袭三千余年，直至现代印度，仍有数以千万计的"不可接触的贱民"。种姓制度成为阻挠印度走向现代化的包袱。欧洲古代贵族、平民、奴隶之间的等级划分亦十分鲜明。中世纪更有三大等级的区别——僧侣、贵族、平民，贵族内部还有公、侯、伯、子、男的级差。然而，中国的奴隶制社会和封建社会虽也有等级的划分，家内奴婢还一直保持到明清，但全社会并未长期存在如同印度和中世纪欧洲那样森严的等级制度，社会组织主要是在父子、君臣、夫妇之间的宗法原则指导之下建立起来的。

宗法制度在中国根深蒂固，不仅由于氏族社会解体不充分，还由于此后自然经济长期延续，"鸡犬之声相闻，民至老死不相往来"[①]的村社，构成中国社会的细胞群，而这些村社中又包含家庭宗族与邻里乡党两大环节，由家庭而家族，再集合为宗族，组成社会，进而成为国家

---

① 《老子·第八十章》。

的基石。这种社会结构给宗法制度、宗法思想的迁延、流衍提供了丰厚的土壤。战国时期，新兴的封建主对奴隶制的宗法制度曾经有所冲击，但破坏的对象仅限于奴隶主贵族利用血缘关系所推行的"亲亲"原则，至于以家庭为细胞的农业型自然经济和血缘宗族关系，则完全没有摇撼。

在一定意义上可以说，中国的奴隶社会是宗法奴隶制、封建社会是宗法封建制。中国的奴隶制国家和封建制国家，始终是父家长制政治政体，父亲在家庭"君临一切"，君主则是全国的"严父"，宗法关系渗透到社会生活的最深层，直到新民主主义运动兴起，还要把宗法制度及其具体表现——封建的政权、族权、神权和夫权，作为革命的基本目标。

氏族社会的宗法制度本来是一种习惯性的历史事实，进入阶级社会以后，由统治阶级及其知识分子加工改造，使之理论化、固定化，铸造出一整套宗法意识，深刻影响了中国人的国民性格和几千年的文化。

这种由血亲宗法制度派生出来的社会心理，首先表现为对血缘关系的高度注重。中国人亲属间称谓的区分之细，在世界上是罕见其匹的。略举一例，在英语、俄语中，叔叔、伯伯、舅舅是同一词汇，而中国却有严格区别，这正是中国人格外注意血缘关系的一个表现。中国历代皇朝都依照"立子以贵不以长，立嫡以长不以贤"[①]的原则继位，便是从宗法制度派生出来的血缘至上的继统法。其作用在于减少争夺皇位的纷扰，但同时又繁衍出许许多多昏君。此外，中国还有一个畸形的"特产"（奥斯曼帝国也有类似做法）——宫廷内大量使用阉宦，由"中性人"服侍后妃，这是最高统治者为确保皇统的血缘纯洁性所作的努力，其实质是一个宗族绝不允许政治权力和经济利益向本宗族以外旁落。总之，"非我族类，其心必异"[②]，成为宗法制度下的中国人的普遍信念。

---

① 《春秋公羊传·隐公元年》。
② 《春秋左传·成公四年》。

>>> 村社构成中国社会的细胞群,其中又包含家庭宗族与邻里乡党两大环节,由家庭而家族,再集合为宗族,组成社会,进而成为国家的基石。图为明代佚名《一个家族的影像》。

宗法制度下的社会心理又表现为对祖先的顶礼膜拜。起源于父系氏族社会的祖先崇拜，意在祈求祖宗保佑后代繁荣昌盛。这一社会心理在中国长期延续，直至近代中国的乡镇仍然普遍建有祠堂家庙、奉祀祖先牌位；中国人虽然也崇拜天神，但绝没有希伯来人、印度人、欧洲人、阿拉伯人那样虔诚和狂热，而往往是对天神持一种"敬而远之""存而不论"或利用态度，并且把天神崇拜和祖先崇拜结合在一起。"天地君亲师"五位一体，是中国人普遍敬奉的牌位，但"天地"是虚设的；对"君"的崇敬，则是从对"父"的崇敬中引申、借代过来的，所谓"君子之事亲孝，故忠可移于君；事兄悌，故顺可移于长；居家理，故治可移于官"①，宗法家族成为"国"与"民"之间的中介，"国"与"家"彼此沟通，君权与父权也就互为表里，君与民之间是"君父"与"子民"的关系；至于"师"，也享有类似父亲的尊严，并且师还是"孝亲"观念的灌输者。因此，"天地君亲师"的核心和枢纽在于"亲"（即祖先），"孝亲"成为中国道德的本位，"慎终追远"成为中国式宗法社会的传统社会心理。正是在这一意义上，黑格尔把中国文化的主旨概括为"家庭精神"。随着国家的家族化，宗法观念在封建时代便演化成"三纲五常"等一整套伦常体系，构成封建时代人际关系的准绳。

由于"孝亲"这一宗法意识笼罩全社会，使多数中国人不至于成为"六亲不认""无父无子"的宗教狂徒，在中国几千年的历史上战争频仍，但基本没有发生欧洲、中东、南亚次大陆多次出现的宗教战争，这显然是非宗教的中国文化给社会带来的福音；然而，宗法意识又束缚着中国人，使其在"忠君敬长"的规范内谨小慎微，不得越雷池一步，直到近代中国人仍深受其苦。鲁迅的《祝福》、巴金的《家》等现实主义文学杰作，便描绘了宗法社会的生活场景，表现出中华儿女在其间所遭受的惨痛的精神虐杀。

---

① 《孝经·广扬名章第十四》。

宗法制度下的社会心理还表现为对传统的极端尊重。这也是一种氏族社会的遗风。氏族制度"使人的头脑局限在极小的范围内,成为迷信的驯服工具,成为传统规则的奴隶"①。而封建时代建立在农业自然经济基础上的宗法制度使这种"遗风"得以保留,并在较高的层次得以展现——政治上迷信"正统","汉贼不两立"成为人们的信条;思想学术上追求"道统""心传",从韩愈到宋明理学家,无不以"尧舜禹汤—文武周公—孔孟"系统的继承者自居,而人们也确乎把他们视作孔孟衣体的"真传"加以崇奉;文学上推尊"文统","文必秦汉、诗必盛唐"成为骚人墨客的宗旨;至于艺术流派和手工业行帮更讲究"家法""师法",把"无一字无出处""无一笔无来路"视作艺术和技能的极致。从积极面而言,这种尊重传统的做法大大强化了中国历史和文化的延续力,使得中国历史和文化成为世界上少见的不曾中断过的典范;从消极面而言,一味迷恋传统的宗法意识造成中国人向后看的积习和守成的倾向,保守知足,重古轻今,把"信而好古""述而不作"视作至理,从而消磨了进取和创新的精神。长期以来,中国人一直以宗法氏族社会传说中的圣人——尧、舜为圣人,以宗法氏族社会实行的"井田制"为土地制度的最高标准,以宗法氏族社会的"大同世界"为社会关系的理想境界,"言必称三代"更成为中国人立论的习惯,"法古"是政治家的口头禅。即使是那些改革志士,也不得不在"复兴三代之制""承袭道统"的旗号下,去革除当代弊端,否则他们的主张是难以在国民中得到拥护的。

总之,在一个半封闭的暖温带大陆上繁衍起来,以农业经济为生存基本手段的"家国一体"的宗法社会,便是中国文化得以滋生和发展的土壤。正是这些社会存在的综合作用,养育了中国人特定的社会心理,如勤谨质朴、热爱和平、自足自得、崇尚中庸、习惯稳定、尊重传统

---

① [德] 马克思:《不列颠在印度的统治》,《马克思恩格斯选集》第 2 卷,北京:人民出版社 2012 年,第 853—854 页。

等，而以这种社会心理为中介，铸成了富于中国风格的社会意识形态，如天人相与的世界观、王民相维的政治观、上下相依的伦理观三者合一的思想体系，政治学、文学、艺术、史学、哲学无不渗透着这种思想体系的影响。

第四章

农业－宗法社会养育出来的中国文化

——一个以伦理意识为中心的系统

每一民族的经济生存方式以及必然由此产生的社会结构，是该民族政治的、精神的和历史的基础，民族的观念文化都由这一基础决定。

中国自殷周到明清一脉相延的是农业—宗法社会。这一社会结构从氏族社会的父家长制演变而成，到周代已趋于完备，以后在历代虽多经变异，但氏族社会的某些传统却大体沿袭下来。进入阶级社会以后，各种成文法出现，伦理道德逐渐变为与法律相互并列、相互补充的社会规范。但在不同民族中，伦理与法律在社会生活中所占据的地位各不相同。中国作为一个大陆型的半封闭农业国，宗法制度、宗法意识绵延至近代，正是这一母体孕育出伦理型文化。

伦理道德原则不是哲学家和伦理学家所能独立制定的，它是人们在社会实践过程中制定出来的。这些原则反映着许多世代积淀下来的大量生活经验，伦理学家把这些经验概括起来并加以系统化。同时，道德与法律相异，它不是靠行政强制，也没有条文约束，而是靠内心自觉来维系社会秩序，这就给主观任意性留下广阔余地。道德的这些特殊性质，给伦理型的中国文化打上了深刻的烙印。

第一节

道德学说成为维系社会秩序的精神支柱和各类观念的出发点、归结点

在古代和中世纪,许多国度和民族以宗教作为维系社会秩序的精神支柱,中国文化系统却避免了全社会的宗教化。但在古代和中世纪,尚不可能产生科学体系以取代宗教。在中国曾经长期充当维系社会秩序的精神支柱,是伦理道德学说。

中国中世纪居主导地位的伦理世界观,在某种程度上起着与欧洲中世纪神学世界观相类似的作用,成为一种"准宗教"。

由氏族社会遗留下来,并在奴隶社会和封建社会得到发展的宗法传统,使中国文化归于以"求善"为目标的"伦理型",同希腊文化以"求真"为目标的"科学型"颇相差异。科学型文化把宇宙论、认识论与道德论加以区分,分别作纵向研究,探索各自的发展系统,因而本体论、认识论比较发达,没有与道德论混为一谈,而且,科学型文化探求道德问题也是为认识自然、征服自然服务的。然而,作为"道德型"的中国文化,不讲或很少讲脱离伦理学说的智慧。许多哲学的、政治的观念的产生,都以伦理思想为起点、为核心,向外作水波式的扩散。如阴阳这对范畴,便从伦理(夫妇)推及政治(君臣)、哲学("一阴一阳谓之道")、科学(炼丹术)、文学(刚柔正变)。与此同时,若干不同范畴又往往以伦理观念作为归宿,如"吾日三省吾身:为人谋而不忠

乎？与朋友交而不信乎？传不习乎"①便是典型的"反求诸己式"的聚向伦理中心的反思。在中国文化系统里，本体论和认识论的学说都不太发达，有关宇宙和智力问题的探讨，往往都从属于或落脚于道德问题的基点上，认为"齐家""治国""平天下"都要以"修身为本"，呈现一种以"修己"为核心的，向"齐家""治国""平天下"扩散的一组同心圆。

与伦理中心直接相联系，中国的"治道"特别注重道德感化。尊者、长者尤其要讲究"身教"，帝王在发生灾荒或社会动乱时，便下诏"罪己"。这类行径不能以"虚伪"一言以蔽之，它实际上是氏族社会宗法观念的遗存。氏族社会没有成文法，氏族长老靠榜样的力量和道德感召来团结、调动全社会，氏族长老常常向氏族成员检讨工作，并进行道德上的自我批评，以求得氏族成员的谅解和支持。以后，奴隶制国家和封建制国家建立，相继颁布无数成文法，但在宗法社会的中国，道德的威力始终被看得比法律更为重要和有效，孔子说的"道之以政，齐之以刑，民免而无耻；道之以德，齐之以礼，有耻且格"②，便点明了此种"德治"的精义。中国的封建统治者主要是以伦理的训条，而不是以法律精神治理国事；中国的每一个个人首先考虑的也不是遵从国家的法律，而是如何在错综复杂的人际关系中履行伦理义务——臣对君尽忠，子对父尽孝，妇对夫尽顺，弟对兄尽悌；与此同时，君、父、夫、兄等尊者、长者，对臣、子、妇、弟等卑者、幼者也有特定的义务。这两者的配合，便构成宗法式社会的"和谐"。

总之，中国人作为一个颇富于义务感的民族，其社会意识既不是靠宗教也不是靠法治支撑，而是依赖建立在宗法制度基础上的伦理观念加以维系。

---

① 《论语·学而第一》。
② 同上。

高度重视伦理道德学说，不只是中国某一学派的信念，而且是整个中国文化系统的共同特征。儒家创始者孔子极端注重伦理学说，是人所共知的，他以"仁"为"至德"，而把孝悌、忠信、礼、勇等都从属于"仁"的总原则之下。"仁"从"人"、从"二"，讲的是如何处理人际关系，它以"亲亲"为出发点，认为"孝悌"是"仁"的根本，又由血亲之爱推及开去。"樊迟问仁，子曰：'爱人。'"① 这样，"仁学"便成为宗法思想与封建国家观念的中介，因而在封建时代受到特别的推崇。孟子又将孔子的道德学说加以条理化，提出"仁义礼智""孝悌忠信""父子有亲，君臣有义，夫妇有别，长幼有序，朋友有信"② 等道德条目，并把道德追求作为终极目标，所谓"圣人，人伦之至也"。法家与儒家歧见迭出，但全神贯注于道德伦理的探求，同样是法家学说的潜质。如韩非曾提出"臣事君，子事父，妻事夫"为"天下之常道"的"三纲"思想，认为"三者顺则天下治，三者逆则天下乱"③；《管子》以"礼义廉耻"为民族的精神支柱，并强调任何事务都可弃而不顾，唯独干系"君臣之义，父子之亲，夫妇之别"的学问一刻也不能马虎，而要时时加以切磋。由先秦思想家构造起来的伦理学说，其历史土壤是宗法家长制，而它一经产生，便对中国的民族精神发生巨大影响。魏晋玄学的"名教自然之辨"，宋明理学的"天理人欲之辨"，都是运用思辨去满足伦理需要的范例。直到明清之际，早期启蒙思想家也仍然恪守伦理中心，王夫之等人虽然对封建蒙昧发起抨击，对"人欲"的正当性加以肯定，但他们更为重视"人"对社会国家的伦理义务，认为只有在这个范围内，"人欲"才具有合理性。

　　伦理中心还渗透到意识形态的各个分支中，如中国文学高度强调"教化"功能，史学以"寓褒贬，别善恶"为宗旨，便是突出的表现。

---

① 《论语·颜渊第十二》。
② 《孟子·滕文公上》。
③ 《韩非子·忠孝第五十一》。

>>> 儒家创始者孔子极端注重伦理学说,是人所共知的,他以"仁"为"至德",而把孝悌、忠信、礼、勇等都从属于"仁"的总原则之下。图为清代焦秉贞《孔子圣迹图》。

作为伦理型的中国文化，将人推崇到很高的地位，所谓"人为万物之灵""人与天地参""天有其时，地有其财，人有其治"①，把人与天地等量齐观，并列论之。因此，有的学者将欧洲中世纪神本论的基督教文化称为"天学"，将宣传"轮回""因果报应"的印度佛教文化称为"鬼学"，将重视人伦道德的中国儒学称为"人学"，这种概括不无道理。不过，中国文化系统的"重人"意识，并非尊重个人价值和个人的自由发展，而是将个体与类、将人—自然—社会交融互摄，强调人对宗族和国家的义务。因此，这是一种宗法集体论或曰封建集体论的"人学"，与近代勃兴的以个性解放为旗帜的人文主义属于不同的范畴。

以儒家的伦理中心为出发点，又生长出"贵义贱利"的价值观，所谓"正其谊（义）不谋其利，明其道不计其功"②，把统治者的最高利益推崇为"义"和"道"，要求人们为之献身，却禁绝人们去谋求自身的"功"和"利"，将动机和效果截然两分，只强调动机，不注重效果。与此同时，又派生出"德力分离"的观念，引导人们追求道德上的完善和道义上的胜利，漠视功利与生的特质——力，认为"德之所在""义之所在"，生死赴之，物质欲望与力的夸耀都被认为是不道德的和低贱的。这种文化氛围养育了士大夫脱离实际、空论仁义的陋习。南宋事功派学者陈亮曾痛论士林积弊："为士者耻言文章行义，而曰'尽心知性'；居官者耻言政事书判，而曰'学道爱人'。相蒙相欺，以尽废天下之实，则亦终于百事不理而已。"③ 明代学者徐光启也尖锐批评明朝文士的空谈心性，"竟以旷达相矜夸"，而内忧外患早已把这些空论击得粉碎："娓娓玄谈未终席，纷纷胡骑乱如麻。"④ 顾炎武更把明朝的灭亡归因于士大

---

① 《荀子·天论》。
② 《汉书》卷五十六《董仲舒传》，北京：中华书局1962年，第2 524页。
③ （宋）陈亮：《送吴允成运干序》，《陈亮集》卷二十四，邓广铭点校，北京：中华书局1987年，第271页。
④ （明）徐光启：《题陶行士运甓图歌》，《徐光启集》下册第12卷，王重民辑校，北京：中华书局1963年，第536页。

夫的"空谈误国"。

中国文化的"道德型"特色具有双重意义。它既有其精华的一面，在特定的历史条件下成为鼓舞人们自觉维护正义、忠于民族国家的精神力量，所谓"杀身成仁""舍生取义"。这种文化气质曾造就了历史上许多悲壮高洁的民族英雄，浇灌了美丽的精神之花。"精忠报国"的岳飞，"留取丹心照汗青"的文天祥，饮雪吞毡、坚贞不屈的苏武，都从传统伦理思想中汲取了积极的思想营养，立德、立功，彪炳千秋。文天祥在《正气歌》中列举了中国历史上见危授命的英雄人物：

> 时穷节乃见，一一垂丹青：在齐太史简，在晋董狐笔，在秦张良椎，在汉苏武节；为严将军头，为嵇侍中血，为张睢阳齿，为颜常山舌；或为辽东帽，清操厉冰雪；或为出师表，鬼神泣壮烈；或为渡江楫，慷慨吞胡羯；或为击贼笏，逆竖头破裂。①

这里歌颂了不惜牺牲生命"秉笔直书"的史学家、冒险刺杀暴君的勇士、为揭露奸佞而犯颜直谏的忠臣、不向异族入侵者屈膝的民族志士、"鞠躬尽瘁，死而后已"的贤相，这些"民族的脊梁"显然都从传统的伦理观念中获得力量，去抗御常人难以忍耐的苦难。然而，它又具有精神虐杀的一面，在漫长的岁月中，将封建等级关系伦理化、凝固化，成为封建压迫的一种形式。在伦理义务的绝对拘束之下，"自然世界对人类的一切关系、主观情绪的一切要求，都是完全被抹杀、漠视的"②，整个社会呈现僵化而有秩序的状态。随着封建社会的发展，封建伦常愈益成为束缚卑贱者的枷锁，"饿死事极小，失节事极大"之类的

---

① （宋）文天祥：《正气歌》，《文天祥全集》卷十四《指南后录》，北京：中国书店1985年，第375页。
② ［德］黑格尔：《历史哲学》，王造时译，上海：上海书店出版社2001年，第130—131页。

>>> 岳飞、文天祥、苏武,都从传统伦理思想中汲取了积极的思想营养,立德、立功,彪炳千秋。

礼教训条，不知戕害了多少弱者。

中国封建时代的伦理中心，是以"忠君""孝亲"意识为主体的封建伦常中心，曾长期制约着中国人的思想方式和生活方式，直到封建社会后期，才开始有人突破。如明代晚期泰州学派的何心隐便置君臣、父子、夫妇等封建伦理规范于不顾，所谓"人伦有五，公舍其四，而独置身于师友贤圣之间"[①]。明清之际的顾炎武则主张区分天下人之"天下"与一姓一朝之"国家"，并明确指出："保国者，其君其臣肉食者谋之。保天下者，匹夫之贱与有责焉耳矣。"[②]黄宗羲、王夫之、唐甄等人也有类似见解。但这类具有初级启蒙色彩的思想并没在社会普及开来，清代占统治地位的仍然是封建伦常中心。直至五四新文化运动，才真正把清算封建伦常中心的任务提上日程。

---

① （明）李贽：《何心隐论》，《焚书·续焚书》第3册，北京：中华书局1975年，第250页。
② （明）顾炎武：《正始》，《日知录集释》中册，（清）黄汝成集释，栾保群、吕宗力校点，上海：上海古籍出版社2006年，第755—757页。

第二节

顽强的再生力，无与伦比的延续性

中国文化是一种从农业——宗法社会的土壤中生长出来的伦理型文化。宗法社会提供了一种顽强的传统力量，使得文化沿着特定的轨迹延绵伸展。伦理学居于文化的核心部位，又大大强化了文化的延续力，因为伦理道德是依靠舆论和教育的力量，使人们形成信念、习惯、传统，进而对社会发生作用的，所以与其他意识形态相比，在经济基础发生改变后更能作为一种历史的力量保存下来。在外来文化的冲击下，传统的伦理道德观念又能增强民族文化的内聚力，使之不致分崩离析。总之，中国文化的类型决定了它具有无与伦比的延续性。

中国文化是世界最古老的文化之一。

1965年，考古学家在云南元谋发现上新世（距今1 200万年至300万年）古猿牙齿化石，另外又发现一个完整的猿人下颌骨和一个上颚骨碎片，用古地磁法测定其绝对年代，距今1 700万年，这是中国发现的最早的人类化石。1980年，考古学家又在云南禄丰石灰坝发现古猿头骨化石，经过复原后的嘴部形状，明显地介于猿类和人类之间，从整个头骨判断，可以确定它属于腊玛古猿阶段。据测定，禄丰腊玛古猿生活于距今800万年以前。从元谋猿人到禄丰腊玛古猿，构成一组人类发展的系列，表明中国西南地区是人类的发祥地之一，有力地驳斥了中国人种"西来说"。

>>> 中国的黄河和长江也是灌溉人类最古老的农业文明的大河,它们都足以证明中国人是最古老的农业民族之一。图为清代樊圻《长江图》。

　　中国不仅是人类的发祥地之一,而且同埃及的尼罗河、印度的恒河、巴比伦的幼发拉底河与底格里斯河一样,中国的黄河和长江也是灌溉人类最古老的农业文明的大河。在黄河流域和长江流域发掘的距今六七千年的若干文化遗址中,多有石斧、石铲、石刀、石锄、陶刀等农具和用火遗迹,生动地反映了先民们那时筚路蓝缕、刀耕火种的生活情景。在西安半坡、宝鸡北首岭、华州泉护村等遗址的窖穴、房屋和墓葬中,有数量可观的粟的皮壳;在长江流域的河姆渡遗址,则有稻谷的存

留。这都足以证明中国人是最古老的农业民族之一。

考古学上一般把青铜器、宫殿（或城市）基址、文字作为文明发端的标志，考古新发现说明，中国古文明的发轫时期比以往估计的要大大提前。过去一般说中国青铜器制造始于殷商，距今约3 000年，而1975年在甘肃东乡林家遗址出土的铜刀，证明是单范铸造的青铜器，经碳14测定，距今约5 000年。另外，在河南偃师二里头发现的宫殿遗址，也比距今3 000多年的殷代宫殿遗址早了近1 000年。以往一向把殷墟甲骨文认作中国最早的文字，而当今的研究者倾向于认为半坡遗址陶器上的刻画符号已具有文字的雏形；大汶口等遗址的陶尊上的符号，也接近于文字，经考释，其中有些单字的结构与后来的甲骨文、青铜铭刻上的象形字十分相似。这样，中国的文明史就不是3 000多年，而是5 000年。

世界史学界有"四大文明古国"之说，中国名列其间（其他三国为古埃及、古巴比伦、古印度）；后来又有"四大文明区"的提法——东地中海文明区（包括巴比伦、埃及、亚述、希腊等），南亚次大陆文明区（包括印度、巴基斯坦、尼泊尔等），印第安文明区（包括玛雅、印加等）和东亚文明区。而中国则是东亚文明区的主体（朝鲜、越南、日本等也属于这一文明区）。总之，无论怎样分类，中国都卓立于世界最悠久、影响最巨大的文明古国之林。

中国文化最富于魅力并引起世人赞叹的，不仅在于其古老，更在于其顽强的生命力、无与伦比的延续性，在于它历尽沧桑、饱受磨难却始终传承不绝。虽然中国文化也有高潮、低潮的起伏，并且屡次面临挑战，经历过许多充满危机的关头，但它却一次又一次表现出巨大的再生能力，成为世界文化史上罕见的不曾中绝过的古老文化。

"四大文明古国"的印度，约于公元前1500年，受到雅利安人的入侵，南亚次大陆古老的城邦文化——印度河谷文化遭到摧毁。美索不达米亚（两河流域）早自公元前4000多年便开始出现文明的曙光（这一文明被认为是人类最古老的），但在公元前4000年至公元前3000年间，经历了苏美尔、阿卡德、巴比伦、亚述等不同民族之间的互相冲击、更迭，后来这一区域的文明长期转入低落。发轫于公元前4000年的埃及文化，创造过令人叹为观止的成就，但自公元前332年埃及被马其顿国王亚历山大大帝征服以后，其文化便开始希腊化。公元前30年，埃及又被并入罗马帝国，其文化归入罗马文化圈。公元3世纪至4世纪以来，埃及文化又融化到古代基督教文化之中。8世纪阿拉伯人进入埃及以后，埃及则汇入伊斯兰文化圈，古埃及文明只留下金字塔、木乃伊供人凭吊。此外，欧洲文化的"家园"——古希腊、古罗马文化曾极一时之盛，后来都由于内部的原因或外敌的入侵，先后中断，以至14世纪至

17世纪文艺复兴在南欧、西欧勃起时,那些以复兴古希腊、古罗马文化为己任的巨匠们,还要到阿拉伯人那里去找寻久已失落的古希腊、古罗马文化的遗存,演出一幕文化"逆输入"的活剧。可见,世界上那些一度星汉璀璨的古国的文化,几乎全都光华暗淡过,发展历程中都曾出现大幅度的"断层",颇能引起后来者产生"白云千载,人去楼空"的感慨。然而,中国的文化传统虽有起伏跌宕,却从未中断,并且在数千年的连绵发展中,代有高峰。例如,文学上的《诗经》、楚辞、先秦散文、汉赋、魏晋诗文、唐诗、宋词、元曲、明清小说;学术上的先秦诸子学、两汉经学、魏晋玄学、隋唐佛学、宋明理学、清代朴学,可谓此伏彼起、连绵不绝,确乎蔚为壮观、令人惊叹。这种在一国范围内,文化各个门类的发展序列保有如此完整、连续的形态,是世界文化史上的一个特例。这个特例得以铸成,与半封闭的大陆环境提供的"隔绝机制"相关,也受惠于农业——宗法社会所具有的延续力。中国文化系统洋溢着的生生不已的活力,那种"天行健,君子以自强不息"①的精神,既是这个特例的表征,又是这个特例的成因。这些因素的综合作用,使中国文化的"认同力"和"适应力"都很强大。认同,使中国古代文化具有内聚力,保持自己的民族传统;适应,则使中国文化顺应环境的变迁,不断调节发展的轨迹。中国传统文化在近现代遇到空前未有的挑战,但它的认同和适应仍然发生着威力,正在创造并将继续创造崭新的中华民族文化。

---

① 《易传·象传上·乾》。

第三节

由"多元化"到"大一统"

外国人在谈论中国文化时,往往一言以蔽之曰,中国是一个"大一统"的封建帝国,其文化也是一种"大一统"的文化。这种说法固然有一定道理,却失之粗浅笼统。

世界历史的通例是——文化发展的基本趋势不是由一点扩散到四方,而是万汇争流、百川归海,由多元走向一元,然后又由一元走向新的多元。古代社会文化呈多元状态;进入中世纪则转入一元化阶段,如欧洲的基督教一元化,中国的儒学一元化;当人类迈向近代社会的门槛,文化又开始从独断论中解放出来,走向新的多极化。中国文化的脉络也大体如此,只是文化一元状态延续时间特别漫长,近代的多元文化又未能得到充分发展,因而文化"大一统"给人留下格外强烈的印象。事实上,中国文化也是从"多元"走向"一元"的;实现了文化"大一统"以后,"多元化"的潜质也并未扫除殆尽,它仍然以各种形态顽强地表现出来。

公元前8世纪至前2世纪是人类文化的第一个繁盛时期。希腊、印度、中国在这几百年间都各自创造了辉煌的古代文化,并且都不约而同地呈现多极状态。在印度,那一历史阶段称优波尼沙和吠陀时代,唯物论、怀疑论、诡辩派、虚无论等各种哲学派别竞相展示自己的学说,文学艺术也出现万卉齐放的盛况。在希腊,更是一个多极世界——米利都学派、智者们、犬儒学派、怀疑派，毕达哥拉斯、赫拉克利特、巴门尼德、苏格拉底、柏拉图、亚里士多德、伊壁鸠鲁，分别在自己的领域发展了真理，以至从他们那里可以找到近世各种哲学思想的胚胎和萌芽。史诗、悲剧、雕塑、科学技术诸门类，亦呈现群星璀璨的壮观景象。中国先秦时期学术文化的多歧，也引人注目，正所谓"诸子之言，纷然淆乱"①。人们用"百家争鸣"表达这一时期文化的丰富多彩，是十分恰当的。庄子曾经指出，百家"皆原于一"，后来逐渐从一元状态走向多元状态："天下之人各为其所欲焉以自为方。悲夫，百家往而不反，必不合矣！后世之学者，不幸不见天地之纯，古人之大体，道术将为天下裂。"②独具慧眼的庄子发现，他所处的时代"道术"的多歧，是天下分裂造成的。春秋战国时期，儒、道、墨、法、名、阴阳、纵横、杂、农诸子并立，甚至同一学派内部也发生分化，"儒分为八，墨离为三"③，真可谓学说各异，互争雄长。而这种歧异状态的形成，是那一时代复杂的阶层的多样性决定的，与当时统治者的不同政治主张也颇有干系，所谓"时君世主，好恶殊方"④；同时还与各地区经济、政治、文化发展不平衡造成的人文地理的差异性直接相关。按地域划分，先秦时期并峙而立的有三晋文化、齐鲁文化、关中文化、荆楚文化、巴蜀文化、吴越文化等。而儒、法、道三家分别诞生于齐鲁文化、三晋文化、荆楚文化的母胎之中。

"道术将为天下裂。"庄子揭示了先秦文化多样性的社会历史原因，同时也就预示了天下归并之后，"道术"走向"大一统"的趋势。

中国自秦代即确立了中央集权的封建专制政体，此后两千多年间，分裂局面虽然屡次出现，但统一毕竟是主流，分裂被看作是不正常的，

---

① 《汉书·艺文志》。
② 《庄子·天下三十三》。
③ 《韩非子·显学第五十》。
④ 《汉书·艺文志》。

或认为是统一的前奏。中国封建社会的多数时期"天下为一,万里同风"①,这在世界中世纪史上是仅见的一例。欧洲封建时代分裂为数以百计的诸侯国,罗马教皇虽然幻想建立统一的基督教"千年帝国",而实际情形是,非但欧洲没有统一起来,连古代的一些国度和民族都四分五裂,如意大利、德意志都各自破碎为数十个"公国""侯国",城堡林立便是欧洲中世纪大分裂的表征。印度在与秦朝相当的时期,一度建立过统一的孔雀王朝,但不久便分裂成若干土邦,此后一直是分裂之日多,统一之日短。与上述紊乱的图景大相径庭的是,中国自秦汉以降即形成高度统一的封建国家。以"居重驭轻""强干弱枝"为目的而设置的郡县制,以及出于同一目的而推行的"推恩令""改土(司)归流(官)"之类的政令,连同驿道的四通八达、大运河的开凿、度量衡的划一,通过严密的行政制度、发达的交通网和同一的计量标准,用物质实体把"大一统"从先秦哲人的理想和政治家"尊王攘夷"的口号变成了活生生的社会现实。

与政治"大一统"相适应,中国文化的基本方向也是趋于统一的。秦代的"书同文",使得统一的、以象形表意为主的方块汉字在全国得以推行,超越重重地域壁垒和离奇古怪的方言土语的障碍,将同一的文化心理播扬到天涯海角、穷乡僻壤。而造纸术、印刷术的较早发达,更促进了这一过程。至于汉代的"罢黜百家、独尊儒术",则从文化内容上把这种"统一"推向极致。尤其值得注意的关节是,中国有一个恪守"大一统"古训的儒生阶层,他们较有文化素养和政治经验,并且基本不固着于土地(同欧洲中世纪"分封守土""承袭恩荫"的贵族和僧侣大相径庭),而是"慨然以天下为己任",自觉充当君王统一意志的执行者和辩护士。上述政治结构、文化传统和人才条件诸方面的种种"大一统"先决因素,都是其他国度中世纪所不可能具备的。而"大一统"格

---

① 《汉书》卷六十四下《终军传》,北京:中华书局1962年,第2818页。

局的早期出现，使得"风教日趋于画一，而生民之困亦以少衰"①。这是中国封建社会经济特别繁荣、文化达到世界最高水平的一个基本原因。然而，"大一统"只是中国封建时代文化发展的一种趋势。封建自然经济的高度分散性，决定了封建文化的多元化倾向，这不是集权政治所能完全扭转的。而国土的庞大，更强化了这一倾向。

中国作为一个幅员辽阔的泱泱大国，早在两千多年前，其版图便"东渐于海，西被于流沙。朔南暨声教，讫于四海"②。中国各地的自然条件千差万别，经济、政治水准也大相径庭，因此，各地文化的发展极不平衡。这种由地区多样性导致的文化多元倾向，与文化"大一统"倾向相辅相成，共同构成中国这个东方大国文化的显著特点。"天下同归而殊途，一致而百虑"③，《易经》的辩证思维揭示了中国历史和文化发展的统一性与多样性这两个彼此矛盾又互为补充的倾向。

当然，统一性与多样性在各个不同的时代又并非均等的。如果说，春秋战国时期的文化更突出地显示了多样性的光耀，那么，秦汉以后的文化则以"大一统"的庄严面孔出现，以至一体化的表象几乎淹没了多样性的潜质。

秦统一中国后，企图用法家的"权谋术数"作为统治思想，后因迅速激化了社会矛盾，使秦朝二世而亡。汉初，统治者为谋求战乱后的"休养生息"，一度借重黄老思想，实行"无为而治"。但这种以阴柔形态出现的哲学，毕竟不能充分满足封建阶级"治国""平天下"的需要。统一的封建帝国建立之初经过两个世纪的摸索，终于在汉武帝时期开始确立了儒学在文化领域的"独尊"地位，经过历代帝王的"推明孔子，抑黜百家"，中国文化从多极状态走向定型化的一元状态。如果

---

① （明）王夫之：《读通鉴论·唐太宗》，《船山全书》第10册，长沙：岳麓书社1996年，第754页。
② 《尚书·禹贡下》。
③ 《易传·系辞传下》。

>>> 在思想学术领域,同属理学的宋代诸子区分为"濂、洛、关、闽"四大家。"濂"即濂溪学,以创始人周敦颐故居营道濂溪得名。图为明代沈周《周茂叔爱莲图》。

说,从春秋年间的孔子到西汉淮南王刘安(《淮南子》的编者)可以称作多元的"诸子文化"阶段;那么,从西汉的董仲舒到近代的康有为则是一元的"经学文化"阶段,此间随着封建专制制度的日趋强化,思想禁锢愈益深重。同欧洲中世纪基督教神学控制一切、亚里士多德的学说被凝固为教条的情形相似,中国封建时代也把先秦儒学经典化,孔子更被推尊为"大成至圣文宣王",文化发展的多样性遭到强有力的制约,特别是宋明以降,程朱理学被尊为官方哲学,朱熹的《四书集注》成为法定教科书,任何违背"朱注"的思想言论都被视为"大逆不道";李贽一类抗拒理学的思想家被宣布为"异端之尤",加之"文字狱"一类文化专制政策的实施,使得社会精神领域日益陷入万马齐喑的局面。

然而,即使在独断论盛行的时代,中国文化的多极潜质,以及与此直接相关的学派之争却未曾一日止息。在思想学术领域,同属理学的宋代诸子区分为"濂、洛、关、闽"四大家。"濂"即濂溪学,以创始人周敦颐故居营道濂溪得名;"洛"即洛学,以程颢、程颐故乡洛阳得名;"关"即关学,以张载故乡陕西关中得名;"闽"即闽学,以朱熹寓居福建得名。周、程、张、朱虽然共创理学,但其学说又各有特点,他们分别提出客观唯心论的"理"一元论,主观唯心论的"心"一元论,唯物论的"气"一元论,呈现理学"大一统"前提下的多元状态。南宋时期,同属理学的朱熹的闽学与陆九渊的江西学更多有歧见,遂演成"鹅湖之会",展开了"理"一元论与"心"一元论的大论战。这场论战延续了三个世纪,直至明代中后期,心学的又一位大师王阳明继续同朱门后学展开反复辩难,其间还发生过一场"朱子晚年定论"的大公案,引得学界沸沸扬扬。

清代学术成就斐然,其间名家辈出,论著之富、门类之多,超迈前代。据徐世昌《清儒学案》记载,清代有著作传世者共1 169人。清代是文化统治特别森严的朝代,历朝帝王都大力倡导程朱理学,但民间学者并不以理学为然,在"大一统"的总格局之下,文化思潮仍然是庞杂多歧的。若考察清人的学术活动便可发现,各地区一般都有自己传统的研究领域,反映出一定历史时期学术研究的延续性和地区间的相对独立性。例如,江苏、安徽学者皆以治经为主,但治经门径方法又有差别,形成以惠栋为代表的吴派和以戴震为代表的皖派;浙江学者擅长治史,从清初黄宗羲到其子黄百家、其徒全祖望、万斯同,以至乾隆年间的章学诚,形成"浙东史学";直隶、两湖、陕、豫等地,理学仍有相当市场。甚至当汉学风靡学界之际,上述地域性文化的独特格局也基本维持下来。

文学艺术上因人文地理之异形成的派别更多。如宋代文坛上以黄庭坚为首的江西诗派,由长期居住在永嘉的徐照(字灵晖)、徐玑(号灵渊)、赵师秀(号灵秀)、翁卷(字灵舒)"四灵"结合成的永嘉派,明代以李东阳为首的茶陵派,以袁宏道、袁宗道、袁中道为首的公安派,以钟惺、谭元春为首的竟陵派;清代则有以朱彝尊为首的浙西词派,以方苞、刘大櫆、姚鼐为首的桐城派,由恽敬等开创的阳湖派,以张惠言为首的常州词派。明代画坛上以戴进为首的浙派,以沈周、文徵明为首的吴派;清代画坛上龚贤等"金陵八家",以恽格为首的常州派,以及活跃在江苏扬州的郑燮等"扬州八怪"。这些流派莫不因地域得名,表现出地域性文化分野。当然,这种文化的地域分布所体现出来的独立性,并不排斥地域和学派之间的互相联系和彼此渗透。而正是这种既具多样性又具统一性的状态,不断地给中国文化增添活力,推动其前进。

章太炎在剖析中国文化流派众多的原因时指出:"视天之郁苍苍,立学术者无所因。各因地齐、政俗、材性发舒,而名一家。"[①]他认为,地理环境("地齐")、政教风俗("政俗")、人才素质("材性")的区别导致了学术派别林立,这是一种比较完备的看法。同时,章太炎还补充

---

① 章炳麟:《訄书详注·原学》,徐复注,上海:上海古籍出版社2000年,第37页。

说,时代愈趋于近代,人们的交往在扩大,天才不世出,地理环境的影响也在缩小,因而"地齐""材性"愈来愈不能左右学问的方向,对学术流派起决定性作用的是社会因素,"故古者有三因,而今之为术者,多观省社会,因其政俗,而明一指"①。这是确当之论。中国古代学术派别的构成,固然以人文地理分野的外观出现,其实,对这种人文地理分野起决定性作用的,主要不是"地齐"之异,而往往是"政俗"之别。

由于在中国这个东方大国,地理环境和政教风俗的歧异,导致了文化呈现统一格局下的不平衡状态,其重要表现便是中国文化中心的多次转移,包括东西向和南北向转移。秦汉以后这种转移的总趋势是"由北而南",或曰"由西北而东南",宋代以后,已有"东南财赋地,江浙人文薮"的说法,诚如王夫之所概括的:"吴、楚、闽、越,汉以前夷也,而今为文教之薮。"②"河北者,自黄帝诛蚩尤以来,尧、舜、禹敷文教以熏陶之,遂为诸夏之冠冕,垂之数千年而遗风泯矣。"③这种各地区文化先进与落后的相互变易,活生生地表现了作为东方大国的中国文化的多元性潜质。

当然,秦汉以后中国文化的基本倾向是"大一统",多元化不过是儒学一体化下面的多元化。即使是明清之际出现的早期启蒙思潮,虽然在"天理""人欲"等问题上对理学教条展开了批判,但并未突破儒学一体化的总格局。直到19世纪中叶以后,当中国封建社会在西方列强的侵袭下解体,多元化的西方新学涌入东方,中国文化才逐渐冲决封建独断论的罗网,开始走向近代意义的多极文化。然而,由于封建传统的强固有力,也由于近代中国面临着极端紧迫的挽救民族危亡的政治斗争和军事斗争任务,因而未能使多极的近代文化得到充分发育。

---

① 章炳麟:《訄书详注·原学》,徐复注,上海:上海古籍出版社2000年,第42—43页。
② (明)王夫之:《思问录·外篇》,《船山全书》第12册,长沙:岳麓书社1992年,第468页。
③ 同上书,第10册,第974页。

第四节

入世思想构成社会主导心理,避免了全民族的宗教迷狂

伦理道德观念在中国文化系统居于中心地位,而中国的伦理道德观念所概括的主要是世俗社会人际关系的规范,并没有与宗教意识相混淆。当然,两汉时期的伦理观念和整个文化都带有浓厚的神学色彩,但先前的先秦诸子,其伦理学说都不是以皇天上帝为出发点,如孔孟从人性出发,管仲从经济生活出发,荀子从社会分工出发,老庄从思维本体——道出发。两汉以后的伦理学说也大都摆脱神学的桎梏,而与政治学说相依存。这与欧洲的伦理学说与宗教不可分的情形大相径庭。

既然中国的伦理观念是一种世俗的道德学说,这种道德意识又左右着中国文化,这就使中国文化的宗教色彩比较淡薄,从而与欧洲、印度、中东等地区的文化风格迥异。以欧洲为例,宗教一直在这个大陆的文化中占据举足轻重的地位。古希腊人确信,现世之上有一个以奥林帕斯山为中心的神的世界,神间冲突、神人冲突构成希腊神话传说和悲剧的基本内容。后来,当希腊文化和罗马文化走向衰落之际,来自中东的基督教风靡欧洲,成为欧洲文化的主干。基督教通过天堂与地狱、原罪与赎罪、末日审判等故事,将人世的苦难、短暂,与天堂的幸福、永恒形成一种强烈对照,从而引导人们超脱现世的苦难,去求得天堂的解脱。中国殷商时期宗教意识也一度占据统治地位,但当时尚未出现统一的、有系统教义的宗教;从周代开始,"重民轻神"的民本思潮抬

>>> 中国古人的迷信思想也是浓厚的,不过中国人普遍信奉的是"天",这个介乎自然界与人格神之间的"天"。中国文化系统内部,也有与"入世"思想相背反的"出世"思想,其最有影响的便是道家的"自然无为"观念。图为元代王蒙《太白山图》。

头,宗教意识受到一定程度的抑制。《礼记》曾对比了殷礼与周礼的差异:"殷人尊神,率民以事神,先鬼而后礼";"周人尊礼尚施,事鬼敬神而远之,近人而忠焉"①。周礼的这种传统在春秋时期得到发展,"子不

---

① 《礼记·表记第三十二》。

语：怪、力、乱、神"[1]，便是这种非宗教倾向的表现。而"天道远，人道迩"[2]"未能事人，焉能事鬼？……未知生，焉知死"[3]一类明智的哲言在中国更是家喻户晓、传诵千古。"四书"（《大学》《中庸》《论语》《孟子》）经朱熹的阐扬，成为中国封建社会后期的"圣经"。而没有创世纪、没有对彼岸世界（天堂、地狱）描述的"四书"被中国人奉为"圣

---

① 《论语·述而第七》。
② 《左传·昭公十八年》。
③ 《论语·先进第十一》。

经"，正体现了中国文化的非宗教特质。

毋庸讳言，中国古人的迷信思想也是浓厚的，不过中国人普遍信奉的是"天"，这个介乎自然界与人格神之间的"天"，较之欧洲文化系统中的"上帝"，印度文化系统中的"佛"，宗教意义要淡薄得多。盛行于中国的"天命"观念，既包含着某些宗教神秘论，同时又是与社会伦理观念紧密相连的，所谓"皇天无亲，唯德是辅"[①]，可见，中国流行的"天命论"，最后归结于人伦学说，归结于道德论。秦汉以降，宗教在中国得到进一步发展，道教创设，佛教、摩尼教、祆教、基督教相继输入。这些自产的或外来的宗教对中国社会及其文化的影响不可低估，但中国大多数老百姓对它们似信非信，并带有明显的实用倾向——可利用时供奉之，不需要时弃置一旁，正所谓"平时不烧香，临时抱佛脚"，不像欧洲、印度、伊斯兰世界的人们那样对宗教信从无疑。中国封建统治者的宗教信仰也很不专一，他们对各种宗教及其流派往往取兼容并包的利用态度，如宋朝的皇帝便既搞道教又信佛教，元世祖忽必烈更是佛教、道教、伊斯兰教、基督教兼而采之。而且，中国的帝王们总是高踞于宗教界之上，中国的封建帝王多次向宗教首脑"册封"，而不是像欧洲帝王那样，往往需要教皇的加冕以博取统治的正统地位；在中国，僧侣阶层极少像中世纪欧洲那样成为"第一等级"，各个朝代基本没有出现"政教合一"、王权与教权浑然一体的局面。政教分离，王权凌驾于教权之上，是中国的传统。

中国文化人对宗教的态度也颇能说明问题——他们从各种宗教文化里吸收了许多营养，但较少有人成为纯粹的宗教信徒，李白、白居易、苏东坡都对佛学发生兴趣，但他们都只是"居士"而已，并没有出家当和尚。唐宋以来，士人们鉴于儒学哲理思辨的粗疏，广泛开展"援佛入儒"工作，将传统儒学与佛教哲学相结合，形成了"新儒学"——

---

① 《尚书·蔡仲之命》。

理学。周敦颐、程颢、程颐、朱熹等理学家在构筑自己的理论体系时，虽然大量吸取了佛教哲学，但他们思想的主流是"入世"的而并非"出世"的，他们遵循的仍然是"修身""齐家""治国""平天下"的儒学宗旨，引导人们在现世做"圣贤"，而不是引导人们寻求宗教式的解脱，这使得理学与宗教最后划清了界限。至于王充、范缜、张载、熊伯龙等唯物论思想家，更以破斥鬼神为职任，代表了中国文化的无神论传统。无神论、神灭论产生早，发展充分，是中国文化系统的一个显著特点和优点。

当然，中国文化系统内部，也有与"入世"思想相背反的"出世"思想，其最有影响的便是道家的"自然无为"观念。这两种倾向，既相对立，又相补充。正是儒与道、士与隐的互补互摄，使中国古人（特别是士大夫）对于世变能保持平衡，无论是"居庙堂之高"，还是"处江湖之远"，都有一个安身立命的精神基地。

第五节

重政务、轻自然、斥技艺

如果说伦理型的中国文化同宗教比较疏远,那么,伦理型的中国文化同政治的关系则极端密切。可以这样讲,与以"求善"为目标的文化道德型直接相联系,中国文化又属于以"求治"为目标的政治型。在中国文化系统中,政治原则往往是从道德原则推导出来的;反过来,伦理学说又为政治作论证,以至伦理学说与政治学说融为一体。如"三纲五常"本是讲的伦理关系,后来便演变成一种政治规范,道德变为法律的强制。从这一意义而言,中国文化可以称作伦理—政治型。

中国文化伦理—政治型风格的形成,与先秦时期的社会形势有关。先秦学术文化是中国传统精神文化之母,而先秦诸子学产生于复杂、激烈的政治斗争之中。春秋战国是一个社会大变革的时代,各派思想家站在各自的立场上,展开空前规模的学术大辩论。正是在这种浓厚的政治斗争氛围中,先秦诸子学术得以滋生。而历史学、伦理学、政治学、社会学等四门直接探讨社会政治问题的学科最先发达起来,这种局面又反转过来使政治学说成为贯穿先秦各派学术的共同主题和基本内容,故先秦诸子学术有极浓重的为现实政治服务的倾向。而秦汉以后确立的中央集权的封建政体,更通过政权的力量使学术文化为封建政治服务,至于各个学科的自身发展,则不大为统治者所关心,而且,每当学科的发展对封建统治稍有妨碍时,立刻遭到沉重打击。历代均有清代尤甚的"文字狱",便是封建统治者干预文化事业的典型手段。封建统治者的强有力地介入,更促使中国古代文化沿着封建政治化的轨道滑行。

这种政治型文化,体现在教育方面,便是"为学"不离"从政"。"学干禄""学而优则仕"成为官办和多数民办教育的宗旨所在,国家通过各种考选办法(隋唐以后定型为科举制)从士人中选拔官僚,士人则把穷则"寓治于教,达则"寓教于治"奉为信条;体现在学术方面,是"道""学""治"合一,即龚自珍所概括的"是道也,是学也,是治也,则一而已矣"[①];体现在文学方面是"文以载道"思想贯穿古今,强调文学为政治服务。总之,中国文化的各个侧面无不深深依附于政治、效力于政治,以政治及与之相伴随的伦理为出发点,又以政治及与之相伴随的伦理为目的。这与西方文化有显著差异。政治学说在希腊文化系统中占有重要地位,但并未笼罩一切、控制一切。如古希腊的哲学固然受到政治学说的影响,但更多地发端于自然哲学,往往以对自然普遍原理的求索肇始。正如亚里士多德所言,哲学是从对自然万物的惊异而发生的,希腊人探索哲理"只是为想脱出愚蠢,显然,他们为求知而从事学术,并无任何实用目的"[②]。这种学术途径造成了古希腊哲学与自然科学的相互渗透、结为一体,许多哲学家本身就是博学的自然学者,如亚里士多德便在物理学、动物学、植物学、天文学等方面颇有建树。以后,西方文化史上还屡屡出现以"纯科学""纯学术"为宗旨的派别。然而,中国却基本没有发生过这种文化倾向,偶有舶来品,也难以传播发展。

欧洲也出现过政治型文化,这便是罗马文化。但罗马文化属于法治

---

① (清)龚自珍:《乙丙之际箸议第六》,《龚自珍全集》,上海:上海人民出版社1975年,第4页。
② [古希腊]亚里士多德:《形而上学》,吴寿彭译,北京:商务印书馆1995年,第5页。

的政治型文化，它与希腊的科学型文化是一脉相通的。而中国文化是宗法制度派生出来的、与伦理中心相联系的政治型文化。

有人把世界历史上产生的政治文化分为地方性的、臣属的、参与的三种类型。地方性的政治文化的特征是，大部分人民对国家体系、决策过程、行政后果和自我政治能力，皆茫然无知、毫无感情，更缺乏评价的标准和规则，地方习俗和宗教法是人们日常生活所遵循的规范。臣属的政治文化的特征是，人民对政府政策的实施，有高度的认识，对之抱积极的或消极的态度，并有评估的固定标准；对于政策的制定和运转过程却十分生疏，罔知置评，也从未意识到自己有能力参与其事，或有任何方法可影响它。参与的政治文化的特征是，人民对政治体系的实施和制定，皆有认识、有好恶、有置评，在政治生活中扮演积极主动的角色。中国的传统文化大体介于地方性的政治文化与臣属的政治文化之间，提供的是一种顺民的文化意识，广大民众从本质上被排除在政治之外，"政治"成为少数人控制多数人的武器。所谓中国文化的重政务倾向，便是指这样一种性质的政治对文化具有得强大影响。

中国文化强烈的政治化倾向（或曰政治实用倾向），使中国古代的政治学说、国家学说，比欧洲、印度发达和具体得多。例如，中国是世界上文官制度发达最早、最完整的国家，从考选制度、职官制度到监察制度，都十分完备和严密，并使参与政治的那一部分人——士大夫形成一种生动的、富于社会责任感的经世致用传统，中国古代许多文化人都全力关注民族和国家的命运与民生的疾苦，如"天下兴亡，匹夫有责""先天下之忧而忧，后天下之乐而乐""为天地立心，为生民立命"。中华民族成千上万的优秀人物，正孕育于这种文化传统之间。

然而，中国的政治型文化也有其明显弊端。由于历朝统治者总是力图把文化变成现实政治的附庸，文化人也以此为当然，认为凡与军国要务无直接关系的学问，都是"无用之辩、不急之察，弃而不治。若夫君臣之义、父子之亲、夫妇之别,则日切瑳而不舍也"①。这种政治实用倾向妨碍了各个文化分支自由、独立地发展。战国时期曾达到相当水平的墨家声、光、化、电之学,名家的逻辑学,都被作为"无用之辩、不急之察"而被封建文化所摈弃或冷落。陈独秀曾在1918年著文说:

> 中国学术不发达之最大原因,莫如学者自身不知学术独立之神圣。譬如文学自有其独立之价值也,而文学家自身不承认之,必欲攀附"六经",妄称"文以载道""代圣贤立言",以自贬抑。……学者不自尊其所学,欲其发达,岂可得乎?②

这一分析切中了中国政治型文化的积弊。中国文化对人伦政治的高度注重,达到排他性的程度,以至取代对物理的研究,从而限制了自然哲学和科学技术的发展。因此,中国文化的"重政务"倾向又是与"轻自然,斥技艺"这一偏颇联系在一起的。中国的封建统治者所关心的,仅仅是维系简单再生产,使自然经济周而复始地运行,以源源不绝地提供赋税和贡品,至于扩大社会再生产,以及为扩大社会再生产服务的科学技术,他们则极少关心。反映这种趋向的封建时代的正宗文化——儒学,便对自然哲学和科学技术十分忽视,甚至十分藐视。当然,儒学作为一种积极入世的政治—伦理学说,并不排斥那些为儒家政治和维持简单再生产服务的科学知识及其技艺,尤其对那些直接效力于"求治"目标的项目,如替皇朝的"承天受命"作论证,并为农业生产服务的天文历算,他们也给予重视,但那些被认为不能直接有助于"治国之道"的科学理论和生产技艺,便被斥之为"屠龙之术""不急之务"。至于违背儒学经典的理论,更被视作大逆不道的"异端",遭到断然排斥。因此,

---

① 《荀子·天论》。
② 陈独秀:《随感录·学术独立》,《陈独秀著作选》第1卷,上海:上海人民出版社1993年,第389页。

尽管古代中国人对于自然界有不少敏锐的观察和新颖的见解，但假如这些自然知识不能启迪人心，告诉人们各种政治的和道德的哲理，它们将不会受到重视。据统计，《论语》全书用了54例关于自然的材料，"无一则的结论不是在政治道德等方面导出其意义和价值"。如"知者乐水，仁者乐山"①，并非对山、水自然性状的探求，乃是"观物比德"；"譬如北辰，居其所而众星共之"②，以众星拱卫北极星，比喻德政的稳固，毫无探讨天象的意思。此外，《论语》还以"日月之食"比喻"君子之过"，以松、柏、栗三种树木象征夏、商、周三代制度。可见，孔门师徒只是把自然界当作"比""兴"的材料，在他们那里，只有拟人化的自然，而没有作为科学研究对象的自然。先秦儒学延伸到汉代以后，便成为经学。经学中虽有格致之学，但其本意只是"修""齐""治""平"的起点，属于道德和政治范畴，并未将人们引向对自然现象、物质世界的具体剖析。

至于生产技艺在中国古代所受到的歧视，则更有甚者。孔子本人轻视农、工、商诸业，是人所共知的，他的后继者孟子和荀子也从"分工说"的角度贬抑生产技艺，如荀子说："农精于田而不可以为田师，贾精于市而不可以为贾师，工精于器而不可以为器师。有人也，不能此三技而可使治三官，曰'精于道者也，精于物者也'。"③荀子还认为，"物之理"不是认识的终极目的，"圣也者，尽伦者也；王也者，尽制者也，两尽者，足以为天下极矣"④。把伦常政制看作认识的最高峰，认识世界为的是成为具有统治经验的"圣""王"，至于"物理"的探求，则是等而下之的事情。

儒门多杂，孔子之后，孟子、荀子及其他儒家后学，在许多问题

---

① 《论语·雍也第六》。
② 《论语·为政第二》。
③ 《荀子·解蔽》。
④ 同上。

上歧见迭出，但在崇尚政治人伦之"道"，贬抑探索天地自然的"物理"及生产技艺这一点上，却是一脉相承的，这就构成了"重政务、轻自然、斥技艺"的儒学传统。正是这一传统，堵塞了儒家通往自然科学的道路，其结果便是"儒家舍人生哲学外无学问，舍人格主义外无人生哲学也"[①]。

在儒学居统治地位的中国封建时代，"重政务、轻自然"成为一种时尚。《礼记·王制》说，"凡执技以事上者""不与士齿""作淫声、异服、奇技、奇器以疑众，杀"。汉儒郑玄在注释这段话时，便把战国工匠公输般（即鲁班）列为"作奇技、奇器"应杀的罪人。《汉书·艺文志》将方技36家（医术、匠艺等）列于卷尾；刘歆总天下群籍而奏《七略》，"方技"列于七略之末；《新唐书·方技列传》说"凡推步（指天文、历算）、卜、相、医、巧，皆技也。……小人能之"[②]，鄙薄科技之意，溢于言表。史书的这类记载，正是中国封建时代科技地位极端低下的现实的写照。

中国封建时代的教育制度和官僚制度更把儒家"重政务、轻自然"的传统，用行政强力固定下来。尤其是隋唐以后沿袭千余年的科举制度，驱使士人记诵章句之学，读书人唯有在儒家经典的考订和解释上苦下功夫，方有可能"蟾宫折桂""金榜题名"。士子们的实际学问，无非是《大学》概括的"修身""齐家""治国""平天下"的一套功夫。2 000余年来，世代儒者大都在这"修""齐""治""平"四字上勘磨，至于自然知识，尤其是生产技艺，则被排斥在读书人的视野之外，成为士林不齿、社会藐视的行当。

总之，政治功利性使科学技术在古代中国没有独立地位，只有那些与国家功利直接相关的科技门类（如天文历算、工程技术）才能不时

---

① 梁启超：《秦政治思想史》，北京：商务印书馆2014年，第84页。
② （宋）欧阳修、（宋）宋祁：《新唐书》卷二四〇《列传第一百二十九·方技》，北京，中华书局2013年，第5 797页。

>>> 中国封建时代的教育制度和官僚制度更把儒家"重政务、轻自然"的传统,用行政强力固定下来。读书人唯有在儒家经典的考订和解释上苦下功夫,方有可能"金榜题名"。图为明代仇英《观榜图》(局部)。

得到国家赞助并由政府部门管理(如钦天监之于历算、工部之于工程技术),其他科技学科只能在草野民间自生自灭。

当然,中国古代科技曾取得广泛成就,也出现过重视科学技术的学派,但这些多是中国文化主潮之外的产物。如先秦时期的墨家,就曾经以科学探求精神活跃一时,《墨经》中包含有类似欧氏几何的构造性理论要素,还记载了光学研究成果和杠杆原理,其力学成就虽然没有发展到托勒密和阿基米德原理那样完善的地步,然而由于墨学是显学,在当时的社会影响也不可小视。但是秦汉以后,随着儒家依靠它在封建社会结构中独特的作用一跃成为正统,与其对立的墨家连同其中的科学一起受到抑制,最后消亡了,而墨家在人们心目中的形象也从科学家、贤者退化到游侠以至鬼怪妖仙。至于秦汉以降一些取得成就的科学家和技术能手,大都是被"儒学正宗""科举正途"抛弃之后,方"绝意功名""弃儒从医""弃儒从技"的;而他们的成就也得不到社会承认,其科学思想或技术成果非但没有可能纳入学校教育内容,通过书院、私塾加以研习和传递,而且其著作往往无人问津、迅速绝版。如明代李时珍所著《本草纲目》,对1 000多种植物、数百种动物和矿物进行了分类和性状描述,比西方"分类学之父"林奈的《自然系统》早200多年,内容也更为翔实。然而,这部科学巨著献给朝廷却遭到冷落,明神宗批了"书留览,礼部知道"便束之高阁。这类可悲的现象在中国文化史上屡见不鲜。

墨学的中绝,以及许多科学家及其著作的被忽视,使得"临民""治世"的士大夫阶层不懂科技,甚至仇视科技,这种状况到近代更显得突出。19世纪40年代魏源便指出:"英夷船炮在中国视为绝技,在西洋各国视为寻常。广东互市二百年,始则奇技淫巧受之;继则邪教毒烟受之,独于行军利器则不一师其长技,是但肯受害不肯受益也。"[①]19世纪末叶,康有为更尖锐抨击"翰苑清才"新知识的极度贫乏:"若问以亚非之舆地、欧美之政学,张口瞪目,不知何语矣。"[②]清代当政

---

① (清)魏源:《海国图志》卷二《筹海篇三·议战》,长沙:岳麓书社2011年,第35—36页。
② 康有为:《请废八股试帖楷法试士改用策论折》,《康有为全集》第4集,北京:中国人民大学出版社2007年,第79页。

者对科技的无知,不仅使中国连连惨败于船坚炮利的西方列强,而且,这批当政者将近代科技视作败坏心术的"奇技淫巧""形器之末",也加剧了他们政治上的冥顽不灵。轻视以至仇视科学,是封建顽固派之所以成其为封建顽固派的一大缘故。

综上所述,中国古代文化的"重政务、轻自然、斥技艺"传统,实际上已潜伏着中国到近代落后于西方的命运。李约瑟在《中国科学技术史》的导论中曾提出一个值得深思的问题:"欧洲在16世纪以后,就诞生出近代科学,这种科学已被证明是形成近代世界秩序的基本因素之一,而中国文明却未能在亚洲产生与此相似的近代科学,其阻碍因素是什么?"[1]这种原因当然要归结于中国小农业与家庭手工业相结合的自然经济特别难以打破,归结于建立在这种经济结构之上的封建专制政治的强固有力,然而与这种经济、政治制度相适应的"重政务、轻自然、斥技艺"的儒学传统,也是中国难以产生现代科学的一个直接原因。

---

[1] [英]李约瑟:《中国科学技术史》第1卷,袁翰青等译,北京:科学出版社2018年,第3页。

第六节

素朴的整体观念，注重直应体悟的思维方式

思维方式是某一文化类型诸特征的集中体现，同时又对这个文化类型的其他侧面发生强有力的制约作用和广泛影响。

由于古代各民族都处在较低级的社会形态，生产方式的原始性决定了思维方式的直观性。例如，无论是西方的希腊还是东方的中国，古代哲学都把质料视作世界的本原，希腊人认为地、水、气、火、以太是组成世界的五元素，中国人认为金、木、水、火、土是构筑万物的五成分。此外，古人对世界的描述都带有现象学色彩，即停留在事物现象的描述上，至于事物本质和内在联系的揭示，则诉诸猜测——往往是一种直观把握真理的天才的猜测。这种情形在古希腊与古代中国哲人那里常可遇见。

然而，因为自然条件、物质生产方式和社会组织的差异造成不同的文化类型，世界各民族的思维方式又各有特色。例如，作为科学型的希腊文化，其思维方式较多强调对立面的冲突与斗争，"此岸世界"与"彼岸世界"、物质世界与精神世界、肉体与灵魂、本质与现象、内容与形式，都是彼此对立、不相融合的。而作为伦理型的中国文化，其思维方式则趋于寻求对立面的统一，长于综合而短于分析。这与中国的"大一统"格局有关，也与中国政治系统和思想系统的高度同一有关。所谓"内圣外王"，政权、文权、神权的一体化，促成人们形成一体化观念。

在天与人、理与气、心与物、体与用、文与质诸组范畴的两两关系上，中国哲人虽然也讲对立面的斗争，但总的倾向是不主张强为割裂，而习惯于融会贯通地加以把握，寻求一种自然的和谐。"天人合一""知行合一""情景合一"是中国古代哲学的三个基本命题。"天人合一"观视天道与人道二者为一体，所谓"道未始有天人之别，但在天则为天道……在人则为人道"①。它认为人类与自然界是水乳交融的统一体和心心相印的伙伴，而不是像欧洲人那样将宇宙作为外在物和客体加以探究，视大自然为人类的对立面和征服对象。"知行合一"观将思想认识与生活行动打成一片，认为"广大高明不离乎日用"，"学"与"道"的目的均在于改善人的行为，"君子之学也，入乎耳，著乎心，布乎四体，形乎动静。端而言，蠕而动，一可以为法则。……君子之学也，以美其身"②。这种将知与行合而为一的风格，与脱离现实、企图在"此岸世界"之外去别求究竟的印度哲学大相径庭，也与知、行分离，以求真爱智为宗旨的欧洲哲学迥然相异。"情景合一"则将创作者的主观意绪与描写客体融为一片，追求一种"主客一体""物我两忘"的美学境界。

上述"三合"命题都带有笼统、直观把握事物的无限涵容性色彩，均属素朴的整体观念。

中国文化系统所表现的求统一的思维方式，包含着若干真理的雏形。第一，它注意从总体上看问题；第二，它注意从运动中看问题；第三，它注意从联系上看问题。这都含有朴素辩证法的要素，是宏观把握世界的初级方法。其实，当今世界上流行的系统思想，在中国古代已有萌芽。先秦思想家老子用有与无、始与母、一与二、阴与阳的对立统一关系来表达自然界的统一性，其间包含了事物之间相互联系、相互制约

---

① （宋）程颢、（宋）程颐：《二程集》卷二十二上，《伊川先生语》卷八上，王孝鱼点校，北京：中华书局2004年，第282页。
② 《荀子·劝学》。

的系统思想。另一先秦思想家荀子把宇宙看作由客观规律支配的统一体，认为"天"是列星、日月、四时、阴阳、风雨、万物等自然现象互相协调、互相作用、不断生成的功能系统。西汉董仲舒以"阴阳五行"为骨干，将宇宙与社会融为一体，显示了早熟的系统思想。南宋陈亮提出的"理一分殊说"，也是一种系统观念，他所谓的"理一"是天地万物的理的整体，"分殊"是这个整体中每一事物的功能。整体的"理"必须是各部分功能的总和，从而生动地从系统角度论述了部分与整体的关系。北宋周敦颐、邵雍提出"太极图"与"先天图"，更从不同的角度构思出描述世界构成和发展的系统模式。中国传统的中医学，认为人体是各部分器官有机联系起来的一个整体，并用"阴阳五行学说"来说明五脏之间相互依存、相互制约的关系。这种从整体出发看待人体内脏之间的辩证关系也是一种系统观点。中医学的天人相应理论、脏腑学说、经络学说、五行学说、阴阳学说都从系统观点研究人体和疾病，充满了辩证法成分。中国古代杰出的系统观，早已引起国外学者的注视。耗散结构的创始人普里高津说，中国传统的学术思想着重于讲究整体性和自发性、研究协调和协同。他预言，西方科学和中国文化对整体性、协同性理解得很好结合，将导致新的自然哲学和自然观的产生。

然而，中国古代素朴的整体观念虽然强调对自然界、人类社会整体性、统一性的认识，却缺乏对这一整体各个细节的认识能力，因而对整体性和统一性的认识是含糊的、不完备的。在古代欧洲，也曾有过类似的整体性思维方式，但在发展过程中，逐渐为形而上学所代替。自15世纪下半叶以后，欧洲自然科学便在搜集材料的基础上，逐步进行分门别类的研究，通过实验、分析、比较和归纳，把自然界的各种事物和过程分解为各个部分，把具体问题从总体中分离出来，把极复杂的问题划分为比较简单的形式和部分，然后一个部分一个部分地进行研究，这便是实验的方法。这一时代的欧洲哲人认为，哲学已不能单靠"心智的力量"，而应当做到"实验的和理性的这两种机能，更紧密地和更精纯地结合起来"①。这种研究方法固然具有孤立、片面、静止观察事物的弊端,但比素朴的整体观大进了一步,并在几个世纪内促进了科学的发展,尤其是促进了各种分门别类的学科的发展,人类从古代和中世纪走向近代工业社会,得益于这种"新工具"所在甚多。然而,中国的思维方式发展史,始终缺乏一个机械唯物论阶段。朴素辩证法的充分运用妨碍了思维与数学语言的结合;依凭顿悟的格物致知之学,堵塞了实验科学的发展道路。因此,中国古代思维虽然较少片面性,但它的不片面是建立在模糊直观的基础之上的。这种思维方式使人们容忍思想的朦胧性,满足于用朴素的对立统一观念去谈论宇宙的一般法则,既毋庸担忧客观实践的检验,也不受逻辑规则的制约。

素朴的整体观念统治中国人的思维方式,还导致学科分类的长期粗疏。所谓"文、史、哲不分家",以及政治学、法律学、社会学、伦理学、哲学全都归于"经学"之中,而"经、史、子、集"这种相当混沌的四部分类法,直至19世纪末叶以前,一直是中国浩如烟海的图书的分类标尺,这都是素朴的整体思维方式导致的结果。

由于学科分类粗疏,还带来另一后果——在中国文化系统中,概念往往是多义的、非确定的。"天""道""理""气"等范畴,都有着极端歧异的解说,而没有确切的定义。这种概念的多义性、不确定性,与汉字单字活力发达到极点的情形互为因果——汉语不同于结构语的印欧语系,而是一种单音节语,某一汉字在不同的方位,与不同的字词搭配,可以表达全然不同的意思。汉语的这一特征是中国人思维方式的反映,反转过来又深刻地影响并强化了中国人无限涵泳性的思维方式。

中国文化的伦理型还给思维方式带来另一特征,以伦理学的"所当然"取代哲学的"所以然",这样,与素朴的整体观念和求统一的思维方式相关联,中国人还有一种忽视理论体系建立的倾向。中国人的思维

---

① [英]培根:《新工具》第1卷,许宝骙译,北京:商务印书馆1986年,第75页。

中国古代学术著作多以"语录体"出现,《论语》《孟子》等先秦诸子书、王阳明的《传习录》等著述多是片金断玉的缀合。图为当代王德龙《王阳明事迹图》。

传统，或者诉诸经验理性，满足于从生活事实中寻求证据，习惯于"设象喻理"，而忽视深刻的理论上的探讨。如墨学的"三表法"，以"有本之者，有原之者，有用之者"①作为检验是非真假的标准，特别强调生活实效对认识的判定作用，荀子曾批评说"墨子蔽于用而不知文"；或者追求内心的冥证，以"自省、自讼"式的内求功夫作为判断手段，思孟学派将此发展到极致，这种认识路径后来被宋代理学家引入顿悟的门槛。古希腊哲人那种力图建造严密公理化系统的努力，在中国各学派里很少见到。中国古代学术著作多以语录体出现，《论语》《孟子》等先秦诸子著作，"二程"的《遗书》《粹言》、朱熹的《语类》、王阳明的《传习录》等宋明理学家的著述，《癸巳类稿》《癸巳存稿》之类清代朴学家一事一字考证文字的汇编性作品，多是片金断玉的缀合。这类学术著作构成中国文化典籍的主体，表明中国学者大都不以构筑论理性的体系为职志，而专事记载偶感所得和片段考察的结论。

由于轻视严密的逻辑推导和实证，满足于对善恶忠奸的顿悟式裁决，中国人的思维比较注意质的判断，而忽视量的精密考察。中国古代数学虽然达到相当高的水平，但中国人极少把数学成就转化为思维手段。而古希腊哲人很注重数学，柏拉图便是从几何学得到启示，提出理念论的；亚里士多德更广泛采纳了他所处时代的数学成就。这种注重数学的传统无疑成为近代思维方式的前导。近代科学方法有两个显著特征，一是实证道路，二是数学语言。伽利略指出，没有数学语言和数学符号的帮助，人就无法了解宇宙的片言只语，人们就会在黑暗的迷宫中徒劳地徘徊。欧洲人在突破中世纪神学蒙昧主义阶段走向近代文化的大门时，便充分继承并大大发扬了古希腊的数学传统，而且将其用来武装自己的思维。但是，在19世纪中叶门户开启前，中国始终没有出现实

---

① 《墨子·非命上》。

证科学繁荣和重视数学语言的阶段，虽有个别先觉者提出过此方面的课题，如徐光启、李之藻对"度数之学"重要性的强调，方以智父子对"质测之学"（即实验科学）和"核物究理"新方法的倡导，但由于社会条件的不具备，这类声音并未引起响应。

重顿悟、轻实证的思维倾向之所以在中国长期延续，是因为中国作为一个农业—宗法社会，尚未替实证科学和数学语言的生长发育提供必要的土壤。同时，还由于中国文化一般是在师友相传的条件下发展起来的，讲究的是"道统"的相继和"师法"的承传，异说新识则不为身居政学两界要津的卫道者所容。中国的这种学术传统同欧洲文化发展较多依靠自由辩论的情形有明显差别。当然，中国在春秋战国和魏晋时期也出现过学派林立、异说交锋的局面，因而那些阶段的著述比较富于雄辩色彩，但中国古代的大多数时期，都缺乏这种自由论辩的社会环境，学人的文化工作往往限于注经、解经，限于对先哲思想的领悟，而不是面对活生生的自然界与社会现实，提出独立的学说，彼此展开辩难。这无疑限制了理论思维的发展，尤其妨碍了实证科学的繁荣。

重顿悟、轻实证的思维倾向，还促成中国古代盛行一种对事物的联系采取直链式类推的解释方法。被后儒视作经典的《大学》便充满了这种链状推论的公式，其最典型的一例是：

> 古之欲明明德于天下者，先治其国；欲治其国者，先齐其家；欲齐其家者，先修其身；欲修其身者，先正其心；欲正其心者，先诚其意；欲诚其意者，先致其知；致知在格物。物格而后知至，知至而后意诚，意诚而后心正，心正而后身修，身修而后家齐，家齐而后国治，国治而后天下平。自天子以至于庶人，壹是皆以修身为本。①

---

① 《礼记·大学第四十二》。

这里勾画了以"修身"为根本和核心的,以"治国""平天下"为目标的"直观类推"式的链状系统:格物→致知→诚意→正心→修身→齐家→治国→平天下。两千余年间,这个公式被广大士大夫所信奉不疑。

此外,作为一个农业民族,中国人又受到农业生产由播种、生长到收获这一循环状况以及四时、四季周而复始现象的启示,使之在直链式推导法之外,还产生一种循环论的思维方式。正如《易经》所概括的:"寒往则暑来,暑往则寒来。"而政治生活中朝代的周期性盛衰更迭、治乱分合的往复交替、人世间"白云苍狗"式的变幻离奇,更强化了人们的循环观念,而金、木、土、水、火"五行相生相克"的公式,便是循环论自然观和社会观的哲学表征。董仲舒说"天有五行,木、火、土、金、水是也。木生火,火生土,土生金,金生水"①,这是"五行相生";"五行"还是相克的(或曰"相胜"):金克木、木克土、土克水、水克火、火克金。这就由直链式推导法演变为封闭式的,统一有序、环环相扣的循环系统。

古代中国的循环模式则与政治伦理学说关系密切,是为政治伦理学说作论证的。如董仲舒在论述了"五行相生"之后,立即引申到父子伦常关系,并强调:"父授之,子受之,乃天之道也。故曰:夫孝者,天之经也。"②他还从"五行相生"推衍出五种官职(司农、司马、司营、司徒、司寇)彼此相生、相克的关系——司农为"五行"之木,使谷类丰收,木生火;司马为"五行"之火,诛伐得当,天下安宁,火生土;司营为"五行"之土,以忠信事君治民,保四境安定,土生金;司徒为"五行"之金,使民以仁义行事,金生水;司寇为"五行"之水,使君臣长幼各以礼节行事,水生木。如果"五官"违背仁、智、信、义、

---

① (汉)董仲舒:《春秋繁露》,张世亮、钟肇鹏、周桂钿译注,北京:中华书局2012年,第394页。
② 同上书,第394页。

礼，就发生相克（相生）的连锁反应——司农为奸，被司徒所诛，这是金胜木；司马为谗，被司寇所诛，这是水胜火；司徒为贼，被司马所诛，这是火胜金；司寇为乱，被司营所诛，这是土胜水；司营为患，人民叛离，这是土胜土。"五官"之间的相生相克关系，接近于一个循环系统，只是缺"木克土"这一个环节。然而，司农的职守是使五谷丰登，而五谷丰登方能人民康泰。因此，司营为患，人民叛乱，可以解释为司农（通过人民）对司营的惩罚，也即"木克土"。这样，"五官相克"就构成一个完整的循环系统。

董仲舒构筑循环论系统，是替"大一统"的封建帝国作理论论证的一种努力。当然，在董仲舒以前，先秦儒学中已有由伦理中心派生出来的循环论思想的雏形，如《大学》说："知止而后有定，定而后能静，静而后能安，安而后能虑，虑而后能得。"① 从外观看，这是一种直链状推导：知止→有定→能静→能安→能虑→能得。宋代理学家从这段话中挖掘出循环论的内质。朱熹对这段话作了如下注释："止者，所当止之地，即至善之所在也。知之，则志有定向。静，谓心不妄动；安，谓所处而安；虑，谓虑事精详；得，谓得其所止。"② 这样，就把这个链状推导的结尾——"得"，与开端——"止"（"止于至善"）衔接起来，从而构成一个首尾相连的修养循环：由定而静，由静而安，由安而虑，由虑而得，达到"得其所止"的佳境，也即回到"止于至善"的起点。

这种以伦理观念为出发点，最后又归结到伦理观念的循环模式，长期制约着中国人的思想方法，直至近代工业文明大规模进入中国，否定之否定的"圆圈式"思维型制，揭示出事物发展是螺旋状上升的这一客观规律，方突破平面循环的思维模式；而当代兴起的网状（或称树状）思维型制，则展现了事物间错综复杂的、彼此制约的多元关系，如生态

---

① 《礼记·大学第四十二》。
② （宋）朱熹：《四书章句集注·大学章句》，北京：中华书局2018年，第3页。

平衡问题以及种种社会现象，只有运用网状思维方能解释。

素朴的整体观念和求统一的思维方式，既反映了古代中国人宏观把握世界的慧眼独具，也说明了在科学实证精神和数量分析方面存在的明显缺陷。而一个民族要想走向现代化，思维方式的改造是必不可少的。因为，没有新的思维工具，便不可能创造新的物质工具，即使引入了这种新的物质工具，也无法得心应手地加以掌握。近代洋务派"中学为体，西学为用"的主张之所以无法解决中国走向近代化的一系列基本问题，是因为洋务派企图在保持封建专制制度的前提下实现工业和军事技术的改造，并且以为无须变更旧的思维工具，便可以运用引进的新的物质工具。而历史证明，这种"不变其旧而只增其新"的做法不可能获得成功。

一个民族特定的思维方式，除受到民族性格的影响之外，更由这个民族所处的特定的社会形态的性质所决定。上述中国的传统思维方式，都是古代、中世纪社会的产物。中国传统思维方式的改造，实质上是突破古代、中世纪的思维模式，补上近代思维的必修课——致力于实证精神的发扬和数学语言的运用；并进而直接采纳现代思维的新成就，以网络状的思维型制取代单线条的链状推导法，在大力发展诸学科纵向研究和微观考察的基础上，对中国传统的整体观念和系统思想加以扬弃，从而在新的、高层次的基地上建造综合与分析、宏观把握与微观考察相统一的思维方式，用以作为认识世界、改造世界的强有力武器。

在近现代，由于内部原因和外部原因的综合影响，农业—宗法社会逐步解体，中国文化随着土壤的变异，其特质也发生着变异。然而，文化传统作为一种强大的历史惯性，还将长期制约中国人的行为方式和思维方式，发生积极的或消极的作用。

第五章

从文字到书籍

大约在一百万年以前，原始人类创造出最初的精神产品——语言。然而，文字的出现比语言晚了许久——直到六七千年至三千年前这一时期，人类才开始创造文字。"书契之作，适以记言"，此后，人类便能借助符号记录语言，交流思想，把知识加以物化。以此为契机，人类脱离蒙昧时代和野蛮时代，跨入文明时代的门槛。

　　文字发明后，书籍应运而生。书籍所能提供的文化信息，远较片段文字所记录的要更为丰富、更为精确、更为翔实，容量也大得多，其突破时间、空间限制，传递知识、交流思想的功能更为完善。人类文化所以能延续不断，并在累积中日臻进步，书籍有巨功于其中。

　　文字和书籍对人类文明的启蒙和进程具有如此重要的意义，以至依垂直方向剖析文化史系统，在区分系统的各个层次和等级时，毫不犹豫地把语言文字置于第一层次——基石层次。

　　文字和书籍自身还具有美学和科学的价值，为各民族文化增添了色彩、活力和丰富的内容。

第一节

从原始记事到汉字产生

汉字的起源,自古以来众说纷纭。最为流行的传说是仓颉造字。据传说,仓颉是黄帝时人,他别具才慧,通于神明,脸上还生有四只眼睛——两只用来仰视天上的"奎星圆曲之势",两只用来俯察地上的"龟文鸟迹之象"。从自然之美中,仓颉受到启示,创造出文字。由于文字的诞生,天地间的秘密显露,隐藏着的规律被文字记录下来,连看不见、摸不着,来无影、去无踪的"幽灵""鬼怪"也在文字下原形毕现,无处潜匿。于是天上降下粟雨,鬼怪夜间恸哭。这些"神异说"所渲染的,是文字创造的伟大。当然,真实的文字创制并非出自一人一时,而是千万个无名氏的集体创作,并且经历了从原始记事到文字发明的漫长历程。

人类在文字发明以前,曾使用各种方法帮助记忆、表达思想和交流意见,这种方法可以统称为原始记事方法。上古初民所采用的原始记事方法主要有如下几类:

一 结绳记事

自古相传,文字发明以前,有一个结绳而用的时代。《周易·系辞下》称:"上古结绳而治。"《老子·第八十章》也有上古初民"结绳而用之"的说法。对于结绳的方法,古代典籍中有描述。唐代李鼎祚引《虞

>>> 汉字的起源,自古以来众说纷纭。最为流行的传说是仓颉造字。从自然之美中,仓颉受到启示,创造出文字。图为当代邱瑞敏《仓颉造字》。

郑九家易》说："古者无文字……事大,大其绳;事小,小其绳。结之多少,随物众寡。"① 有人认为金文中的十、廿、卅、卌,中间的点就是绳结的形象。结绳本身虽非文字,但结绳所用方法,如以结的大小表示大数、小数,大事或小事,乃后来造字的常用方法。原始文字便常以人形大小,分别代表本族和异族、大人和小孩。

二 刻木记事

据古籍所载,上古之时,还流行刻木记事。《周易·系辞下》云："上古结绳而治,后世圣人易之以书契。"孔安国《尚书序》也说,伏羲氏以书契代"结绳之政",对于"契",《释名》解释道："契,刻也,刻识其数也。"② 它既指文字,也可能包括作为文字前身的刻画符号。"契"所从之㓞,即像以刀在竹木上刻齿之形（丨像竹木,彡像齿形）,但竹木易朽,古代木刻实物难以保存。木刻上的符号原为个人随意刻画,但其中一部分沿用既久,约定俗成,便演变成文字。如几乎所有的木刻,都以刻Ⅰ代表一、Ⅱ代表二,这些表数符号便是象形文字中数字的前身。

三 器物上的刻画标记

上古初民往往在属于个人的武器、工具或劳动产品上,刻画符号,作为标记,以免遗失或与他人相混。西安半坡曾出土一件石铲,上刻交叉形。湖州钱山漾出土一件石斧,上有墨绘回纹。但更多的标记刻在陶器上。在西安半坡仰韶文化遗址,曾出土一些有刻画符号的陶片,这些符号大多刻于陶器烧成以前,形状与笔画简繁均不尽相似。乐都柳湾马家窑文化墓葬出土的彩陶上,亦有几何形的刻画符号。过去半坡

---

① （唐）李鼎祚:《周易集解》卷十五,北京:中国书店1984年,第5页。
② （汉）刘熙:《释名》卷六《释书契第十八》,北京:中华书局2016年,第88页。

等地出土的陶器上的符号,常被人们作为汉字起源的证据,认为某一符号就是后来的某一文字。但近来有学者纠正以前的结论,认为这些刻画符号本身尚非文字,只不过为标明个人所有权或出自制作时的某些需要而随意刻画的,并无确定含义,仍属原始记事范畴。然而,当这些刻画在一再使用中固定其形,并结合一定的音,也就成为真正的文字。

四 图画记事

在远古陶器上经常刻绘有图画,但并非所有图画都具有记事性质,有些只不过是一种装饰。如西安半坡出土的彩陶上绘有鱼、蛙、鹿、人面、树木等图形,排列有序,布局注意对称,实为装饰性图案。比较明显的图形标记,表现为刻画于器物上的一些族徽图形,如虎、象、犬、龟、猪、牛、羊等动物,以及草、木、禾、苗、山、雨等植物和自然现象。它们实际上是上古初民所崇拜的图腾,这些摹写事物的图像虽非"有音之文字",但与其他记事方法相比,对文字影响更大,关系更为密切。正是由图画记事的图形发展出大量的表形、表意的文字,故这些图画有"象形、指事字之祖先"的称誉。

总之,在人类幼年时期,结绳、木刻、图画,以及在器物上画刻,曾是人类用之以帮助记忆、交流思想的重要记事方法,随着一些符号的反复使用及人类在使用原始记事方法中经验的积累,文字终于孕育而生。自1959年后陆续出土于山东莒县陵阳河和诸城前寨的大汶口文化陶器上,有不同形体的刻画符号,这些符号比较端正规整,有象形性,很像后来的青铜铭文,多数古文字学者同意这种符号是文字,因为它们都能够按照古文字的规律释读。

大汶口文化的陶器符号,出现于这种文化的晚期,大约在公元前2500年至前2000年,依文献记载推算,大致与传说中的黄帝时代相当,故仓颉作书的传说可能曲折地反映了文字创制的时期。

汉字产生以后，沿着象形、指事、会意、形声、转注、假借等路径发展。尽管在文字变简规律的制约下，文字越来越"远离了写实"，但其间架结构乃至偏旁部首，根底里仍然潜伏着象形的因素。

非拼音文字的方块汉字，成为中国文化的一大特色。中国文字以形知意，"触目会心"，给人以强烈的直观感受，这一特点对造就重直觉、重整体的传统思维方式有一定的影响。这种特质反映到文学中，则往往可以强化作品的内涵。如谢灵运的诗句"岩峭岭稠叠，洲萦渚连绵"，从字形上给人重江叠嶂的感受，进而体会到他心境的复杂郁塞。再如梅圣俞的诗句"涉淮淮水浅，泝溪溪水迟"，连用九个与水有关的字，自然给人一路水行之感，写鸟则说"鸦鸣鹊噪鸜鹆叫"，用了五个从鸟的字，耳边就仿佛响起了一片聒噪之声。中国文字不仅以其特质影响文学，而且波及艺术系统。汉字的造字原则是"依类象形""肇于自然"。既有实用的性能，又有美的质素。"仓颉造字"的传说中，"博采众美，合而为字"的描绘，便含蕴着丰富的美学寓意。正是从中国文字的象形性及结构特点中，孕育出中国独特的书法艺术。

中国文字在其发展途径中，得到封建王朝的大力推动。秦统一后，实行"书同文"，古文字经删整创新，统一为秦篆。汉兴，也很重视文字的规范和研究，诚如刘勰《文心雕龙·练字》所言："汉初草律，明著厥法；太史学童，教试六体。"汉字的发展，带有中国封建社会"大一统"结构的烙印，对于民族心理结构的凝结，起着至为关键的作用。形制一律的汉字对国家统一产生了巨大的功用，汉字古今字音多不同，各地方言不可胜计，然而同一种字古今八方通用，助成政治上与教化上的统一，凝合民族之功极大。

汉字在世界上有重要影响。汉字自公元前4世纪开始，便相继传入朝鲜、日本等国，成为通行于这些国家的唯一公用文字以及国际交往的通用文字。随着汉字的流传，中国的典章制度及学术、宗教亦播传于各国，从而形成具有共同文化要素（汉字、儒学、中国政治典制、中国科技、中国化佛教）的中国文化圈，而且与基督教文化圈、东方正教文化圈、伊斯兰教文化圈、印度文化圈并称"世界五大文化圈"。中国文化圈从地理位置上来讲又称为"东亚文化圈"；由于汉字是中国文化传播的基础与媒介，因此又有人称中国文化圈为"汉字文化圈"。尽管它们在其后的发展中参照汉字创制出本国的文字，但在19世纪中叶西方文明大规模涌入之前，汉字始终是具有权威性的文字。由于当今世界各国语言文字大半属于拼音系统，汉字几乎是仍以象形为根底并广泛应用的唯一文字，因此，它成为各国文字学家研究原始民族运用形象思维创造文字的珍贵资料。

第二节

民族文字的创造与研究

在中华民族语言文字系统内,与汉字创造、发展的路线并行的是民族文字的创造与语言学研究。

许多民族很早就创造了自己的文字——相传吞弥·桑布扎创制了藏文,野利仁荣创制了西夏文,完颜希尹创造了女真文字,八思巴创制了蒙古新字,额尔德尼、噶盖创制了老满文。语言学的研究在少数民族中也有成就。隋代鲜卑人陆法言在研究分析六朝韵书的基础上,编成《切韵》。这是一本讲音韵的书,按照反切之发声以分音、收声以分韵,所以称为切韵。它的问世,统一了南北书面语言的声韵,并成为唐宋韵书的始祖。由于隋以前韵书散失,《切韵》还是中国现存最早的一部韵书。研究上古语音,现代方音都必须参考此书,其价值特别珍贵。11世纪,维吾尔族突厥语言学家、辞典学家马赫穆德·喀什噶尔,用阿拉伯文编纂了不朽巨著《突厥语大词典》。这部语言学巨著内容涉及面广,包括有关操突厥语各民族的生活习俗、历史状况、天文地理、部落关系、医药等方面的用语,古代诗歌、谚语的范例两百余条,以及大量具有文学史料价值的哲学警句、格言、民歌等。全书分为两部分,第一部分序言,论述了突厥语的地理分布、突厥语与回鹘文的特点,以及喀什的土尔克语与南疆土著居民语言的融合关系等。这实际上是维吾尔族历史上第一篇语言学、民族学和地理学的研究论文。书中附有一张以喀什

>>> 许多民族很早就创造了自己的文字——相传吞弥·桑布扎创制了藏文,野利仁荣创制了西夏文,八思巴创制了蒙古新字……图为清代佚名《萨迦五祖》。

噶尔、巴拉沙衮为中心的圆形地图，画出了突厥等民族的居住位置，是流传至今的最早而又最完整的中亚地图。第二部分是词汇，词目分名词和动词两大类，每一个词都用阿拉伯文注释，并附上当时流传于南疆、中亚一带的民歌、谚语作为例句，这部百科全书式的巨著不仅为研究古代维吾尔语提供了丰富的科学依据，而且也为研究中国突厥语系各民族的语言、历史、文化艺术等，提供了极为宝贵的资料。《突厥语大辞典》是中国最早、最大的一部民族语文辞典。在国外，它已被译成阿拉伯文、德文、土耳其文、乌兹别克文等文字出版，并被誉为世界语言学史上的一部"罕见著作"。

第三节

从甲骨的"书"到纸本书

随着文字的产生,人们开始以各种材料、各种工具来记录日常事务以及成功的经验和失败的教训,于是书籍出现了。不过,在纸发明之前,书籍则经历了由甲骨的"书"、青铜的"书"、石头的"书"到竹木的"书"、丝帛的"书"直至纸本书的演变历程。

远在殷周时代就产生了文字,却没有可供书写的轻便材料,只好把文字刻在龟壳、兽骨、青铜器和石头上。刻在甲骨上的文字叫甲骨文,它们记载的多是求神、占卜的内容。为研究殷商时代的社会生活乃至汉字的历史提供了宝贵的文献资料,这些甲骨文书或甲骨卜辞是中国现已发现的最早文书。

李商隐《韩碑》诗云:"愈拜稽首蹈且舞,金石刻画臣能为。古者世称大手笔,此事不系于职司。""金石"指的是另一种形式的古代书籍,即刻有文字的青铜器与石头,它们亦可称为青铜的"书"与石头的"书"。刻于金石之上的文字多具纪念性。"镌功勒成告万世,凿石作鼓隳嵯峨",韩愈的《石鼓歌》生动地描绘了周宣王凿石作鼓、刻石留名的事迹。杜甫、韦应物也有诗吟咏石鼓。石鼓是中国最古的"石书",相传是周宣王时代的遗物,上面刻有十首游猎古诗,所以又称"猎碣"。至东汉时期,石刻盛行,蔡邕奉汉灵帝之令,会同一些学者对《易》《书》《诗》《仪礼》《春秋》《公羊传》和《论语》等七种儒家经典加以校正并写在石碑上,由人工加以凿刻,立于洛阳太学门前供人抄阅,这就是历史上有名的"熹平石经"。唐文宗开成年间,朝廷又将总计60多万字的《诗》《书》等12种儒家经典刻于114块石碑上,立于长安太学前,仿佛一大型"石质书库"。为了妥善保存"开成石经",北宋又建立了西安碑林,绵亘联立,有如石屏,十分壮观。

春秋至两汉,人们开始广泛地使用竹片和木板书写。李贺诗句"舍南有竹堪书字""斫取青光写楚辞",以及陆游《读书》诗中的"三苍奇字已杀青,九译旁行方著录",都十分形象地记叙了以竹简作书的情况。竹简是一根根又窄又平的小竹片,稍宽一点的竹简可以写上三四十个字,窄的则只能写几个字,一部书就是一捆竹简,因此古人常称为"青简""青册"等。南宋文天祥的名句"人生自古谁无死,留取丹心照汗青","汗青"二字便由青竹简烘烤冒水珠得名(烘烤后的竹简方可长期保存),借指史册。竹简是中国最早的正式书籍。

中国古代与竹简并行的书籍还有木板的书——版牍,即在薄而光滑的木片(版)上写字。版是长方形的,所以又叫方,方版就是木书。刻在方形木板上的地图则称为"版图",现在把一个国家的疆域称为"版图",便是沿用古代这一习惯称呼。

简牍书籍由于材料来源普遍,制作也比在甲骨上刻字、青铜上铸字方便,因此使用广泛,对封建社会初期的科学文化繁荣起了重大促进作用。但简牍十分笨重,阅读和携带都不方便,于是又有人利用丝织品来写字。唐代诗人章碣写的以秦始皇"焚书""坑儒"为题材的《焚书坑》诗云"竹帛烟消帝业虚,关河空锁祖龙居",诗中的"竹"即竹简,"帛"指写在丝绸上的古代书籍,人称帛书。一本书就是一卷帛,卷子的长短因文字的多少而定,最长的帛书可达几丈,短的则只有三五尺。帛书以一根细棒为轴,从左向右卷成一束,所以这种书卷又叫卷轴书。卷轴是中国古代书籍最初的装订形式。

西汉年间,发明了纸张,结束了文字在甲骨、金石、竹帛上刻写

>>> 西汉年间,发明了纸张,结束了文字在甲骨、金石、竹帛上刻写的历史。图书事业从此进入长足发展阶段。图选自清代佚名《新诗造纸书画谱》。

的历史。图书事业从此进入长足发展阶段。公元8世纪前后，又发明了雕版印刷术，书籍形式更为完美。在古代印本书中，"宋版书"是当今所公认的珍本，这不仅因为宋版书大都根据古书而来，经过缜密的校勘最接近原书的本来面目，具有珍贵的文献价值，而且还在于它们的雕版技术非常精美。对字体整齐浑朴、疏朗悦目的宋刻本，古人多有赞誉。如明人称宋版书"纸质莹洁，墨色清纯，为可爱耳"；清人也评说道"〈宋刻本〉字画刻手古劲而雅，墨气香淡，纸色苍润，展卷便有惊人之处"，可作为一种中古艺术来欣赏和研究。大约在14世纪，套版印刷术发明，中国传统的版画技术也随之应用到书籍印刷中，于是明清时期刻印的许多书籍，不仅套印各种颜色，而且无不有极工细而生动的插图，例如明版《三国志演义》就有240幅精美的插图。《水浒》《西游记》也都有类似的全像本。套色印书与雕版图画并重，成为中国书的传统特点之一。

雕版印刷术的发明也推动古籍形式发生变化，即由卷轴式过渡到将印刷散叶积在一起装订成书的册页式。这一形式至今仍为书籍的普遍形式。

从甲骨文"书"到册页式的线装书，从青铜的"书"、石头的"书"到图文并茂的精美图书，中国古代书籍经历了一个漫长而辉煌的历程，而在这一历程中，日益完善的中国书不再仅仅是单纯的记载思想和文化信息的物质外壳，同时成为具有巨大审美价值的艺术品，并直接反映了科学技术和工艺的进步。

第四节

盛大的图书事业

一 文化典籍"不可胜载"

中国不仅是文化典籍出现最早的国家之一,也是文化典籍最丰富的国家。早在殷商时代,就出现了较丰富的藏书,故后人有"惟殷先人,有册有典"①之说。当然,那时的书籍是甲骨文书。至春秋战国,简策制度趋于完善,帛书流行,书籍大为增多,士人整理典籍得"六艺"之书,鲁国所藏有"三坟""五典""八索""九丘"。私人藏书也开始出现,如苏秦之书,陈箧数十;惠施有书五车之多,后来遂有"学富五车"之说。虽此时的书为简策,但数量也甚为可观。秦时虽遭火焚战乱,到西汉中期仍"书积如丘山"。东汉时,纸的出现,使文献有了廉价的和轻便的物质载体,政府藏书更为丰富,以至"石室兰台,弥以充积"。唐代印刷术的发明又为图书的大批生产和广泛流传提供了先进的技术条件,图书出版的种数和册数迅速增加。《宋史·艺文志》所记书目多达近1万部,约12万卷。明初文渊阁藏书已有43 200册,另外皇史宬还有档案两三万卷。宋代以后,雕版风行,私人藏书也蔚为风气。尤其是宁波范钦的天一阁,有书7万余册。

但由于战乱书经"十厄",大部分都毁于刀兵水火之害,以致古籍

---

① 《尚书·周书·多士》。

散失,十不存一。如隋近亡时在广陵焚书,使三十多万卷书付之一炬。620年(唐武德三年),取隋东都观文殿、修文殿及嘉则殿藏书西上,过黄河砥柱时船破书飘散,抢救到的不过十之一二。这种典籍丰富,而又流失严重的情形,还可从千佛洞藏书及其命运中略见一斑。

1900年在修复敦煌千佛洞时,发现内藏大量写本书与最初期的印本书,仅写本书便大约不下两万五千卷。在这批写本书中,有公元5世纪至6世纪的古写本,也有10世纪后期的写本。就其内容来说,有佛经、道经、儒家经典,文字学、历史、地志、医书、小说、通俗词典、唐代俗讲等。除了专书以外,还有诗、词、小曲、杂文、信札、账簿、日历、户籍、契据、状牒和占卜书籍。就其所用文字来说,有汉文、西夏文、藏文、梵文,以及于阗文、回鹘文等。但是,这些稀有的世界文化珍宝被盗窃了大部分,仅残存大约一万卷。然而,千佛洞藏书所展示出的盛大气象,仍然显示了中国古代典籍的丰富及古代文化的灿烂。

二 世界上最早有目录和目录学的国家

自从人类有了一定数量的文献,以管理和利用为目的的书目工作也就随之产生。许多学者认为,殷周时期已经有了书目的萌芽;但是正式的校书编目工作则始于西汉。

西汉政府重视图书事业。汉武帝时,第一次由政府下令在全国征集图书,并建藏书之策,置写书之官,在宫内建立了颇具规模的收藏图书的馆舍。这是中国历史上第一次见诸文字记载的图书馆。百年之间,书积如丘山。公元前26年(汉河平三年),汉成帝遣谒者陈农求遗书于天下,藏于天禄阁,共有书13 269卷。又指定光禄大夫刘向主持整理收集来的众多书籍,开始了中国历史上政府图书馆的第一次校书编目工作。刘向的任务相当繁重。其时,从各地搜罗来的书籍十分紊乱,每一种都包括许多篇,每种都是各地各时的不同写本,有用古文写的,也有用今文写的。刘向的工作是先用这些写本校定篇目，例如《管子》一书，刘向使用了政府藏书及从民间采集来的564篇，从中剔除重复，校定为86篇，又从每篇的几种或几十种写本中选出较好写本，定为正本，用其余本子互相校正。每篇文字校定后，写一篇叙录（即提要），注明撰书人、书名和内容大意，然后加以清抄，前后共校订了1.3万多卷。刘向死后，其子刘歆继续其工作，他将刘向所编叙录汇总编成第一部图书分类目录，称为《七略》。它不仅是中国最早的目录学著作，而且也是世界上最早的目录学论著。

西晋时期，荀勖在刘向分类法的基础上，创立四部分类法。他把图书分为甲、乙、丙、丁四部。甲部包括"六艺"、小学等儒家经典方面的书（相当于后来四部分类法的经部），乙部包括诸子、兵书、术数和方技方面的书（相当于后来四部分类法的子部），丙部包括史录旧事、皇览簿和杂事等历史方面的书（相当于后来四部分类法的史部），丁部包括诗赋、图赞和汲冢书（相当于后来四部分类法的集部）。荀勖的四部分类法，为以后图书分类法的改革指出了一条新的路径。同时，用甲、乙、丙、丁作为编类记号，可以说是图书分类号码的最初形式。

三 巨型类书、丛书的修纂

巨型类书、丛书的编纂，是古代中国博大文化事业的重要内容，并直接显示了中国古代文献的宏富、图书事业的兴旺发达。

类书是一种分类汇编各种材料以供检查的工具书，即广为采择经、史、子、集中的语词、诗文、典故以及其他各种资料，分门别类，编次排比，汇辑成书，类似现代的百科全书。如唐代欧阳询等人所编《艺文类聚》第五十八卷"杂文部"内"纸"的条目下，列举了蔡伦造纸的传说，韦诞、陈寿、葛洪等人有关纸的故事，以及西晋傅咸的《纸赋》、梁刘孝威的《谢赉官纸启》。把有关纸的多种材料辑录在一起，以供选择，正表明了类书的作用。中国最早的类书起源于三国时期，魏文帝曹丕令儒臣编纂的《皇览》被认为是中国类书之祖。以后历朝政府都重视类书的编纂，唐代有《北堂书钞》《艺文类聚》《初学记》《白氏六帖》四大类书；宋代有《太平广记》《太平御览》《册府元龟》《文苑英华》四大类书，规模均超过唐代类书。而明清时期所编纂的《永乐大典》与《古今图书集成》，其规模又在历代类书之上。

明代永乐年间，明成祖朱棣先后命解缙、姚广孝等人主持编辑了一部庞大的类书《永乐大典》。根据明成祖"毋厌浩繁"的指示，"旁搜博采"。一方面，以皇家图书馆文渊阁中五代十国、宋、辽、金、元及明初五百多年来累积的"中秘藏书"为基本；另一方面，派遣一些官员如苏叔敬等分赴各地，"购募天下书籍"。在极短的时间内，汇集了上自先秦、下迄明初的各类著作七八千种，经、史、子、集、释藏、道经、北剧、南戏、平话，以及医学、工技、农艺等，"无不类而列之"。

《永乐大典》的内容极为宏富。如"六棋"韵的"湖"字内"西湖"一项，采摘了十几部书对西湖的叙述，用了两卷半的篇幅作解释，其中引用县志、录、文人词赋对西湖的记录有三十六处，其详细周全可见一斑。《永乐大典》中还保存了大量珍贵的文化典籍。如"水"韵下的《水经注》是目前流传最古老的本子。又如南戏除了"荆""刘""拜""杀"和《琵琶记》外，较古的戏文都失传了，但在《永乐大典》"戏"字韵里，可找到《小孙屠》《张协状元》《宦门子弟错立身》三种不同时代的南戏。《永乐大典》还收有许多向为人们轻视而失传的工技、农艺一类书，如元人薛景石的《梓人遗制》载有各种车子和机子（小布卧机子、罗机子、立机子）制造法，并附有详细的图和说明书。元以后逐渐失传，但《永乐大典》"匠"字韵下，可以找到半部《梓人遗制》。

尤为珍贵的是，《永乐大典》在辑录各类材料时，完全据原书整部、

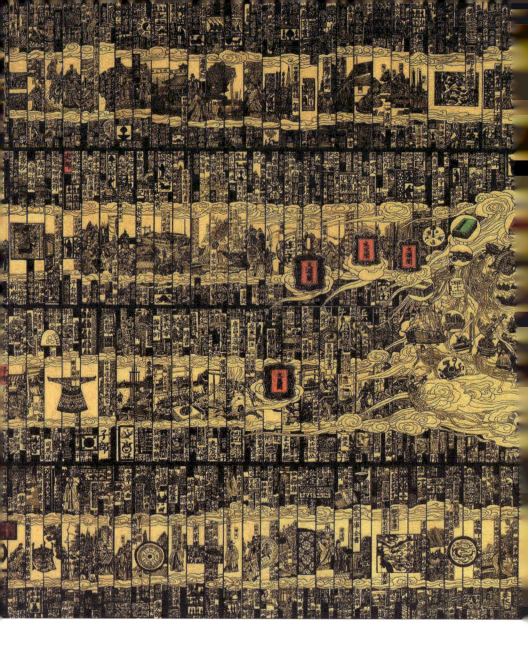

>>> 在历代所编纂丛书中,以清中叶乾隆时的《四库全书》规模最为浩大。图为当代张敏杰《〈四库全书〉与南北七阁》。

整篇、整段地收入，一字不改，即所谓"直取原文，未尝擅改片语"①。许多古籍，特别是宋元以前佚书、珍本因此得以完整保存，正如《四库全书总目提要》所称"元以前佚文秘典，世所不传者，转赖其全部全篇

---

① （清）全祖望：《鲒埼亭集》卷二十一《鲒埼亭集外编卷十七·钞〈永乐大典〉记》，四部丛刊景清刻姚江借树山房本，第11A页。

收入,得以排纂校订,复见于世"。明成祖称《永乐大典》"包括宇宙之广大,统会古今之异同,巨细精粗,粲然明备;其余杂家之言,亦皆得以附见。盖网罗无遗,以存考索"①。在中国文化史上,《永乐大典》是一部最早、最大的百科全书。

清康熙、雍正年间,由陈梦雷主持纂集了大型类书《古今图书集成》。它"贯穿今古,汇合经史,天文地理,皆有图记;下至山川草木、百工制造、海西秘法,靡不备具,洵为典籍之大观"②。由于《永乐大典》后遭破坏,现存类书中,《古今图书集成》是搜罗最博、规模最大的一部。

中国古代除编纂百科全书性质的类书外,还将多种著作整部地编印在一起,谓之"丛刻",亦即"丛书"。丛书的功能在于广泛网罗散失书籍,"荟蕞古人之书,并为一部",对于保存文化遗产具有重要意义。在历代所编纂丛书中,以清中叶乾隆时的《四库全书》规模最为浩大。这部巨型丛书,"穷搜博采",据文津阁藏本,共收录3 462种图书,共计79 338卷(相当于《永乐大典》的三倍半)、3.6万余册,集中国古代典籍之大成。

明清两代纂辑的丛书、类书,不仅在中国文化史上气象空前,在世界文化史上也罕见其匹。《古今图书集成》同《永乐大典》《四库全书》相比要小,但与约3 500万字的《大英百科全书》比较起来,仍可称为煌煌巨帙,因而在国外获得"康熙百科全书"之称。如与18世纪中叶法国狄德罗所主编的《百科全书》比较,更可得见明清类书、丛书规模的宏大。

"古人日以远,青史字不泯。"重新审视中国古代的图书事业,对于透视中国文化的特质,从中汲取经验教训,是不无裨益的。

---

① 《明实录·太宗实录》。
② 《清实录·清世宗实录》。

第六章

具有独特范畴系统和思维方式的哲学

在文化大系统中,哲学处于最高层次。首先,人类的任何精神活动,总是受一定世界观支配,总要运用某一种基本的方法论,而这种世界观和方法论不可能由某一具体学科提供,而只能由以理论思维形式表现的,人们对世界总体或自然、社会及思维领域的最一般规律的认识——哲学提供。其次,诚如马克思所言,哲学作为世界观总"是自己的时代、自己的人民的产物,人民最精致、最珍贵和看不见的精髓都集中在哲学思想里"。因此,哲学作为时代精神的升华,构成中国文化系统中内涵最为丰富,最能代表中华民族自我觉醒的心态历程的部分。

第一节

源远流长的哲学历程，独具一格的范畴系统

中国哲学是一条源远流长的思想大河，千折百回，万壑争流。

早在原始社会，中国古代哲学思想已开始萌芽。古史中相当丰富的神话传说，例如盘古开天地、女娲补天、羿射九日等，不仅体现了中华民族从一开始便具有改天换地的雄伟气魄，也反映了原始社会人类思维的状况；既借助想象以征服自然，又往往把自然力拟人化，成为崇拜的对象。唯物论和宗教唯心论在这里初露端倪。

殷周之际，原始的"五行说"与"阴阳说"，从人们的生产实践以及人们对自然的现象性质、人与自然的关系的积极思维中产生。原始"五行说"把自然现象和人的活动归结为五种物质元素——水、火、木、金、土，以此来区分和把握自然现象之网，这正是哲学思维的开端。原始"阴阳说"用阴爻（--）和阳爻（—）两个基本符号来表示具有对立性质的阴阳两极，认为自然界一切变化都由阴阳两种对立力量交互作用引起，以阴阳为基本矛盾组成八卦，便演变为天与地、雷与风、水与火、山与泽四对矛盾。以概念、范畴、理论体系的形式来反映客观世界的本质规律，标志着哲学思维之始。原始"五行说"还根据自然界的变迁和人类的生活经验，提出"无平不陂，无往不复"的思想，显示了注意对立面互相转化的辩证思维。在中国哲学历程中，原始"五行说"与原始"阴阳说"是从宗教中分离出科学，从神话中分离出哲学，从征服

自然的幻想升华为解释自然的科学的重要环节。

春秋战国之际,社会生产力的发展,社会形态的演变以及中国文化自仰韶时期以降量的积累,促成了诸子蜂起,百家争鸣,所谓"道术将为天下裂"①这种文化大繁荣局面的出现,与希腊、印度灿烂文化遥相辉映。在这一时期,老子、孔子、墨子、孟子、荀子、韩非子等巨子相互论争、彼此推引,先后开创各种哲学体系,把中华民族理论思维推进到新的阶段,成为中国后世学术之母。

至秦、汉帝国建立,"大一统"的政体已具规模,为了巩固中央集权统治,新兴地主阶级的思想家力图营造新的上层建筑。在历史的选择阶段,法、道、儒、阴阳等哲学思潮互相激荡,先后占据过思想界盟主地位。至汉武帝时,董仲舒以儒学为中心,而又吸取黄老之学,糅合阴阳、名、法各家先行思想资料,创立了一个新儒学的神学唯心主义体系,从而不仅为西汉"大一统"的集权统治而且为整个封建统治奠定了理论基石。诚然,两汉儒术具有宗教神秘色彩的特征,但董仲舒以神学唯心论重新提出的一系列中国哲学史特有范畴,如天与人、名与实、常与变,以及矛盾观中的一与二、人性论中的善与恶等,一直成为封建社会不同时期展开的哲学论争焦点。他对这些问题的探讨和回答,包容了一些积极的认识,或者以歪曲的形式加深了对这些问题的哲学认识,在哲学史的螺旋发展中,具有客观的积极作用。

范畴是人类认识之网上的"纽结",哲学家总是通过一系列范畴来表达自己对世界的根本看法,他们对问题的论争也往往通过对范畴的不同解释而展开。某一民族哲学思想的特征,总是由其范畴的独特性表现出来的。中国哲学也有自己独特的范畴体系,先秦时便奠定了这个体系的基础,两汉则是其定型和系统化的关键时期,以后历朝中国哲学独特的范畴体系又不断得到发展。

---

① 《庄子·天下》。

魏晋时期，玄学思潮兴起。玄学家们综合儒道两家的思想资料，对已经失去维系人心作用的汉代经学，实行颇为精巧的玄学唯心论的改造。玄学在形式上摆脱了两汉经学的笺注烦琐主义，在内容上也抛弃了两汉神学对"天人相与之际"的粗俗目的论的论证，而采取了思辨哲学的形式，提出有与无、体与用、本与末、一与多、言与意、动与静以及自然和名教等范畴，从哲理上展开了关于本体和现象、运动与静止、认识和对象、天道和人事等方面新的论证，其清淡幽深的思辨风格，开辟了一代哲学新风，标志着哲学思想的深化。

隋唐两代盛世，哲学思潮发生了新的变革。自两汉起从南亚次大陆传入中国的佛教，适应封建统治者为追求更为有效的"柔化人心"思想武器的需要，将宗教归宿与哲学思辨巧妙地结合起来，并从理论上进一步体系化和中国化，其思辨的繁复与缜密均超过玄学，从而得以长足发展，最终取代玄学，蔚为古代中国哲学园地中的一片茂林。作为特殊形态的宗教唯心论，隋唐佛教哲学通过对现实世界的物质统一性和客观实在性的否定，以神学理论服务于封建特权统治，表现出与汉代神学、魏晋玄学形式不同，而思想实质一脉相通的动向。但是，隋唐佛教哲学在玄学论证了自然和名教统一的基础上，进而启示了天国和尘世的统一、出世和入世的统一，并在本体论、认识论、发展观方面都对哲学思维的螺旋前进起了推动作用，构成了中国哲学逻辑发展中的必然环节。

两宋时期，理学思潮兴起。北宋"五子"（程颢、程颐、张载、周敦颐、邵雍）空前活跃，他们沿着儒学的思路，采用"通经"形式，批判佛教思辨哲学，却又不同程度地吸收、融合了玄学、道家、佛学思想，建立起自己的理论，其核心便是"理本体"思想。南宋朱熹兼采众说，"综罗百代"，集理学思想之大成，将各种思想加以锻造，融为一体，构造出一个以理为最高哲学范畴的客观唯心论体系，把儒学发展到最完备的阶段。这是中国封建制度更加完善的理论表现。中国古代哲学也由此推进到一个博大精深的新境界。

>>> 魏晋时期玄学思潮兴起,玄学家们综合儒道两家的思想,对已经失去维系人心作用的汉代经学,实行颇为精巧的改造。图为明代孙位《高逸图》。

明末清初资本主义萌芽进一步发展,出现了早期启蒙思潮,开始了对理学的批判。以王夫之为代表的思想家集唯物论思想之大成,全面总结和清算了理学诸流派,从封建时代哲学可能达到的理论高度,建立起唯物论与朴素辩证法相结合的体系。王夫之还提出了中国古典哲学中最完备的范畴体系,他从唯物论出发,阐扬了"能"(认识能力)与"所"

（认识对象）这对范畴的关系，认为"能必副其所"①。以此为基点，王夫之又对格物与致知、学与思、心与理、诚与明等认识论范畴作了从物到己、从客观到主观的唯物主义解释。此外，他还阐述了道与德、名与实、一与多、天道与人道、有穷与无穷的辩证关系，并着力剖析了知与行这对范畴。

清代前中期的颜元、戴震等人继续发展了对理学的批判，并开始从不同侧面酝酿着新的思维方法和新的理论动向。考据学派的崛起，也加

---

① （明）王夫之：《尚书引义》卷五《召诰无逸》，北京：中华书局1962年，第121页。

速了理学的衰败。这一切标志着中国古典哲学的终结,新时代的哲学思潮即将登上理论思维的舞台。

殷周阴阳哲学—先秦诸子哲学—两汉神学—魏晋玄学—隋唐佛学—宋明理学,构成了中华民族哲学思维发展的历史主潮,而在这个纵向运动的每一环节,既有传统哲学思潮的承袭,又有对已达到的水平不断进行批判的重新审察以及对自身存在的每一阶段予以多少带有封建性的否定,恰如黑格尔所指出的,"早期的体系被后来的体系所扬弃,并被包括在自身之内",因而汇成汹涌澎湃、滔滔不绝的洪流,"离开它的源头愈远,它就膨胀得愈大"①。作为中国哲学史的各个环节,就这样把中华民族的理论思维组成一条环环相扣的链条,一步一步地由低级走向高级。在此过程中,中国哲学独有的范畴体系也不断得到丰富和发展,并渗透到中华民族思维活动的最深层。

---

① [德]黑格尔:《哲学史讲演录》第1卷,贺麟、王太庆译,北京:商务印书馆1983年,第8页。

第二节

民族思维特征的一面镜子

哲学是"时代精神的精华",是"民族精神"的荟萃。不同的民族,有不同的哲学,形成不同的致思趋向和运思特征。古希腊人对严整的自然秩序心凝神往,使认识论和逻辑学优先成长;古印度在天国的神秘气氛中驰骋幻想,从而使思维的思辨性达到相当高的水平。同样,在中国古代哲学中,可以触摸民族思想的脉搏,探寻到民族思维的特色。

一 发达的辩证思维

每一民族哲学思维的发展,都包含着辩证法的内容。中国哲学的特点之一就是辩证思维早熟、丰富与深刻。中华民族可以当之无愧地称之为辩证法的民族。

早在殷周之际,在与"汤汤洪水方割,荡荡怀山襄陵"的严酷大自然奋力斗争中,产生的初期哲学思想——原始"五行说"与原始"阴阳说",便透露出带有自发辩证倾向的思想。原始"五行说"一方面把自然现象和人的活动归结为水、火、木、金、土五种物质元素,体现了朴素唯物论的思想因素。另一方面,又认为水、火、木、金、土五种物质元素,虽在性质、方法、形体上互有差异,但它们绝非孤立存在,而是

>>> 由《易经》所阐发的原始"阴阳说"中的辩证法思想更为明朗。《易经》是一部古老的卜筮书。图为明代仇英《帝王道统万年图·伏羲演易》。

以"相克相生"的一定方式相互联系。这种既有差异又有联系的思想正是朴素辩证法思想的萌芽。由《易经》所阐发的原始"阴阳说"中的辩证法思想更为明朗。《易经》是一部古老的卜筮书。此书成于何时，众说纷纭。一般认为，它大概是在殷至周初积累了非常丰富的卜筮记录的基础上，经过整理加工而编纂成的。《易经》从象数的普遍矛盾中首先概括出"奇""偶"这一对数的范畴，并使用"—""--"两个基本符号，经过不同排列组合来构成各种卦象。由卦象的展开，引申出否与泰、往与复、损与益、乾与坤等一系列范畴，承认事物的矛盾与对立；《易经》还透露出用变易思想看待事物发展变化的观念，如在《乾卦》中，以龙这一能变化飞腾的神物作比喻，由龙"潜"到"见"、由"跃"到"飞"，象征着事物的变化发展过程。《易经》以"易"命名，本义就是讲变易。《易经》还根据对自然界变迁和人类生活经验的总结，提出矛盾转化思想，如《泰卦·九三》爻辞言"无平不陂，无往不复"，把平与不平（陂）、往与复等互相对立的概念联系起来，揭示了对立面互相转化的规律。沿用至今的成语否极泰来，便出典于《易经》。《易经》中所蕴含的矛盾对立、转化思想、变化发展观念，显示了原始辩证法思想的光辉。

春秋时期，急剧变化的社会政治，祸福无常、存亡瞬变、升降浮沉的社会现实，在哲学家的思维中得到升华和总结，于是，由老子开始，中国的辩证法进展到对"对立统一"这一基本规律的认识。老子哲学的基本范畴是"道"，辩证法的基本范畴是"反"。"反者道之动也"[①]，为事物运动变化的基本属性，其含义有三：其一，对立多；其二，争、斗或抗争、反对；其三，转化。老子认为，事物都是由相反的对立成分组成的。《老子》书中有一系列对立物：阴与阳、美与丑、贵与贱、高与下、前与后、有与无、强与弱、长与短、曲与直、动与静、损与益、生

---

① 《老子·第四十章》。

与死等。老子指出这些对立面相互依存、相互渗透,"有无相生,难易相成,长短相形,高下相倾,音声相和,前后相随"①。其中,每一方都是对方和整个事物赖以生存、发展的条件,"曲则全,枉则直,洼则盈,敝则新,少则得,多则惑"②。离开对立的一面,另一面就不能存在和发展。老子又敏锐地指出世界的一切变化,都是由于"对立"的作用。对立是变化的根源、动力,是一切奇妙变化的始因,可称为"天地之始,万物之因"。而对立面的转化又是永无止境的:"祸兮福所倚,福兮祸所伏,孰知其极。"③在先秦,老子将辩证法思想推向高峰。老子以后,辩证思维继续发展,至明清之际,方以智、王夫之以"合二而一"与"一分为二"的哲学命题,集中了中国两千多年来辩证法思想的丰富内容及其精髓。

中国辩证思维的丰富,不仅在于对对立统一规律有早熟而又深刻的阐述,还在于其独特的整体观与过程观。

中国哲学与中国医学,都把世界看作一个整体,把每一个人的身心,每一个动物、植物,都看作一个整体,从多方面的对立统一关系中去规定它的特殊本质;同时又把全世界看作一个过程,把每一事物的存在也看作一个过程。在中国古代哲学著作中,整体称为"全"或"统体",过程称为"行"或"流行"。

中国独有的"五行学说",还具有原始系统论的特色。水、火、木、金、土,各具自身独立的系统质,而各系统之间又存在生克制化关系——木生火、火生土、土生金、金生水、水生火、火克金、金克木、木克土、土克水、水克火。其中每一系统都有生我、我生,克我、我克的关系,并在同前面两系统的制化关系中保持自身的动态平衡。生化制克的对立联系将水、火、木、金、土五个子系统构成自然界这样一个自

---

① 《老子·第二章》。
② 《老子·第二十二章》。
③ 《老子·第五十八章》。

我调制的大系统，即有机整体。再如老子论道："有物混成，先天地生。寂兮寥兮，独立而不改，周行而不殆，可以为天地母。吾不知其名，强字之曰道，强为之名曰大。大曰逝，逝曰远，远曰反。"①这个"可以为天下母"的混成物"道"即是一个整体，其主要含义是"逝"，这就把最高本体的道与变化流逝，亦即整体与过程联系起来。庄子也将"天地之大全"视为一个整体，而天地之间的万物都在变化转移之中："物之生也，若骤若驰，无动而不变，无时而不移"②。

在宋明理学中，整体和过程观点更明确，张载称气的全体为"太和"，而太和乃是一个变化的过程，具备"中涵浮沉、升降、动静、相感之性"③。程颢、程颐、朱熹也都以"理""太极"把天地万物统一起来，并指出"天地之化，往者过，来者续，无一息之停"④，这些辩证思维是杰出的，并具有鲜明的民族特色。

由此可见，辩证思维的早熟及发达是中国古代哲学史上的一个重大特色。早在公元前一千多年的殷周之际，中国便产生了蕴含辩证思维的著作，较之古希腊、古印度要早几百年。魏晋以后，从南亚文化系统输入的佛学之所以能在中土迅速传播，首先也在于中国思想界具有辩证思维的素养和传统，能与佛教中蕴含的较为精致的思辨哲学相呼应。因此，佛教哲学在传入的早期要依附于以思辨为特色的玄学，更要借助于老庄哲学以开辟传播的路径。佛学在中土的广泛流行传播，还在于佛教哲学经历了重大的本土化改造。中国学者在接受佛教哲学之际，便开始以自身固有的辩证思维传统对佛教中的思辨因子加以融合、充实与发展，形成如天台宗、华严宗、法相宗、禅宗等具有更高级思辨水平的哲学流派，而这几个教派实际上已经完全中国化了。

---

① 《老子·第二十五章》。
② 《庄子·秋水》。
③ （明）王夫之：《张子正蒙注》卷一《太和篇》，北京：中华书局1975年，第1页。
④ （宋）朱熹：《论语集注》卷五《子罕第九》，《四书章句集注》，北京：中华书局2016年，第113页。

二 哲学伦理化

哲学伦理化，是中国哲学又一显著特征。以至有人认为，中国哲学史就是一部伦理学史。这种说法虽然未免简单，却也抓住了中国哲学的重要特征。

中国哲学伦理化的格局首先表现在将"天"伦理化、人格化。在中国古代哲人看来，天有德、有善、有"无穷极之仁"，具有伦理性特质。宋明理学家推出的超时空的宇宙万物的主宰——"理"，也只是"仁、义、礼、智之总名"而已。天德对于世俗人事具有绝对性的影响，人之德受之于天，人间的各种伦理规范都不过是天德的具体演示。

哲学伦理化还表现在社会生活的伦理化、道德化。打开浩如烟海的中国哲学史籍，凡属论及社会政治问题的，几乎无一不是以道德作为衡量的标尺。儒家以仁、礼学说开其学派体系的先河，对伦理的强调无以复加；即使墨家巨子，虽然以功利来反对礼乐，却也无法摆脱道德标准的制约。它们的区别在于儒家、道家是直述道德原则，而墨家、法家则以自己的功利观和耕战思想来改造、替代道德内容罢了。历史上所谓"天理人伦""三纲五常"，正是以道德作为最高尺度。

中国哲学对人的价值的认定，更以伦理原则为绝对价值尺度。"仁""孝""忠""悌"是评价人品高下的主要标准。孔子、孟子更有"杀身成仁""舍生取义"的命题。这正是道德至上哲学思想的佐证。

其他如认识论，主要讲知行关系，也偏重在道德实践方面，强调克己、修身、自我体悟道德原则。人性论更以伦理道德观作为讨论的基点。

中国古代哲学伦理化具有深厚的民族土壤。诚如有的学者所指出的，中国的先民把自己的祭品奉献给英雄的前辈，以表示对祖先的崇拜。这种古老的氏族遗风，形成传统的心理氛围，进而产生出华夏族的支柱性信仰概念——孝和德，又进一步规定和制约了中国哲学伦理化的性格。因此，中国哲学从萌生之际，就是将自己的思维紧系在处于血族

孔子、孟子更有"杀身成仁""舍生取义"的命题。这正是道德至上哲学思想的佐证。图为明代吴彬《孔子杏坛讲学图》。

纽带之中的人的世界。在其后的发展中,东西方各具特色的致思趋向的差异也愈益彰明昭著。

重血缘、重家族、重宗族、重社会,中国传统哲学的伦理化特色,长期支配了中国人的意识形态,形成东方民族古代文明的核心价值领域。这一文化传统,曾使自己的族类更多地享受了人间温情,使中国人在社会心理情感方面更多地得到慰安。在特定的历史条件下,伦理化的哲学往往成为鼓舞人们自觉维护社会正义、忠于民族国家的精神力量。当然,伦理化的特色也给中国哲学带来缺陷:一方面,在伦理义务的绝对拘束下,人的自主性、独立性受到压抑,整个民族形成过分的内向性格;另一方面,由于自然常被人际伦理道德的烟雾笼罩,使中国难以产生西方那样的自然哲学、分析哲学和实证科学,中国文化在近几个世纪落伍,与这种思维方式的潜质有一定关系。

三 鲜明的无神论倾向

欧洲中世纪黑暗时期,宗教笼罩了全社会。而在中国,没有欧洲中世纪那样的一段黑暗时期,没有罗马教皇和异端裁判所的统治,哲学得到独立于宗教之外地发展;封建统治者有时虽也有儒、释、道三教并用政策,思想文化界也或有"三教合一"的尝试,但儒学在本质上并非宗教,而佛、道无论如何流行,也始终无法取代儒学地位。与此相呼应,在中国哲学中有反对有神论的一以贯之的优良传统。

殷周时期,鬼神迷信和敬天崇祖的神权思想一度蔓延,但这种宗教天命论到了春秋时期,逐渐失去权威,成为理论批判的主要对象。郑国的子产,是无神论的倡导者之一,他反对把"龙"看作神物加以祭祀,也反对利用天象来附会人事。他明确提出"天道远,人道迩"的命题,其中已包含了"明于天人之分"的朴素唯物论思想的萌芽。儒学的创始者孔子则对鬼神取"存而不论"的态度,所谓"敬鬼神而远之,可谓知矣"。这类思想与春秋时期无神论思潮相联系,具有启人蒙蔽的作用,恰如李泽厚所指出的:"孔子不是把人的情感、观念、仪式(宗教三要素)引向外在的崇拜对象或神秘境界,相反,而是把这三者引导和消融在以亲子血缘为基础的人的世间关系和现实生活之中。使情感不导向异化了的神学大厦和偶像符号,而将其抒发和满足在日常心理——伦理的社会人生中。"[①] 其后,荀况提出"形见而神生"的思想,对形神关系上的宗教唯心论予以批判。

东汉的王充在气一元论思想基础上,针对两汉时期流行的谶纬神学,提出"气须形而知"、没有"无体独知之精"的思想。他认为,精气作为一种特殊的物质粒子,只有当它依附于形体(五脏、血脉)时才能发挥"知"的作用,而绝不可能"无体独知"。他把形体比作烛,精气比作火,知比作火的光辉,形象地说明三者的从属关系。他痛驳灵魂不灭论与有鬼论,指出人死形体朽、精气散、无有知,怎么能变成鬼害人呢?对有神论的犀利批判,使王充成为中国哲学史上战斗的无神论传统的奠基人。

南朝的范缜是继王充之后,最重要的唯物论与无神论者之一,在南北朝佛教发展炽盛时期,他勇敢地坚持反佛斗争。他在《神灭论》中,针对佛教徒鼓吹的神可以离形、形死而神不灭,由此产生轮回、报应的谬论,提出"形存则神存,形谢则神灭",明确论证"形神相即,不得分离"。这是典型的唯物论形神一元论。在中国哲学史上,范缜还第一次提出了"形质神用"的新命题。所谓"形质神用",是指形是神的主体、实体,而神只是形的一种属性、作用。为了形象地说明这一真理,他举出了一个有名的"刃利之喻"——人的精神对身体的关系,就好像刀的锋利对刀刃的关系一样;人的身体对精神的关系,就好像刀刃对刀的锋利的关系一样。叫锋利,指的不是刀刃;叫刀刃,指的不是锋

---

① 李泽厚:《美的历程》,北京:生活·读书·新知三联书店2009年,第53页。

利。但是离开了锋利就无所谓刀刃，离开了刀刃也就无所谓锋利。从未听说过刀刃没有了而锋利还存在的，怎么能说形体已经死亡而精神还能存在呢？这个生动的比喻，有力地说明了精神对形体有着不可分割的依赖关系。范缜的形神观，把关于形神关系的认识提升到一个新的高度，因此成为中国以至世界无神论发展史上的巨人。范缜的《神灭论》发表后，在当时的社会上引起极大震动。头号"佛门弟子"梁武帝亲自下《敕答臣下神灭论》诏书，发动朝野僧侣围攻范缜，先后上阵讨伐的有64个人，共拼凑了75篇文章。范缜从容应战，据理驳斥，"辩摧众口，日服千人"。围攻者输理罢战，范缜取得了理论上、道义上的辉煌胜利。

范缜以后，柳宗元、刘禹锡、张载等思想家也都站在唯物论立场上，坚持反对有神论斗争，体现了中国哲学史上优良的无神论传统。至明清之际，王夫之、熊伯龙吸收前贤的思想资料，从各方面批判了有神论，使古代无神论达到新的高峰。

总之，当西方哲学在扮演"神学的婢女"的角色时，同时期的中国哲学却涌现出像荀子、韩非、桓谭、王充、傅玄、范缜、柳宗元、刘禹锡、王安石、张载、叶适、王夫之、熊伯龙等众多杰出的唯物论者和无神论者，写出了中国哲学史上的灿烂篇章，显示出同西方哲学判然有别的民族特色。当然，中国传统哲学中的唯物论派别也有鼓吹天命，力图将"天"人格化的一面，但其思想趋向仍不同于西方宗教神学。它宣扬天命，但并不像西方经院哲学那样论证人格化的上帝存在；它不谈死后的来世，只讲现实的今生，实际上与封建道德性命之学胶固在一起。这些情况都在不同程度上，反映了中国哲学中的无神论传统和影响。

第七章

中国本土宗教与外来宗教的本土化

中国古代民族与世界其他民族一样，也曾经历过"如痴如狂"的原始宗教阶段。至魏晋南北朝，中国的本土宗教终于孕育而生；随之而来，外来的佛教、景教、伊斯兰教、天主教相继进入中国。它们或因经过本土化改造而生存发展，或因不能适应中国文化生态而退出历史舞台。

第一节

道教的兴起

鲁迅说"中国根砥全在道教",极为简洁地指明了道教对中国文化的影响,而道教则是中国本土生长起来的宗教一大派别。

一 道教的历程

道教的发生发展经历了三个阶段,即前道教时期、开教时代、确立时代。

所谓前道教时期,实际上是道教思想的酝酿期,它围绕"神仙说"展开。所谓神仙者,实即因随灵魂不死观念逐渐具体化而产生出来的、想象的或半想象的人物。

神仙之说,早在先秦道教著述中便颇为流行,《庄子》有言:"藐姑射之山,有神人居焉。"这些神人"不食五谷,吸风饮露,乘云气,御飞龙,而游乎四海之外"。《史记·封禅书》载,渤海中有蓬莱、方壶和瀛洲三神山,"诸仙人及不死之药皆在焉"。神仙世界的构造,实际上是每一民族在生长过程中必有的不死追求的童稚之梦——神仙的存在,使人们生命不死的愿望合理化,而神仙不死的信念又推动人们展开狂热的求仙活动。先秦时期的齐威王、齐宣王,不断派人前往海外仙山,寻求不死之药。统一六国后的秦始皇,遣徐福率数千童男童女出海觅仙。雄才大略的汉武帝喜好神仙方术。前109年(汉元封二年），武帝在方士耸动下，下令"郡国各除道，缮治宫观名山神祠所，以望幸矣"，其心情何等迫切。神仙之说的泛滥，成为道教勃兴的前奏。

与神仙之说泛滥同时，又有黄老思想与神仙方术的结合。黄老学说起于稷下道家学者，他们同尊传说中的黄帝和老子为道家创始人。黄老思想本来就蕴含大量神秘因素，如《老子》中就有"长生久视之道"的议论。一些方士便将神仙长生思想与黄老之学中的神秘主义相糅合，继而称"老子之道，为可以度世"，着重尊崇神化的老子，从而为道教的勃兴准备了宗教领袖。

道教开教时代大致在东汉末到魏晋时期，这时期开始出现雏形宗教形态。道派繁多是道教开教时代的特点，北方张角的太平道，奉《太平经》为经典，以"中黄太一"为其奉祀之至尊天神，倡言"黄天太平"。南方的五斗米教，创于东汉张陵，以符水为人治病，奉《老子》为经典。由于张陵号为天师，故这派又称天师道。此外还有葛洪创立的金丹道，力主炼服金丹是长生成仙的唯一秘诀。创立于晋代的灵宝派，奉元始天尊为教主，以《灵宝经》为首经。杂散道派更多，有依托帛和的"帛家道"、李阿的"李家道"、孙恩的"紫道"、民间俗信的"清水道"、华存的"茅山道"。

南北朝时期，道教规模大成。北魏嵩山道士寇谦之、南朝宋代庐山道士陆修静借政权之力清整民间道派，并首次使用"道教"一词统一各道派。与此同时，道教逐步形成一套完整的宗教仪式和斋醮程式、道德戒律，道德教义、经书典籍、修炼方术也日趋完备。道教徒也业已在固定的宫观修行，形成按教阶组织起来的道士集团。南朝齐梁时期的陶弘景更以"天子师"之尊构造道教神仙谱系，叙述道教传授历史。道教作为一个完整意义上的宗教流派，至此基本上定型。

>>> 黄老学说起于稷下道家学者，他们同尊传说中的黄帝和老子为道家创始人。图为明代刘枋《老子骑牛图》。

二　本土宗教

作为宗教的一大流派，道教具有宗教的一般性特征。它所信仰和崇拜的神仙，实际上就是支配着人们日常生活的外部力量在人们头脑中幻想的反映。在这种幻想中，自然和社会的外力采取了超人间力量的形式。它制造出的长生不死、超越时空的神仙世界，也不过是形式别具的超越现实世俗生活的彼岸世界。然而，道教毕竟生长于中国文化的土壤中，具有与作为世界三大宗教的基督教、伊斯兰教、佛教大不相似的本土性特征。

思想渊源的本土性。道教作为中华民族创立的宗教，其民族性特征首先表现在它的思想渊源的本土性。

道教的思想渊源"杂而多端"，道家哲学是道教的重要思想渊源与宗教理论的主干：道家视"道"为超越形器的宇宙最高法则；道教的信仰也是"道"，它从宗教的角度把"道"说成是"神异之物，灵而有性"[①]"为一切之祖首，万物之父母"[②]，进一步突出了"道"的超越性、绝对性、神秘性。道家宣扬清静养生、无为治世；道教发挥此种离俗超脱精神，形成出世的心性炼养理论。道家的创立者是老庄；道教则把老子神秘化，奉为"混沌之祖宗、天地之父母、阴阳之主宰、万神之帝君"[③]，与老子被奉为道教教主的同时，庄子也被列为"道教尊神"，而《老子》《庄子》二书亦被奉为道教经典《道德真经》与《南华真经》。道教与道家纠缠成一团，颇难分开，以至若干国外汉学家认为"道教是道家思想的继续和延长"。

道教也从儒家思想中吸取养料，儒家主纲常名教，道教则将伦理道德与它的长生成仙思想结合起来。葛洪在《抱朴子·对俗》中言："欲

[①] （唐）司马承祯：《坐忘论》，《道藏》第22册，北京：文物出版社、上海：上海书店出版社、天津：天津古籍出版社1988年，第896页。
[②] 同上书，第674页。
[③] （南朝）谢守灏编：《元圣纪》卷一，《道藏》第17册，同上书，第780页。

求仙者，要当以忠、孝、和、顺、仁、信为本。若德行不修，而但务方术，皆不得长生也。"①《正一法文天师教诫科经》也称："诸欲修道者，务必臣忠、子孝、夫信、妇贞、兄敬、弟顺。"②北魏寇谦之的天师道以礼度为首，南朝宋代道士顾欢以华夏文化正宗身份排斥佛教，均流露出儒家思想的性格。汉代阴阳五行化了的儒家经学对道教也具有重要影响。

道教还吸取了墨家思想，章太炎在《检论》中曾言，道教思想"本诸墨氏，源远流长"。墨家尊天明鬼思想，显然为道教所吸取。上古传统鬼神观念、殷周巫史之说，以及秦汉神仙家更为道教广为博采。

总之，道教的来源是多元的，它从深厚的中国文化土壤中广泛地吸收了从老子、庄子、邹衍、《吕氏春秋》到《淮南子》，以及星相家、医方家、谶纬家等关于自然、社会与人的思维成果，进而以道家思想为主干，依宗教神学的框架，将如上思想资料加以熔铸、重造，最终形成了道教思想体系。

神仙世界的本土性。道教的教旨是成仙。道教的开创者们竭力从流传于古代中国，尤其是流传于楚文化圈的各种神话中采撷出神鬼精灵，构造出一个长生不死、超越时空的神仙世界。在这神仙世界里众仙熙攘。据宋以前的几种道教经籍《列仙传》《神仙传》《续仙传》《集仙传》等记载，道教诸神共达四百余人。

道教的主神在早期具多元化性，所谓中黄太一、太上老君、元始天尊、玉皇都为道教所尊奉。至宋代以轩辕为圣祖，称昊天玉皇大帝，玉皇大帝遂成为道教最高神。道教所崇拜的天神，具有农业—宗法社会中人间天子的形象，他们的品格完美无缺，具有无上权威，实际上是人间

---

① （东晋）葛洪：《抱朴子》内篇第 3 卷《对俗》，上海：上海古籍出版社1990年，第18页。
② 《道藏》第 18 册，北京：文物出版社、上海：上海书店出版社、天津：天津古籍出版社1988年，第237页。

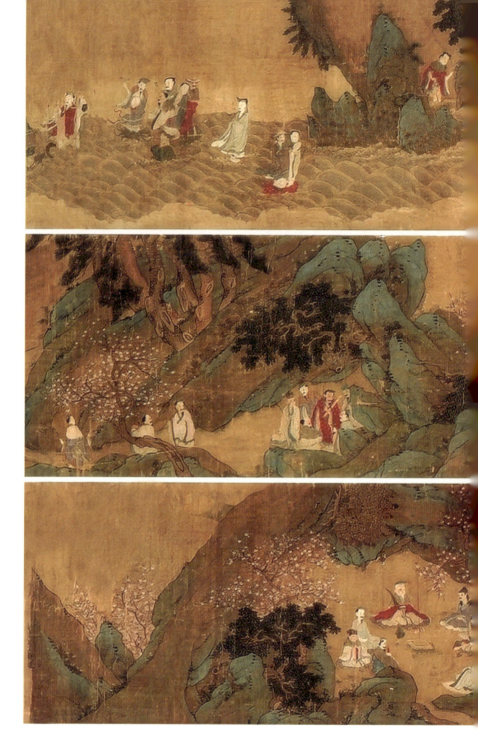

>>> 道教神仙世界中虽神仙众多，却也等级秩序井然，具有一个整饬的谱系与结构。图为元代钱选《群仙祝寿图》。

皇权的投影。主神以下的道教诸神有许多来自汉民族的古代神话传说，如九天玄女、西王母、赤松子、彭祖、鬼谷子、广成子等，也有古代贤哲与著名方士，如老子、墨子、吕尚、尹喜、东方朔、淮南王，还有张道陵、于吉、帛和一类修道者。历史上声名显赫的英雄，也颇有被道家尊为神者，如关圣帝君即关羽，门神乃秦叔宝与尉迟敬德。

道教神仙世界中虽神仙众多，却也等级秩序井然，具有一个整饬的谱系与结构，在陶弘景所著的《真灵位业图》中，诸神就座，元始天尊（或上上太一、天宝君、梵气天尊）—大道君（或太上元君、灵宝君）—金阙帝君（或老君、神宝君）—太上老君……依地位高下排列，秩序井井有条。在大层次上，神仙世界又有上品仙、中品仙、下品仙的三层次划分，《抱朴子·论仙》引《仙经》云："上士举形升虚，谓之天仙；中士游于名山，谓之地仙；下士先死后蜕，谓之尸解仙。"众多神仙因而被区分为上、中、下三品，这种三品分仙法恰是东汉以来品题观念的映现——九品官人为上、中、下三等，人伦品鉴有三豫，《诗品》评价文学作品有上品、中品、下品之分。后世民间信仰的"上天玉皇大帝—地方城隍、土地—家中灶神、门神—阴司判官、小鬼"这个鬼神体系，更是中国传统社会组织结构的投影。

教旨上的本土性。道教在教旨上以长生成仙为目标，与世界宗教的风貌大相径庭。佛教、基督教、伊斯兰教，无不漠视此岸世界而热衷于"人死后如何"的命题。而道教所追求的却是"人如何不死"，在长生中永远享受人间的幸福和快乐。此种教旨诚如日本学者窪德忠所言，"在其他国家是没有的"[①]。佛教、基督教、伊斯兰教无不宣扬人的命运由冥冥之中的神主宰，在自身的命运上，人是消极无为的。但道教却认为"我命在我不在天"，人只要善于修道养生，生道相保，安神固形，便能获得现世存在的保证。为此，道教不仅讲求归本返朴、归根复命的"气

---

① ［日］窪德忠：《道教史》，萧坤华译，上海：上海译文出版社1987年，第56页。

健身术",而且倡导以长寿去病为宗旨的"房中术",钻研追求不死的"炼金服丹之术",民间劾治恶鬼、躲避死亡的种种迷信手段如臂悬五彩、悬苇画鸡、桃印桃符、治邪驱鬼等,也网罗无遗,发展成为禁咒、符箓、印镜等法术。总之,道教浓烈地表现出人的生存欲望,具有一种"不信天命,不信业果,力抗自然"①的勇猛气势,此种特质恰是中华民族重现世、重现实的民族性格的体现。

三 道教的文化功能

道教自东汉末开始形成,迅速扩张,终在南北朝成长为与儒、佛抗衡的一大宗教流派。南北朝以后,道教仍长足发展,经历了隋唐、北宋的兴盛期,南宋、金元的革新期,直至清代才逐渐趋向式微。道教在中国社会结构中的承传不息以及在民间生活中的重大影响,充分显示出道教绝不是统治者以一己私愿"超越地添设于人类文化的整个结构之上的一种东西"②,而是有其发生、发展的必然性,具备特定功能的文化现象。

道教的文化功能首先体现在它以"长生不死"的追求,满足了人们惧死乐生的心理愿望。长生不死是不可能的,在无可抗拒的衰老死亡面前,人们不可避免地潜藏惧死乐生的意绪与长生不死的愿望。道教否定死亡,鼓吹通过修炼达到长生不死,使幻想长生的人们颇受鼓舞。尤为重要的是,道教所鼓吹的学道求仙绝非帝王贵族的专利,平民也一样能"举形轻飞",因而极大地吸引了一般百姓,在动乱时代尤其如此。与此同时,在道教的理论中,长生不死的目标依靠自身的养性修炼全然能够达到。此种长生理论显然具有一定的"使人能支配命运,并克服人生的苦恼"的社会功能。

---

① 傅勤家:《中国道教史》,上海:上海文化出版社1989年版,第241页。
② [英]马林诺夫斯基:《文化论》,费孝通等译,北京:中国民间文艺出版社1987年版,第75页。

除惧死乐生外，人们还普遍具有对社会和谐安乐的追求，而道教所构筑的"神仙乐园"便有满足人们这一心理愿望的功能。道教所塑造的"神仙乐园"，集人间理想生活的美之极致，所有意识与潜意识中不能满足的愿望都投射到乐园的塑造之上。《抱朴子·对俗》曾描绘神仙乐园中的神仙生活："登虚蹑景，云舆霓盖，餐朝霞之沆瀣，吸玄黄之醇精，饮则玉醴金浆，食则翠芝朱英，居则瑶堂瑰室，行则逍遥太清。……掩耳而闻千里，闭目而见将来。"

对于渴望美好生活的人们来说，"神仙乐园"显然是他们寻求精神慰藉的极好处所。在乱世之际，这种乐园神话往往具有一种政治理念的色彩，成为人们革故鼎新的思想武器。

在社会涵盖面上，道教不同于玄学，并非只局限于上层士大夫中，道教也不同于一些民间杂散教派，只在下层民众中流行，而是具有一种广泛的适应性。北周道安的《二教论》言，道教"一者老子无为，二者神仙饵服，三者符箓禁厌"，是一个包括了宗教化的道家学说、神仙说和修仙方术以及民间疗病去灾的鬼道在内的多层次的宗教体系。在教团组织上，道教分为上层神仙道教和下层符水道教两大层次。神仙道教以长生修仙为本，主要在皇帝、士大夫中间活动；符水道教以治病祛祸为务，适应下层劳苦大众的需要。多层次的宗教内涵以及组织、传播方式使道教能适应不同阶层的喜好、需要与文化水平，而广泛的适应性又反过来强化了道教的内在生命力。

多方面的文化功能使道教在长远的时空中深长地植根于中国社会，强韧地存在与发展。自此，中国文化中自有一支道教文化，民俗、民风、文学、科技、建筑及至政治斗争都不可避免地浸染上道教文化的风采。

第二节

南亚佛教的传入

与道教勃兴的同时,另一支宗教大军也气势日增地开进了魏晋南北朝文化系统,这就是来自南亚次大陆的佛教。

一 从幼弱走向壮大

佛教入华,当在纪元前后的西汉末年,但长久以来,人们熟知的佛教入华开端,却是公元68年(汉永平十一年)的"永平求法"。

据《理惑论》《后汉书》《水经注》《洛阳伽蓝记》《魏书·释老志》《高僧传》等多种古籍记载,公元65年,东汉明帝梦见西方之佛,他兴趣盎然地遣出十数位使者,前往天竺求取佛经、佛法。两年以后,使者归来了,他们用白马给中国人驮回一个陌生的宗教与一个陌生的神。随同白马同来的还有两位深眉高鼻的印度高僧。

汉明帝以贵宾之礼接待两位高僧,敕令于洛阳城西雍门外为他们修建僧寺。为了纪念白马驮经之功,这座僧寺被命名为白马寺。白马寺中,两位印度高僧长期禅居,他们译经传教,从此金光流传,法轮东转,"中国始有沙门及跪拜求法"。白马寺也因此被后世佛教宗派尊称为"祖庭""释源"。

初入中土的佛教,因传播媒介的种种限制,速度较为缓慢。其时佛教入华的传播路径主要是交通中西的丝绸之路,其传播方式主要是设立庙寺，传播范围也颇为狭小。《魏书·释老志》载："哀帝元寿元年，博士弟子秦景宪受大月氏王使伊存口授《浮屠经》。中土闻之，未之信了也。""浮屠"，即"佛陀"早期译语，然而对此种外来宗教，"中土"之人"未之信"，并不感兴趣。《晋书·佛图澄传》也载："初传其道，唯听西域人得立寺都邑，以奉其神，其汉人皆不得出家。魏承汉制，亦循前轨。"可见，佛教大致只在西域商旅中流传，官府对佛教的播扬，基本上采取不合作或有保留的容让态度。

汉末安世高来华，展开了佛经译业，开始有系统地向中土介绍佛教学说。但这一时期的译师，大都来自中亚细亚，他们汉语颇为浅陋，而执译笔传写的汉人对佛教的教义和梵文语法又缺乏必要的常识，故而只能"听言揣意"。传经与译经两方面"金石难和""咫尺千里，觌面难通"，于是，译出的佛经犹如掺了水的葡萄酒，与本来面貌大不一样。

以上诸因素，使汉魏时期的人们对于被称为"外国之神"的佛认识十分含糊混乱，往往把释迦牟尼和黄帝、老子相提并论，把佛陀神化、仙化。《理惑论》便云："恍惚变化，分身散体，或存或亡。能小能大，能圆能方。能老能少，能隐能彰。蹈火不烧，履刃不伤。在污不染，在祸无殃。欲行则飞，坐则扬光。故号为佛也。"[①]佛在中国人眼中形变为地道的中国式的"神仙"。

佛教真正在中国社会大流行还是在东晋南北朝。这个时期是一个血泪横融的时代，无论是北方还是南方，都战乱不已。社会各阶层人们普遍有一种"人命若朝霜""人生若尘露"的"忧生之嗟"。强烈的生命忧患催动人们往四面八方去寻找安身立命之处。玄学的兴起，为相当一部分士人开拓出超越有限进入无限玄妙之境。道教的展开，使人们在对"神仙乐园"的向往与"学道，可得长生"的信念中得到精神满足。而东来的佛教，又为人们辟出了精神解脱的新天地。

---

① （汉）牟子：《理惑论》，（南朝）释僧祐：《弘明集》，刘立夫、胡勇译注，北京：中华书局2011年，第15页。

佛教为人们树立了大慈大悲，能把人们从现实危难与苦痛中解救出来的威力无边的"救世主"，这便是观世音菩萨、地藏菩萨、弥勒佛、阿弥陀佛等菩萨和佛。佛教宣扬"若有无量百千万亿众生，受诸苦恼，闻是观世音菩萨，一心称名，观世音菩萨即时观其音声，皆得解脱"①；"若有众生，遭亿百千姟困厄、患难，苦毒无量，适闻光世音菩萨名者，辄得解脱，无有众恼"②。这对于身陷苦难中的民众不啻绝望中的光明。唐道宣在《释迦方志》卷下中说："自晋、宋、梁、陈、魏、燕、秦、赵，国分十六，时经四百，观音、地藏、弥勒、弥陀，称名念诵，获其将救者，不可胜纪。"如此社会心理，当然推动了佛教的迅速传播。

佛教向中国社会奉献出解除"忧生之患"的第二件法宝，这就是"轮回说"。它申明，人死是必然的，但神魂却不灭，"身譬如五谷之根叶，魂神如五谷之种实；根叶生必当死，种实岂有终亡"③。人死后不灭的灵魂，将在天、人、畜生、饿鬼、地狱中轮回，"随复受形"，而来生的形象与命运则由"善恶报应"的原则支配，"此生行善，来生受报""此生作恶，来生必受殃"。与玄学、道教相较，佛教"轮回说"在解除"生命忧患"上自有独到疗效。玄学以"道"的追求为人们提供了精神解脱的路径，然而，它并没有切实回答生命存在的实际问题。道教对人们最大的诱惑是长生不死、得道成仙，然而长生不死是不可能的，这是道教在生命实践面前的最大障碍。向秀注意到道教长生理论中的疑点，他在《难嵇叔夜养生论》中言："又云'导养得理，以尽性命，上获千余岁，下可数百年'，未尽善也。若信可然，当有得者。此人何在？目未之见。此殆影响之论，可言而不可得。"释道安也从道教长生

---

① 《妙法莲华经·观世音菩萨普门品》。
② 《正法华经·光世音菩萨普门品》。
③ （汉）牟子：《理惑论》，（南朝）释僧祐：《弘明集》，刘立夫、胡勇译注，北京：中华书局2011年版，第31页。

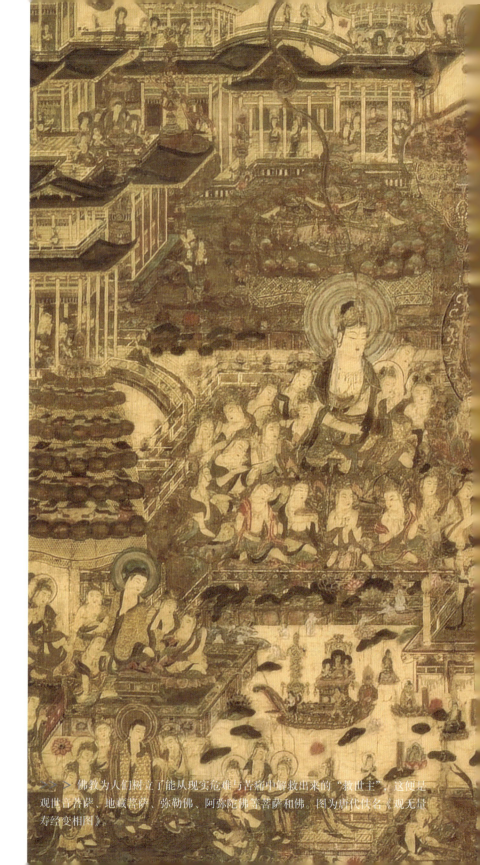

佛教为人们树立了能从现实危难与苦痛中解救出来的"救世主",这便是观世音菩萨、地藏菩萨、弥勒佛、阿弥陀佛等菩萨和佛。图为唐代佚名《观无量寿经变相图》。

不死的悖论出发，非难道教："纵使延期，不能无死。""轮回说"却不同。首先，它承认人肉身必灭，但"散之必聚"，人的灵魂经过轮回后，还将"随复受形"，这一说教使人们对现世的死亡不那么恐惧，而有一种"二十年后又是一条好汉"的希望。其次，它强调来生形象与命运由今世善恶决定，这一说教使人们以为今世的苦痛是前世的恶行报应，从而不得不认命，并进而为来世的好运作"善"的努力，骚动情绪大为消除。它关于生死问题的新解释，使得时人耳目一新，"王公大人，观生死报应之际，莫不瞿然自失。""通人"亦"多惑焉"，以至"竭财以赴僧，破产以趋佛"。

不仅上层贵族，下层民众中信佛者大有人在，南北朝诸帝亦多信释教。刻于洛阳龙门石窟宾阳洞中的《帝后礼佛图》生动地表现出这样一种宗教热忱——北壁的孝文帝头戴冕旒，手持熏炉，在擎宝盖、执羽葆的侍从们的簇拥下向南行走；南壁的文昭皇后则头顶华冠，在十余名侍女簇拥下向北行进。两列礼佛队南北朝向，严谨对仗，画面布局华丽，气氛浓烈。

在北魏帝王的推动下，北魏都城洛阳，城中佛寺竟达 1 367 座，一些小小的里坊，也建置起 10 所佛寺。建于 516 年（北魏熙平元年）的永宁寺规模宏大，其僧房楼观达 1 000 余间，寺中心有 9 层方形木塔 1 座，高达 136.7 米，与埃及金字塔、斯特拉斯堡大教堂不相上下。寺塔上悬金铎 130 枚，"至于高风永夜，宝铎和鸣，铿锵之声，闻及十余里"[①]。据说，来自南亚的菩提达摩来到洛阳后，看见永宁寺金盘炫目，光照云表，宝铎含风，响出天外，不由"口喝南无，合掌连日"，赞叹不已。印度佛雕艺术，也顺随佛法弘扬之旅，在高昌、库车、敦煌、麦积山、云冈、龙门觅得立足之地，构成一条辉煌而绵长的佛教石窟寺艺术锦带。

---

① （北朝）杨衒之：《洛阳伽蓝记》卷一《永宁寺》。

南朝佛教凭依梁武帝一类佞佛帝王的倡导，声势也大为烜赫，《南史·郭祖深传》记载道："都下佛寺五百余所，穷极宏丽。僧尼十余万，资产丰沃。所在郡县，不可胜言。"唐代诗人杜牧更有"南朝四百八十寺，多少楼台烟雨中"的名句，展现了六朝江南佛风的劲吹。

与佛教迅速播扬的同时，由鸠摩罗什领导的佛经译业也大规模展开。这一期的译师中印度人占半数，佛书翻译也颇有系统。摄论、俱舍、地论、成实、三论、天台、华严、戒律、禅、净土等宗要典，大都译自此期，其译文的准确、选择经论的见识、翻译的技巧均较前期大有进步。在此基础上，众多佛教学派如涅槃、成实、三论、毗昙、地论、摄论、楞伽等派先后确立。凡此种种，无不宣明来自南亚次大陆的佛教，已跻身于中国文化系统，成为与儒学、道教鼎足而立的一支意识形态。

二 本土文化对佛教的排拒

"白马驮经"引起南亚佛教与中国儒学两大古老文化的相遇。自此，南亚文化源源不断进入中国。然而，佛教文化以一种异质文化进入中国文化系统，其传播绝不可能畅通无阻，它不仅受客观条件的影响，如地理环境和传播媒介，而且受到本土文化的强大排拒。随着佛教势力的日益壮大，佛教文化与中国本土文化的冲突日益鲜明，日益激烈，当若干政治、经济因素介入其间，冲突甚至以爆发性的对抗出现。

佛教与中国文化的冲突，凝聚于伦理纲常和夷夏之辨两大焦点。

第一，伦理纲常。伦理纲常是中国传统文化的内核，它不仅构成中国政治统治的精神支柱，而且成为各类文化观念的出发点，然而，佛教在这一切关宏旨的问题上，却"无君无父"，表现出一种逆反性，与儒家忠孝伦理观念发生根本性冲突。

中国伦理观念中，"孝"至为关键。《孝经》称："夫孝，德之本也。"又言："夫孝，天之经也，地之义也，民之行也。""孝"的根本原则是"善事父母"，因此，子女必须珍惜自己的发肤："身体发肤，受之父母，不敢毁伤,孝之始也。"① 子女还必须努力繁衍后代,因为,"不孝有三,无后为大"②。但是,佛教徒出家要剃除须发,又受"不邪淫"之戒,不得婚配,更要宣称将自己的身心性命皈依佛、法、僧三宝,如此宗教趋向,当然为恪守孝道的儒教文化所不容。孙绰作《喻道论》,引时人抨击之论:"周孔之教,以孝为首……而沙门之道,委离所生,弃亲即疏;刊剔须发,残其天貌;生废色养,终绝血食;骨肉之亲,等之行路;背理伤情,莫此之甚。"③ 南齐道士借张融作《三破论》,亦以抨击佛教违背孝道为宗旨。

由"孝"引申开去,佛教与中国文化的冲突在"忠"这一敏感观念上也激烈展开。

根据儒家观念,"孝"与"忠"统一不可分离,"孝"为内核,"忠"为"孝"的放大。《战国策》说:"父之孝子,君之忠臣也。"《孝经》言:"以孝事君则忠。"《后汉书》言:"求忠臣必于孝子之门。""忠"便必须遵循"为臣之道",以君为纲。然而,佛教却有"不敬王者"的传统。东晋慧远著《沙门不敬王者论》五篇,从各个方面论证佛教徒应置身王法之外。他认为,作为一个俗民,毫无疑问应该"奉法",做一个"顺化之民";然而,出家者为"方外之宾",与现世社会不再有联系。既然身处方外,"迹绝于物",自然也须"变俗",不再受世俗礼法道德约束,所谓"礼敬王者"的礼制遂不应加于佛门之上。"沙门不敬王者"论激起凶猛的回击。东晋成帝时,庾冰代成帝诏令"沙门应尽敬王者",激烈谴责佛教违背了"百代所不废"的"君臣之序",破坏了王教一统格局。北周武帝则以政权力量来解决君权与神权的关系,他在废佛时宣称:"帝王即是如来,宜停丈六;王公即是菩萨,省事

---

① 《孝经·开宗明义第一》。
② 同上。
③ (东晋)孙绰:《喻道论》,《弘明集》,北京:中华书局2011年,第82页。

文殊。"①

第二，夷夏之辨。佛教不仅因违背伦理纲常，与中国传统文化发生激烈冲突，而且因其文化的外来性，遭到中国传统的夷夏观念的强有力排拒。夷夏之别的观念产生于春秋时代，所谓"裔不谋夏，夷不乱华"为华夏族的重要观念，经《公羊传》发扬，又衍成"内诸夏，外夷狄"之本土文化总纲，显示出一种文化的排他性。佛教自外域传来，理所当然地同"夷夏之辨"理论发生冲突。

本土文化以"夷夏之大防"的立场向佛教发动攻击，在佛教传来不久的汉代便已见端绪。《理惑论》中有一段问难，"问"者引孟子"吾闻用夏变夷，未闻变于夷者也"之语，责难牟子舍华夏而"学夷狄之术"，正反映了坚守"夷夏"大防的文化心理。东晋赵石虎的中书著作郎王度称"佛，外国之神，非诸华所应祠奉"，表现出强烈的文化排他性。此外，如荀济斥佛教为"本中国所斥，投之荒裔，以御魑魅者也"，北魏太武帝称佛教是"胡妖""胡神"，盖"西戎虚诞，妄生妖孽"，则从盲目排外流于一味辱骂。

在以夏非夷的诸论中，若干学者注意从民族性的角度来分析佛教与中国传统文化的互不受容，如何承天在《答宗居士书》中认为："中国之人，禀气清和，合仁抱义，故周孔明性习之教；外国之徒，受性刚强，贪欲忿戾，故释氏严五戒之科。"南朝宋末顾欢作《夷夏论》，分析中夏、西戎不同的民风和民俗说：

> 其入不同，其为必异，各成其性，不易其事。是以端委搢绅，诸华之容；翦发旷衣，群夷之服。擎跽磬折，侯甸之恭；狐蹲狗踞，荒流之肃。棺殡椁葬，中夏之制；火焚水沈，西戎之俗。全形

---
① （唐）释道宣：《叙任道林辨周武帝除佛法诏》，《广弘明集》，上海：上海书店1989年版，第8页。

守礼，继善之教；毁貌易性，绝恶之学。①

在强调"中夏之性"与"西戎之法"性格全然相异的同时，顾欢以一种恐惧心理，指出佛教文化以及跟随佛教文化一同进入中国的夷俗已经在改变本土文化面貌。于是他强烈呼吁"法不可变""舍华效夷，义将安取"②？

进入中国文化系统的佛教，不仅受到传统伦理观念的抵制、夷夏观念的排斥，而且还受到中国本土无神论思想的挑战。东晋以来，孙盛、何承天撰文批评佛教的神不灭论思想。到了齐梁之际，范缜作《神灭论》，系统提出形质神用理论，指出形体是质即实体，精神是形体的作用，形亡神灭，给佛教"神不灭论"以沉重打击。

对于中国文化系统排拒佛教的多面性，释僧祐与颜之推有所总结。释僧祐在《弘明集后序》中列举社会上有"六疑"：一疑经说迂诞，大而无征；二疑人死神灭，无有三世；三疑莫见真佛，无益国治；四疑古无法教，近出汉世；五疑教在戎方，化非华俗；六疑汉魏法微，晋代始盛。颜之推的《颜氏家训·归心篇》则云：

> 俗之谤者，大抵有五：其一，以世界外事及神化无方为迂诞也；其二，以吉凶祸福或未报应为欺诳也；其三，以僧尼行业多不精纯为奸慝也；其四，以靡费金宝减耗课役为损国也；其五，以纵有因缘如报善恶，安能辛苦今日之甲，利益后世之乙乎？

如上"六疑""五谤"，分别从理论、政治、历史、经济、文化各个角度对佛教展开抨击，指斥佛教虚妄不真、不合古法、有碍国政、有乖

---

① （南朝）萧子显：《南齐书》卷五十四《列传第三十五·顾欢传》，北京：中华书局1972年版，第931页。
② 同上书，第932页。

华俗，由此显示出本土文化系统对外来的佛教文化的强大排拒。

在佛教与中国传统文化的冲突中，儒家自然扮演维护正宗文化的主力军角色，而道教则给予儒家强有力的支持。在洛阳白马寺南门外有两个夯土圆丘，传说是东汉释道焚经台遗址。据说，东汉年间，当佛教初入中土，五岳道士上书明帝，要与西域来的佛徒比试真伪。明帝遂下令在白马寺南门外筑二高台，令道士捧道经登西台，和尚捧佛经、佛像登东台，然后以火焚经，当场较量。道经顷刻化为灰烬，佛经则不但不燃，且现五色神光，从此佛教大兴。

焚经台的故事当然是后人虚构的，但它从一个侧面映现出那一时期包括道教在内的中国本土文化拒斥外来文化的动向。佛道二教的冲突，除了因文化性质不同而产生的不相容性外，还有一个在宗教领域排斥对方、争取教主地位的内在动因。道教编造老子西游化胡成佛的故事，以佛祖为道教的弟子，《老子西升经》《老子化胡经》便是这类作品。佛教徒为回击道教，也伪造经典，称佛遣三弟子震旦化教，儒童菩萨为孔子，净光菩萨为颜回，摩诃迦叶为老子，将儒道宗师贬为佛门弟子，双方枪来剑去。佛道二家不仅互争正统，而且相互诋毁教义，颉颃冲突。至北魏太武帝时，嵩山道士寇谦之积极策动反佛，而太武帝拓跋焘为把自己的胡人政权改扮成华夏正统的形象，竟杀戮沙门，扬道灭佛，造成中国文化史上道教文化与佛教文化的流血冲突。其后的北周武帝毁佛与唐武宗灭佛，也与道士的策动有大干系。

三　外来佛教的本土化

在中国本土文化的强大抗拒力面前，佛教文化表现出惊人的调适性，即积极依附、融合本土文化思潮，改变自身面貌，以适应中国文化的生态环境。

佛教的自我调适从入华之初就已开始。两汉时期，中国盛行神仙方术，当时来华的译经家也便风云星宿、图谶运变，莫不钻习。魏晋时期,玄学兴起,佛教学者遂以佛理附会玄学。例如,慧远在讲经中"引庄子义为连类"。支道林为《庄子·逍遥游》注疏,并作《逍遥论》,其玄言妙趣"拔新理于向、郭之表"。译经家在译经时,把梵语tathatā径直译为玄学中的重要概念——本无。这一时期流行的般若学各派别,在教义分歧上也大体与玄学各派相呼应,如本无派观点接近于玄学的贵无派、心无派的观点接近于崇有派。为了消除中国士人的排拒心理,佛教学者们不仅在教理上附会玄学,而且在生活风貌上也模拟魏晋名士风度,口诵"阿弥陀佛"的僧人竟一改"乞胡"习性,"神风清潇"。如支道林养马养鹤,玄风翩然。竺叔兰"性嗜酒,饮至五六升方畅,常大醉,卧于路傍",大有竹林名士放诞不羁的味道。

佛教不仅在义理佛教一支上积极附会、迎合士人好习,而且在民俗信仰上,佛教也积极依附中国民间习俗。佛教在民间的传播,主要借助于宣唱形式,而六朝时期的唱导经师颇注意从中国传统民间艺术中吸取营养,诚所谓"世间杂技及耆父占相,皆备尽其妙"[①]。他们更十分高妙地采用"投其所好"的手段,针对听众身份、修养的不同,在唱导时分别采用不同的内容、形式:

> 如为出家五众,则须切语无常,苦陈忏悔;若为君王长者,则须兼引俗典,绮综成辞;若为悠悠凡庶,则须指事造形,直谈闻见;若为山民野处,则须近局言辞,陈斥罪目。凡此变态,与事而兴,可谓知时知众,又能善说。[②]

此种"知时知众""应变无尽"的弘扬教法活动必然深刻地改造佛教本身,进而促成佛教在中国文化土壤上生根、发展。佛教在改造自己

[①] (南朝)释慧皎:《高僧传》卷十三《唱导》,北京:中华书局1992年版,第517页。
[②] 同上书,第521页。

的宗教哲学、传教方式的同时,也在政治理论上竭力迎合儒家伦理道德观念。印度佛教与主张种姓制度的婆罗门教不同,认为"在自然律面前一切众生平等"①。这种众生平等的理论,在等级森严的中国传统社会中显然是不和谐的音符。于是,佛教学者对佛经中有关人际关系的说教根据儒家纲常名教加以调整,更积极译出或制造出颇为丰富的与"孝"有关的经典,如《佛升忉利天为母说法经》《六方礼经》《佛说父母恩重难报经》《四十二章经》《佛说孝子经》《佛说睒子经》等。其中若干佛经显然不是来自南亚佛教基地,而是就地取材于中国"孝"的经典,如《父母恩重经》便是参照《孝子经》《盂兰盆经》而改造成。

儒学排斥佛学,有"泾渭孔释,清浊大悬"②之论。而佛学则竭力迎合儒学,东晋后期佛教领袖慧远在《沙门不敬王者论》中直接提出"佛儒合明论",声称儒佛为"内外之道,可合而明"③。在佛教思潮的影响下,一些士大夫也开始主张儒佛不异。东晋文学家孙绰作《喻道论》,声称:"周孔即佛,佛即周孔,盖外内名之耳。……周孔救极弊,佛教明其本耳,共为首尾,其致不殊。"刘勰也在《灭惑论》中言:"孔释教殊而道契,解同由妙。"一些儒者还采取佛学中义疏体的形式来作儒义疏,南朝皇侃《论语义疏》则用佛理来解释儒学。

至隋唐时期,在寺院经济高度发展、判教活动广泛展开的基础上,纯粹具有中国特色的佛教宗派相继展开,这就是天台宗、华严宗、禅宗、净土宗。称以上"四宗"为地地道道的中国佛教宗派,至为关键的一点在于它们无不张扬"心性本觉",从而与主张"心性本净"的印度佛教在佛学核心问题上划清了界限。

所谓"心性本净"是指众生之心本来就是清净的,如白纸一张;而

---

① [英]渥德尔:《印度佛教史》,王世安译,北京:商务印书馆1987年,第150页。
② (东晋)释道安:《二教论·儒道升降》,《广弘明集》卷八,上海:上海书店1989年,第8页。
③ (东晋)慧远:《沙门不敬王者论》,《弘明集》,北京:中华书局2011年,第326页。

所谓"心性本觉"则指众生本来觉悟。现当代学者吕澂对由"心性本净"与"心性本觉"两命题所展开的不同佛学面貌有精辟的论述,他指出,本净只不过是清净,要由清净到觉悟还有一个长距离,故印度除释迦外,别人都不是佛。而在中国,既然心性本来觉悟,那么人人生来即是佛。与此密切关联,中国佛学遂有顿悟之说。这是因为,心性本来觉悟,只不过人们尚未醒觉,一旦当头棒喝,便大悟禅机,顿得佛果。而印度佛学根本不承认顿悟,以为心性虽本净,但却不断为客尘所杂染,要去掉客尘,必须"时时勤拂拭",有旷日持久之功,故成佛道路异常艰难。值得注意的是,性觉论实际上是儒家性善论的佛教版,而"顿悟说"的产生也与中国文化的特性大有干系。南朝宋时的谢灵运对此有重要论述,他说:"华民易于见理,难于受教,故闭其累学,而开其一极;夷人易于受教,难于见理,故闭其顿了,而开其渐悟。"①谢灵运认为,"累学"与"渐悟"这一套为印度民族乐于接受,却不受容于华人世界,中国的民族性决定了中国士大夫倾向于用"见理"的方式学习佛教,用"顿了"的方式理解解脱。谢灵运又指出,源出中国本土的孔子学说,其特征便是注重"顿悟",不讲"积学"。由此可见,隋唐时期佛教各派的"性觉""顿悟"之论是为适应中国文化、融合中国文化,而产生出来的中国式的佛教理论。

由"心性本觉"的命题出发,天台、华严、禅、净土诸宗莫不提倡"方便"成佛法门。如天台宗鼓吹入山得灵芝和丹药,先"成就五通神仙",再成为佛。禅宗鼓吹"不立文字",自心觉悟,只要认识到"我心即佛""我心即山河大地",就能彻悟佛法真谛。净土宗亦主张,修行佛法者不一定要通达佛经、广研教乘,也不一定要静坐专修,只要信愿具足,一心称念"南无阿弥陀佛",始终不怠,便可往生净土。颇为意味的是,净土宗的"易行"在印度本土曾被大加抨击,认为是"懦弱怯

---

① (南朝)谢灵运:《与诸道人辨宗论》,《广弘明集》卷十八,上海:上海书店1989年,第14页。

劣，无有大心，非是丈夫志干之言"。在中国，其"易行易悟"的特性却大受欢迎，被认为是"可以情惝趣入"的绝妙法门。天台诸宗倡"方便"、重易行、好简约的成佛原则，一反印度佛教教理，体现出典型的中国式性格。

相继成立于隋与初盛唐的中国佛教宗派，不仅在佛理上是中国式的，而且在价值取向上也具中国品格。印度佛学以出世和个人"解脱"为价值取向，而中国佛学则宣扬功德度人、注重入世。禅宗六祖慧能以一派宗教领袖的身份，竟提出"勿离世间上，外求出世间"[①]的命题。元朝宗宝对慧能之意心领神会，他在《六祖大师法宝坛经》中将慧能的偈语作如下解释："佛法在世间，不离世间觉。离世觅菩提，恰如求兔角。"中国文化"经世—入世"的性格溢于言表。

隋唐时期南亚佛教的本土化是全方位的，几乎与教理中国化的同时，佛教造像艺术与"弘扬佛法"的佛教音乐也走向全面中国化。

随佛教播扬于中国，"用佛像来表现释尊和其门徒"的造像艺术亦在中土迅速张大。云冈、龙门、敦煌、炳灵寺、麦积山诸石窟的开凿宣示中国本土上出现了前所未有的造像热潮。此种热潮至盛唐发展到巅峰，与此进程一致，造像艺术也益渐消失犍陀罗与芨多风格，日趋民族化。晋魏佛教造像，其稿本是从犍陀罗传来，故犍陀罗样式占据主体地位，佛像印度风味十足。"龙门期"的塑像，虽大有秀骨清相的六朝名士风度，但额宽鼻隆，眉眼细长，头发呈波浪状，上身袒露，显示出浓重的印度艺术风貌。隋至初唐塑像，面貌大不与晋魏塑像同，其面相丰满，鼻梁降低，脸部线条趋向柔和，显得雍容厚重，富有中华人情味，外来雕塑艺术中国化的趋向已十分明显。迨全盛唐，造像艺术一方面圆熟洗练，饱满瑰丽，达到高度成熟境地；一方面抛弃对外来技法的模拟，全然本土化、民族化。如莫高窟中的菩萨身段秀美、气度

---

① （唐）慧能：《坛经》，郭朋校释，北京：中华书局1983年，第72页。

>>> 云冈、龙门、敦煌、炳灵寺、麦积山诸石窟的开凿宣示中国本土上出现了前所未有的造像热潮。图为当代张俊明《石窟艺术》。

娴雅，修长的眉眼，表现了无限的明澈与智慧；小小的嘴，温柔而又妩媚；薄薄的衣裙，飘飘欲动。与其说是宗教里的神，不如说是唐代现实生活中善良、美丽的人。龙门奉先寺的卢舍那佛，更是中国化佛像的最高典范。这位大佛身着中国式的圆口衲衣，面庞典雅丰腴，目光安详扫视下界，仿佛在默想深不可测的哲理底蕴，其神情柔美、含蓄、飘逸，古代中国人向往的崇高、庄严之美被表现得淋漓尽致。《五灯会元》说，唐代雕塑家"善塑性，不善佛性"。确实，魏晋时期进入震旦大地的印度造像艺术，至此已脱离其文化母胎而完成了艺术风格的中国化、民族化。

佛教音乐的发展态势也与此相仿。"佛曲者源出龟兹乐部"，龟兹乃天竺佛教传入中国的中转站之一，其佛曲不可避免地染有天竺风。而魏晋时期的佛曲音乐家们，亦多为祖籍西域的高僧们。然而，在中国文化的包围中，佛教音乐如同佛教文化的其他分支——教理、戒律、造像艺术等，不可避免地走向中国化。佛教音乐的主要功能在于以音乐形式"赞佛功德"，弘扬佛法。为此不得不"知时众"，适应俗众好习，从而趋向大众化、通俗化、普及化，亦即中国化、民族化。佛教音乐的大众化、通俗化在魏晋南北朝便有明显势头，迨至唐代，其规模与气势更前所未有。韩愈《华山女》诗曰："街东街西讲佛经，撞钟吹螺闹宫廷。"姚合《听僧云端讲经》诗曰："远近持斋来谛听，酒坊鱼市尽无人。"二人诗句逼真地描述了其时俗讲之盛，而中国化的佛教音乐活动则受到各阶层俗众的欢迎。所谓"听者填咽寺舍"，所谓"士女观听，掷钱如雨"，所谓"未及吐言，抛物云奔，须臾坐没"，皆描写了俗众的狂热，展现出佛教音乐在唐代赢得了从未有过的广大听众。正宗佛统维护者道宣曾对佛典"得唯随俗"的中国化改造，表示强烈的不满，以为"声呗相涉，雅正全乖"，岂不知这正是外来文化在中国文化土壤中存身的必然途径。顺应佛曲中国化、民族化的大势，唐玄宗于754年（天宝十三年）七月十日勒石太常，宣布将《龟兹佛曲》《急龟兹佛曲》等佛曲的胡名更改为汉名，如《龟兹佛曲》改为《金华洞真》、《急龟兹佛曲》改为《急金华洞真》。唐玄宗此举明确地标示了外来佛曲在经历脱胎换骨的文化改造后，终至以彻底中国化、民族化的面目展现于世。

唐时中国文化受容、融合外域文化是多方面的。佛经翻译，使中国语言系统注入大量外来语，至今仍为中国社会各阶层沿用的习语，如生老病死、宿命、清凉、一瓣心香、昙花一现、聚沙成塔、慧眼、横死等都源自佛典。佛画的灿烂融于唐画家笔下，与中原技法整合，化为气魄雄伟、色彩灿烂、作风豪迈的唐代绘画。佛塔进入中国，也被中国人加以理性改造，窣堵波的充满宗教意味的半球形遂演化为观赏性的方形楼阁式。外域乐舞经本土文化消化亦趋更换面貌。李颀所言"此乐本自龟兹出，流传汉地曲转奇"[①]，便道出了中国文化对外域乐舞的再改造。在科技领域，唐代《大衍历》直接参照了印度历法；印度制糖技术传入中国后，经中国技工加以发展，"色味愈西域远甚"。

总之，进入中国的佛教文化，凡对中国文化起补缺作用，与中国文化有亲和力的因子都被吸收，被加以消化、改造，不适合中国文化特性的文化因子则终归被淘汰。法相宗的衰落，便鲜明地显示出这一态势。法相宗的创始者，是大名鼎鼎的玄奘。此位著名高僧不辞辛劳，西行取经，企图用从印度带回的释迦教义，统一一代佛学，然而，坚持印度佛教理论纯洁性、原版性和系统性的法相宗，诚然具有正统气派，但在中国文化的伦理—政治型土壤中，却无生存与发展余地，于是，法相宗在兴盛了三四十年后就骤然衰落，其"昙花一现"的中绝命运颇值得人们深思。

---

① （唐）李颀:《听安万善吹觱篥歌》,《唐诗三百首》卷二，北京：中华书局1959年，第6页。

第三节

伊斯兰教、景教、天主教的传入

13世纪蒙古帝国的兴起,揭开了中西交通史上重要的一页。成吉思汗及其继承者建立了历史上前所未有的庞大帝国,从太平洋西岸直到黑海之滨,欧亚大陆的大部分都处于其统治之下,从前的此疆彼界尽被扫除。忽必烈定都大都后,大都城里也聚集了来自亚欧各地的贵胄、官吏、卫士、传教士、天文学家、阴阳家、建筑师、医生、工程技术人员,以及乐师、美工、舞蹈家。在空前开畅的文化交流格局中,中国文化与外域文化的文化交流绚丽多彩地展开。

一 回族的形成与伊斯兰教的传入

蒙古帝国对欧亚大陆的征服,使中国西部和北部的边界实际上处于开放状态,阿拉伯、波斯和中亚的穆斯林大规模往中国迁徙。诚然,穆斯林入华早在唐代便已开始,但其势头却远不及元代。首先,唐宋时来华的穆斯林多为商人,而元代进入中国的穆斯林多为随军征战的士兵和工匠,他们南征北战,多数未带家眷,来华后随地择偶,通婚融合者剧增;其次,唐宋时来华的穆斯林只能在东西北边疆、沿海商埠和京畿附近长期居住,在元代他们不仅深入内地,如河西走廊及陕西、河南、山东、云南等地,而且特别选择土地肥沃、交通便利之处定居,诚所谓"居其津要,专其膏腴";再次,唐宋时来华穆斯林除少数外,多为紧随伊斯兰教广为传播的足迹,伊斯兰之礼拜寺在各地修缮兴建,除长安清教寺、广州怀圣寺、泉州清净寺被大规模重新修缮之外,在燕京、和林、杭州、定州、鄯阐(昆明)等地都建有著名教寺。随着伊斯兰教的日渐深入中国社会,必然带来自身中国化的改造。在宗教建筑上,中国大多著名的清真寺基本上摆脱了阿拉伯和中亚的建筑模式,而采纳了中国传统的合院建筑样式。清真寺门前左龙右虎,寺内大殿居中,大殿两侧厢堂比列,楼阁对起,碑亭逢峙,画栋雕梁,刻楹涂壁,悬匾挂联,"望之外表,几与僧道庙观无稍差异"。在宗教习俗上,中国穆斯林称穆斯林传统节日"古尔邦节"为"忠孝节",并往往在穆斯林传统丧葬礼仪外补充"重孝"之礼,如披麻戴孝、号啕大哭、抬棺出殡、为亡人念经祈祷等,显示出中国传统文化对伦理亲情的格外注重。在教理上,中国穆斯林学者摄取儒者之学,"会同东西",创立了特有的凯拉姆体系,即以儒家思想阐发伊斯兰教教义的宗教哲学。在宗教体制上,中国穆斯林推出教坊制,所谓教坊即以一个清真寺为中心的穆斯林聚居区,它由该地区的全体教徒组成。教坊既是一个独立的、地域性的宗教组织单位,又具有鲜明的宗法性。教坊的教长或掌教,或者本身就是穆斯林地主,或者直接受到统治者的扶植。这种体制显然是伊斯兰教与中国宗法专制制度相结合的产物。伊斯兰教的中国化,使它在中华土壤上落地生根,不仅对中国回族的形成与发展,而且对其他一些民族的政治、经济文化产生了广泛的影响。

二 景教的复苏与天主教的传入

元代中西交通的开辟,亦为基督教入华创造了有利的气候和土壤。元时入华的基督教,即元人所称的"也里可温"有两大派别,其一为曾流行于唐代的景教,即基督教聂斯托里派;其二为远西新人——罗马天主教。

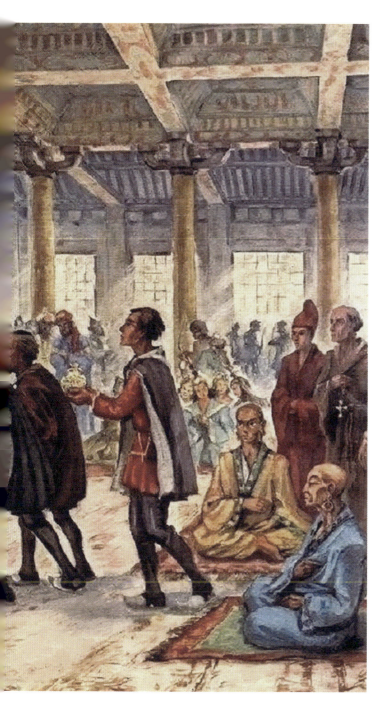

>>> 罗马天主教的来华，萌发于罗马教廷与元帝国的外交往来。忽必烈接见了来自欧洲的商人——马可·波罗的父亲尼柯罗和其弟马菲奥，决定派遣使节和他们一同出使罗马教廷。图为佚名《马可·波罗参拜忽必烈》。

景教初入中土，当在盛唐之初，其时"寺满百城，家殷景福"，颇具规模。然而，公元9世纪，唐武宗在大规模毁佛时，对"外国之教"——景教也加以废除。自此，景教在中原地带的传播势头顿颓，仅在唐王朝政令所不及的西北边远地区如蒙古、畏兀儿、乃蛮、克烈等地继续存在发展。

蒙古铁骑对中原的征服，为景教卷土重来开辟了通道。随着蒙古族入主中原，景教又开始盛行起来，其教徒遍及山西、陕西、甘肃、河南、山东、直隶，以及广东、云南、浙江等地，其教堂则遍布大江南北，不仅北方的燕京、甘州、宁夏广设景教传道机构，就是南方的镇江、杭州、泉州、扬州、温州等地也遍设教寺。

对于在华景教来说，罗马天主教可谓姗姗来迟者。罗马天主教的来华，萌发于罗马教廷与元帝国的外交往来。蒙古铁骑的西征，如电闪雷鸣，震惊了欧洲各国，为阻止蒙古汗国对基督教世界的进一步征战，罗马教皇频频派出使节，责难蒙古人虐待基督教徒，并以上帝的名义相警告，然而，教皇所得到的答复却是蒙古大汗态度强硬的谕降诏书。忽必烈登极后，蒙古汗国态度发生改变。忽必烈接见了来自欧洲的商人——马可·波罗的父亲尼柯罗和其弟马菲奥。接见时，忽必烈详细询问了欧洲的情况，并决定派遣使节和他们一同出使罗马教廷。在给罗马教皇的文书中，忽必烈请教皇选派100名熟知教律、精通"七艺"的教士来中国，元朝主动遣使和罗马教廷通好的信息传到欧洲，使罗马欣喜若狂，以为这是基督教世界的莫大光荣。

1289年，罗马教皇派遣方济各会教士约翰·孟德高维诺出使东方，传送写给阿鲁浑汗、窝阔台汗国海都汗和大汗忽必烈的信件。在此之前，罗马教廷虽与蒙古汗国多有遣使往来，但都只限于政治、经济、军事的动机，至于全然以传教为鹄的，约翰是踏上中国领土的第一人。约翰抵达大都后，经元朝廷允许，开始一系列宗教活动。他在大都先后兴建了两座教堂，并学会蒙古语言文字，译出《新约》和祈祷诗篇，以教授信徒。几年中他为六千多人行了洗礼，广泛地扩大了天主教的影响。鉴于他卓越的传教工作，1307年，罗马教廷任命他为大都和中国教区大主教，又派了若干教士来华协助他，中国天主教的教务更为发达。传教触角渐从元大都向外地扩展，教徒亦发展至三万余人。

然而，元代基督教虽盛极一时，却与中国社会、文化处于一种游离状态。基督教自入中国本土，便与传统儒、道、释三教发生冲突，"先生言道门最高，秀才人言儒门第一，迭屑人奉弥失诃言得生天"[①]，佛教则以为所有教派"皆难与佛齐"。在这场思想抗衡战中，基督教虽然也注意到使用中国所熟悉的一些宗教语言和某些形式，但并未结合中国国情，像先行的南亚佛教和后来的中亚伊斯兰教那样实行根本性的中国化改造。对于中国本土成熟而又强大的儒学与释、道二教，基督教既无法战而胜之，又不像早先佛教那样对中国思想流派或附会、或融合、或结成同盟，而是一味凭借官方支持加以排斥。1290年（元至元二十七年），景教徒在镇江建教堂时，竟倚势将历史悠久的佛教金山寺霸占；1304年（大德八年），温州也里可温"将道教法箓先生侵夺管领""动致争竞，将先生人等殴打"[②]，致使佛教徒、道教徒大哗。在传播阵地上，基督教虽较为广泛播传于城镇，但未能深入农村，到广大农民中去寻求基础。凡此种种，皆决定了基督教在元代思想意识系统中只据一个次要的补充地位。迨至元朝灭亡，后继的王朝统治者由于内外矛盾，改变了宗教宽容政策，而罗马教廷又在各方面冲击下威势下降，基督教又一次绝迹于中原，退出中国的历史舞台。

---

① （元）释祥迈：《大元至元辨伪录》卷三，北京：北京图书馆出版社2002年，第20页。

② 《元典章》卷三三《礼部六》，陈高华等点校，北京：中华书局2011年，第1143页。

第八章

高峰迭起的文学

中国文学的巨流从它奔腾跃进的最初阶段，就带着鲜明的民族特色。

中国是诗的国度，中国文学的首唱是诗，先民们选择了简洁、反复回增的歌谣形式作为他们素朴情感与纯朴理想的表达媒介。自此，文学创作的主流便在"抒情诗"这种文学类型的开拓中逐渐定型，终而会集成标志中国文学特质的抒情传统。严格意义上的小说（尤其是长篇）和戏剧兴起颇晚。尽管宋元以降，出现了一些新的文学类型，如话本小说、传奇戏剧，但抒情传统仍然支配着士大夫，抒情精神亦依然是文士共通的文学意识。

中国文学还以连绵不断著称于世。中国文学的发展历程如长河奔流，没有出现过大段起落的中绝局面。以上古神话启其端绪，先秦的《诗经》、楚辞和诸子散文，汉代的赋，魏晋的诗文，唐诗，宋词，元曲，明清小说接踵而起，数千年间一种文学样式由盛而衰，另一种文学样式又由隐而显，此伏彼起，高峰迭见。这在世界文学史上可以说是绝无仅有的奇观。

第一节

神奇瑰丽的上古神话

每个民族，都有自己的神话。它是初民对于自然现象的解释，也是初民的生活与斗争、愿望与要求的艺术反映。神话是民族远古的梦与文化的根。它在后来的时代与后来者的心中具有"永久的魅力"。

一 "百川归海"的上古神话

在上古时代，由于生产力低下，交通阻塞，各地域间人员和思想文化的交流十分缓慢，规模也极为狭小，部落、氏族都囿于一个狭窄的天地，分别创造着自己的物质文明和精神文明，各个部族都有自己的图腾、自己的神话。同是一条黄河，上游、中游、下游的人们分别塑造了差异很大的河神形象，各自加以崇拜。

就中国上古神话而言，大致可以分为北部、中部、南部三个区划，而不同地域的神话，其发展面貌各有特色。

北部神话。黄河流域是中华民族文化的发祥地，四五千年前，华夏部落的两大亚族——黄帝一支与炎帝一支，活动在这一区域。从种种迹象看，华夏集团创造过许多神话，只是因为中原人思想的特征是喜平淡，造成了文学上的浪漫主义发展不够充分，以至北部神话大批风流云散，现仅在秦以后的《淮南子》《列子》等书籍中保留了一些片段，如女娲补天、共工触不周山、北山愚公移山、黄帝大战蚩尤等。

中部神话。长江流域的文化发展,略后于黄河流域。这一地区的古代部族集团,曾被称作蛮,有时又叫苗,总称苗蛮集团。苗蛮的巫祝文化发达,所谓楚人"信巫鬼,重淫祀",盛产神话,中部的文学遂以浪漫主义见长。因此,中部神话可谓得天独厚,比北部神话保存得较为丰富,如屈原的《离骚》《九歌》《九章》《远游》等诗篇,便有许多优美动人的神话与多彩多姿的神话角色,如驾龙辀、载云旗、着青衣白裙、举长矢射天狼的太阳神(东君),有与洪水斗争的鲧、禹父子,射十日、杀凶兽的羿,还有"鼓其腹则雷"的雷神、雨神萍翳、风伯飞廉。此外,还有人类的始祖女娲、农业的发明者后稷、驯养牛羊的王亥……充分展示了中国古代神话绚丽多姿的面貌。

南部神话。岭南(今两广)文化的发达,较黄河、长江流域晚一些。在保留浓烈原始遗风的民俗中,南部神话也丰富多采。盘古开天地一类的开辟神话,便孕育在南方的土壤中。

如果按东西方向划分,中国的神话又可区别为西部的昆仑神话系统和东部的蓬莱神话系统。"昆仑的神话发源于西部高原地区,它那神奇瑰丽的故事,流传到东方以后,又跟苍莽窈冥的大海这一自然条件结合起来,在燕、吴、齐、越沿海地区形成了蓬莱神话系统。"①古代神话中,如夸父追日、共工触不周山、羿杀凶兽、嫦娥奔月等故事,都来源于昆仑系统;鲲鹏之变,蓬莱、方丈、瀛洲三神山的传说则来源于蓬莱系统。

以上不同地域、不同系统的神话各自流传,又显现出"百川归海"的态势。例如,相传龙是夏人的图腾,殷人取代夏人以后,殷族的祖先神夔便上升为殷朝全国性的图腾,这就是饕餮。尊崇夏人的周人取代殷人的统治权后,全国性的图腾又转为龙,并一直影响到久远的后世。这便是一个部落的神话,随着国家的建立,借助政权的威力扩及全国的例

---

① 顾颉刚:《庄子和楚辞中昆仑和蓬莱两个神话系统的融合》,载《中华文化史论丛》1979年第2辑。

子。战国中后期以降，昆仑、蓬莱两大神话系统，北部、中部、南部以及西北、西南、东北各少数民族的神话渐趋融合，形成一个多样而统一的、独具特色的中国古代神话系统。

二　中国神话的民族特色

人类文化史的研究表明，由于世界各地区、各民族在上古时代物质生产条件相近，又经历过类似的历史发展路径，大体都经过同一的心理发展阶段，因而在神话中便反映出某些相近的思维趋向。从神话的类型而言，各民族几乎都有开辟神话、起源神话、创造神话、英雄神话。从神话的基本内容来看，相似处也颇多。例如，女娲造人是中国神话系统中流传极为广远的，而在西亚、北非、南欧、美洲、大洋洲和东亚，也都不约而同地存在用泥土造人的神话。如巴比伦的楔形文字记载有神用黏土塑成第一个人的故事，以后希伯来人"借用"这个故事，将其载入自己的《圣经》，产生了耶和华用尘土造出亚当的故事。古埃及也有相似的神话，人是由圣神哈奴姆在陶器作坊里的辘轳上用泥土塑成的。新西兰的毛利人，以为人是由神用掺和血的红土塑造而成的。这些传说，大约与人类在新石器时代都曾经历陶器发明这一社会阶段不无关系。

但是，中国古代神话带有某些独特性格。中国文化以"人"和"人生"为本位，中国的神话也不像古代埃及、巴比伦、印度、希腊那样"神性"十足，而充溢着强烈的人间性、现实性。英雄神都经过充分的"祖先化""历史化"，以至英雄神话与祖先传说难解难分。重整乾坤、身化宇宙的女娲，"斫木为耜，揉木为耒"又"播百谷"的神农，偷盗"息壤"堵塞洪水的鲧，"尽力沟洫，导川夷岳"的大禹以及黄帝、炎帝、蚩尤都不是纯粹的神，而是"祖先化"的英雄神或神化了的祖先。

中国神话中还充满了自强不息的宏大气魄。在世界各国流传的洪水神话中，强调的是上帝的神威和幸存者的侥幸。挪亚方舟、杜卡利翁方舟中的主角便都是无一例外地在神的暗示下，建造方舟而逃脱滔天洪水

>>> 中国神话系统中的鲧、禹故事,鲧、禹父子并不屈从于命运,这个神话还显示了中华民族伦理观念的一个重大特色——极其重视血缘纽带在社会生活中的作用。图为明代佚名《大禹治水图》。

的。而中国神话系统中的鲧、禹故事,虽然同样有天帝用洪水惩罚下民的情节,但鲧、禹父子并不屈从于命运,也没有企图躲入什么"方舟"以避灾难,而是带领民众,以"锲而不舍,金石可镂"的巨大毅力奋起与洪水斗争,鲧甚至为此而惨遭屠戮。同自然环境以及人类社会中的恶势力展开不屈不挠的斗争,终于赢得胜利,便是鲧、禹治水神话的主题

所在。从而显现了"自助者天助之"的中国文化基本思想的萌芽。

鲧、禹治水的神话,还显示了中华民族伦理观念的一个重大特色——极其重视血缘纽带在社会生活中的作用。鲧、禹父子相继,前赴后继治洪水,这与杜卡利翁方舟和挪亚方舟神话中的主人公是杜卡利翁夫妻、挪亚夫妻大不相同。比较东西方这几个最著名的洪水神话,就可以看到中国伦理观念的重心是父子关系、血缘关系,而西方伦理观念则更重视夫妻关系、配偶关系。民族性的差异,在上古神话中已露出端倪。

中国神话还具有鲜明的人民性。这首先表现在中国神话系统的神和英雄都是爱人民的。女娲、伏羲、大禹、后羿都不惜自我牺牲去造福人类，表现出一种利他主义的崇高精神。而希腊神话系统的神和英雄往往戏谑人类、捉弄人类，追求个人的物质、肉体和精神的享受，表现出一种利己性，这也是东西方文化的一种明显差异。

中国神话的人民性还表现在对反抗神的赞颂上。共工、刑天等神反抗天帝或恶神虽然失败了却都进入赞美之列，正流露了民众的正义感和不以成败论英雄的气度。

中国上古神话也有缺憾，这突出表现在散漫性和单调性上。与希腊、印度神话系统不同，中国汉民族神话颇为零散。希腊有一部长达48卷，几近2.8万行的荷马史诗——《伊里亚特》和《奥德赛》，记载、加工了古希腊丰富的神话传说，并形成了一个完整、庞大的神话体系。与此相类似，印度的两部史诗《摩诃婆罗多》《罗摩衍那》也颇具规模。对比之下，中国汉族却没有出现过这样的神话巨著。尽管，从《山海经》《天问》等作品所透露的信息来看，由黄河、长江滋润的东亚大地，也曾繁衍过灿烂、曲折多致的神话，从宇宙的发端、人类的起源、日月星辰的安置，到江河地形的成因、文物器用的发明，都有相应的神话，不过这些神话仅存支离的片段而已。这种情形的造成，与中国文化的特质也密切相关。

日本学者盐谷温认为，中国神话的不发达，其中原因之一，乃是"孔子出，以修身齐家治国平天下等实用为教，不欲言鬼神，太古荒唐之说，俱为儒者所不道，故其后不特无所光大，而又有散亡"[①]。此说是有道理的。中国封建文化的正宗——儒家，历来以"修""齐""治""平"的政治伦理学说为唯一学问，当然不重视对神话的采录。如孔子编辑的《诗》三百篇，就较少搜集神话，《周颂》虽有"百神""上

---

① 鲁迅:《中国小说史略》,《鲁迅全集》第9卷，北京：人民文学出版社2005年，第22页。

帝"字样，但事迹不得其详，成为一种抽象的、概念化的神格。此外，中国古代虽然祭祀十分发达（许多国家、民族的神话正是在祭祀活动中得到保存和发展的）。但自东周以来的中原地区，主持祭祀的大都是"敬鬼神而远之"的儒者，他们极少在祭祀中使用形象的神话材料，主要是运用抽象的道德概念，如天、礼、德等，去阐扬礼教的精义，劝化人们敬天法祖。由于操纵文墨和祭祀的儒者对神话轻视、贬斥，当然导致中国神话的大量湮灭，残存者也发育不健全。诚然，在巫风盛行的荆楚一带，祭祀活动中大量表演神话故事，屈赋中的《云中君》等篇，便是楚人祭祀东皇太一（日神）时举行的歌舞大会使用的歌词。然而，由于"重实际而黜玄想"的中原文明占据了中国文化的正统地位，"好巫信鬼"的荆楚文化只是侧系旁支，故而古神话传说在中国未能像希腊和印度那样得到充分的生长。此外，史学发展较早，造成神话传说的过早历史化，也是中国古神话发育不良的重要原因。

三　上古神话与后世文化

作为人类童年时代精神的遗留物，上古神话反映了原始人对外在世界和人类自身的认识。如果把人类认识世界的过程比作一系列漫长无际的阶梯，那么上古神话便是最初的几个梯级。尽管初民在那几个梯级还是蹒跚学步，认识停留在直观、感性和猜测的水平线上，然而它们却孕育着自然科学、历史学、文学艺术、宗教观念、哲学思想的萌芽。因此，当人们追踪自然科学史、史学史、文学史、艺术史、宗教史、哲学史的源头时，无一例外地都要上溯到神话这块"圣地"。

就中国而言，古代神话也是文学艺术的发祥地，"不问小说或诗歌，其要素总离不开神话"[①]。当然，由于神话特别富于想象力，它更直接地成为浪漫主义文学的端绪。屈原在《九歌》《招魂》等充满奇特幻想的

---

① 鲁迅：《中国小说的历史变迁》，《鲁迅全集》第9卷，北京：人民文学出版社2005年版，第303页。

诗篇中，御风乘龙，召唤群神，遨游太空，使整个作品呈现一种瑰丽警拔的格调，这一切都得益于神话发达想象力的启示。东晋陶渊明是引神话入诗歌的高手，追日的夸父、填海的精卫、与上帝争神的刑天等不屈不挠的神话角色，有声有色地跃入他的笔端，使他的一部分诗作一反超然、闲适的出世风度，显出"金刚怒目"、悲歌慷慨的气势。李白的诗作中也有大量神话典故，抟黄土造人、炼石补天的女娲，钓巨鳌的龙伯大人，射九乌的后羿，撞折天柱的共工，在月宫孤栖无邻的嫦娥，吞象的修蛇，光耀万物的烛龙，都在太白诗中构成一种奇幻神妙的图景，造成其诗篇汪洋恣肆、不可羁勒的风格。此外如李贺、李商隐、苏轼、陆游、辛弃疾等诗人，也莫不从上古神话中吸取了丰富的营养。

中国小说也导源于神话传说。中国目前发现最早的神话小说是《穆天子传》，该书叙"周穆王游行四海，见帝台、西王母"，就是利用上古神话传说写成的。以后的魏晋志怪作品，也脱颖于中国古神话。明清狐鬼变化一类小说，往往由古神话铺陈推演而来。神魔小说的巨制鸿篇《西游记》，从内容到表现手法都与古神话有血肉联系。

上古神话不仅对后世文学的发展提供了"补强剂"，而且对后世哲学思想也有裨益。屈原的《天问》，以一百七十多个问题，纵横于天上地下，从宇宙的成因、人类的起源、自然的规律到社会的法则，无不提出疑问。公元前几个世纪的屈原能有如此发达的思辨，原因当然是多方面的，但古神话给予的启示，无疑是一个重要缘由。此外，诸如庄子的哲学思想的表述，借助神话之处也不少。

以"五四"为开端的新文化运动也利用了古代神话这个"武库"，鲁迅《故事新编》中《补天》《奔月》《理水》，分别取材于女娲造人，嫦娥奔月，鲧、禹治水等上古神话。郭沫若的诗集《女神》、诗剧《湘累》，也直接取材于神话。毛泽东也在他的诗词中广为采用神话传说典故，并运用"化腐朽为神奇"的大手笔，将神话的幻想与现实生活水乳交融地结合起来，展现出一种格外绚丽多姿的诗景。

第二节

"文之枢纽"——《诗经》

中国文学具有久远的现实主义传统,而二千五百多年前成书的《诗经》,是现实主义文学的起点。

《诗经》是周初(公元前11世纪)到春秋中期(公元前7世纪至前6世纪)产生的诗歌作品总集,它大约是在公元前6世纪编定的,共收诗305篇。《诗经》时代的音乐已很发达,它各篇都可和乐歌唱。依音乐的不同,分为风、雅、颂三个部分。风是各国土乐;雅是王畿(周王所在地)的音乐;颂是祭祀宗庙时所用的乐歌,唱时连乐带舞。《诗经》的内容丰富多彩,具有多方面的认识价值与美学价值。

一 "在心为志,发言为诗"

《诗经》的杰出艺术成就,首先在于它卓越地映射出时代心声,诚如刘勰所言"《诗》主言志"。

《诗经》辞藻的大量作品通过风、雅、颂各种诗体和赋、比、兴的手法,以美丽的辞藻和婉转含蓄的比喻,表达作者的情志。然而,正如《礼记·乐记》篇所指出的,作者的情志绝非封闭的心态系统,而是"感于物而动",与时代政治息息相通,故政和世治,情志就安乐;政乖世乱,情志就怨怒;国亡民困,情志就哀思。《诗经》中的不少作品便以作者的情志为中介,映现出当时社会的真实动态。如"《周南》勤而

《豳风·七月》描写了当时农民一年的生活情况,他们终年没有休止地劳动,但一切劳动的成果,都为统治者剥夺去。图为元代王振鹏《豳风·七月图》

不怨""《邠风》乐而不淫",反映出周文王和周公时期政治上的安定和清明;而厉王、平王的昏庸残暴,又必然反映到《板》《荡》《黍离》等诗歌作品中,传递出"怒""哀"的社会情绪。再如《大雅》里的《民劳》发出这样的呼声:"民亦劳止,汔可小康",这是最早的"为民请命"。《小雅·节南山》指责周王委政小人:"不自为政,卒劳百姓。"诗中还沉痛质问周王"国既卒斩,何用不监"?这些诗篇都有一定的社会意义和认识价值。当然,这些美刺诗篇是以政治教化为宗旨,其目的在于使"闻之者足以戒"。《诗经》的这一社会功能,典型地反映出中国文学"有补于政治教化"的特色。

《诗经》的"情志"并不囿于政治教化的范畴。由于西周统治者为了制礼作乐,在民间广为采集歌谣,这些歌谣虽经宫廷文士整理润色,但仍保留了大量的民众情感,从而赋予《诗经》更为鲜明的现实性及强烈的人民性,而这些传递民众情志的精华,便主要保存在《国风》之中。

《国风》中不少作品以鲜明的画面揭示了统治者的剥削压榨,发出了反抗的声音。譬如《豳风·七月》一诗,就描写了当时农民一年的生活情况,男女农民终年没有休止地劳动,但无论耕田、修屋、打猎、养蚕、织布,缝衣等一切劳动的成果,都为统治者剥夺去,而农民自己却"无衣无褐",直接展示了他们之间不可调和的矛盾。又如《魏风·伐檀》所表达的被剥削者的反抗情绪更为强烈,一群在河边砍伐木材的劳动者在诗中唱道:"坎坎伐檀兮,置之河之干兮。河水清且涟猗。不稼不穑,胡取禾三百廛兮?不狩不猎,胡瞻尔庭有县貆兮?彼君子兮,不素餐兮!"《国风》中抨击统治者的诗篇颇为多见,如《唐风·鸨羽》的第一章:"肃肃鸨羽,集于苞栩。王事靡盬,不能艺稷黍。父母何怙?悠悠苍天,曷其有所?"它咏叹出人民的痛苦感情,极富于感染力量。在《魏风·硕鼠》中,剥削者被比喻为"贪而畏人"的大老鼠,诗中再三叹息没有丰衣足食的乐土,表达了劳动者对美好生活的向往。

以婚姻恋爱为主题的民歌在《国风》中占有较大数量。这些歌谣多是率真大胆的表白，感情诚挚、热烈、纯朴、健康。如《召南·野有死麇》描述吉士在林中猎得獐和鹿，又砍了柴草，遇到一位如玉姑娘，获得了她的爱情。纯真、朴素的情调和春天林野环境的气氛完全调谐。再如《大车》则以"谷则异室，死则同穴。谓予不信，有如皦日"的誓言，显示了诗中主人公坚贞相爱的决心。《谷风》和《氓》以婚姻问题为题材，在感情深沉的叙事中描写了两个被遗弃妇女对过去婚姻和家庭生活的痛苦回忆，《氓》写得尤为细腻。

《诗经》的题材是多方面的，而各方面诗篇都有佳品，例如《燕燕》的写送别，《十亩之间》的写采桑，《斯干》的写宫室建筑，《无羊》的写放牧牛羊，《伯兮》《君子于役》的写征妇之思，《东山》《采薇》的写出征远归等，都是佳妙的篇章。

总之，《诗经》以广泛的题材、深刻的内容、凝练的语言，反映了古代社会的风尚以及各个阶层间的关系，真实地揭示了社会生活中剥削者与被剥削者之间的矛盾冲突，具有深刻的思想内容和社会意义，是一部不朽的中国古代社会的形象历史。

二 "《雅》《颂》所被，英华日新"

《诗经》的杰出艺术成就还在于它集周以前诗歌之大成，并将中国古代诗歌的艺术创作推向新的发展阶段。

西周以前，也有一些歌谣、乐词流行，但由于缺乏文字记载，当今已难以窥见其原始面貌。不过，根据《吴越春秋》所载的《弹歌》以及《尚书》中所载的《卿云歌》《五子之歌》等作品判断，上古时期的歌谣、乐词多淳厚质朴，表现出文学尚处于萌芽状态的特色。而《诗经》虽然保留有周以前的文学痕迹，但其重要特征是"文胜其质"，与商周以前"淳而质"的作品比较起来，艺术形式上更具有文采，表现手法也更丰富多样。

《国风》在形式上多数是四言一句，隔句用韵，但并不拘泥，富于变化，许多诗常常冲破四言的定格，而杂用二言、三言、五言、六言、七言或八言的句子，如《伐檀》就是一首杂言诗，但并不拗口，反而觉得错落有致，读来有自然的节奏。章节的复叠是《国风》在形式上的另一特点，这种手法增加了诗歌的音乐性与节奏感，不少诗篇就是在反复吟唱中，传达了诗人的感情和诗的韵味。如《周南·芣苢》："采采芣苢，薄言采之。采采芣苢，薄言有之。采采芣苢，薄言掇之。采采芣苢，薄言捋之。采采芣苢，薄言袺之。采采芣苢，薄言襭之。"这是妇女们采车前子时所唱的歌。全诗三章十二句，中间只换了六个动词，但在迭唱之中，却能使读者感染到劳动的欢乐，引起丰富的想象。闻一多说"揣摩那是一个夏天，芣苢都结子了，满山谷是采芣苢的妇女，满山谷响着歌声"①。这种美的感受正来自其轻快的节奏。

《诗经》里大量运用比、兴手法，获得显著的艺术效果。比即"以彼物比此物"，其特点是用具体形象的事物作譬喻，把作者要表现的事物和思想，变成具体鲜明的形象。如用《相鼠》《硕鼠》喻统治者的可恨可鄙，《氓》用桑树由繁茂到凋落比喻夫妇爱情的变化。"兴者，起也"，起就是感发，即"先言他物以引起所咏之词"。如《周南·桃夭》以鲜艳盛开的桃花起兴，引起用在婚礼上的贺词。《周南·关雎》以"关关雎鸠，在河之洲"的吟咏发端，引起对婚礼上新夫妇的赞歌。这种比兴手法的运用，大大地丰富了诗歌的表现手法，在极短的篇章里造成动人的境界和形象。

《诗经》的语言准确、优美，富于形象性。大量的双声（如"参差""玄黄""踟蹰"），叠韵（如"崔嵬""窈窕"），叠字（如"夭夭""趯趯""忡忡"）运用于诗章中来描摹细致曲折的感情和自然景象的特征，使"情貌无遗"，收到丰满的艺术效果。

---

① 闻一多：《匡斋尺牍》，《闻一多全集》第3卷，武汉：湖北人民出版社1993年，第208页。

二 "声音之道,与政通矣"

《诗经》不仅有高度的美学价值,而且具有珍贵的史料价值。《大雅》和《颂》中,有一部分是西周初年之作。《大雅》里的几首诗是叙述周部族的兴起和壮大的史诗,其中《生民》《公刘》《绵》等篇,都忠实记录了中国古代劳动者和自然作斗争、艰苦创业的史实。例如《生民》是写周部族传说中的始祖后稷,生下来就有神灵保护。他被抛弃在小巷里,牛羊走来喂他奶;抛在冰上,鸟飞过来张开翅膀覆盖他。他在儿童时代就会做种植农作物的游戏,长出来的瓜谷都非常茂盛可爱。诗中还描写了他长大后种植庄稼时的辛勤劳动,庄稼生长成熟的过程和收获的喜悦。这首诗反映了中国古代劳动者在黄土高原上发展农业的奋斗历史。

《诗经》中的部分作品,还反映了周代重大历史事件,记述了当时的社会制度。如《周颂》的《酌》《武》等篇歌颂了周武王灭商事迹;《小雅·信南山》保存了土地制度资料;《周颂》的《臣工》《噫嘻》等记叙了耕作制度;《秦风·黄鸟》记叙了活人殉葬制度。大量的民歌更可据以考察当时的政治状况和社会风俗。

《诗经》中还有些作品具有自然科学研究的价值。如《小雅·十月之交》描写地震情况:"百川沸腾,山冢崒崩。高岸为谷,深谷为陵。"据研究者推算,这次地震发生在公元前776年(周幽王六年)九月六日。在中国地震史的研究上,这一记录殊为珍贵。

《诗经》在音乐上的成就也很出色。"师挚之始,《关雎》之'乱',洋洋乎盈耳哉!"①《诗经》的音乐艺术成就,代表了当时的最高水平。

《诗经》是中国文学的光辉起点。刘勰在《文心雕龙·宗经》篇中,把《诗经》和《书》《易》《礼》《春秋》一道列为"文之枢纽"。《诗经》特别是其中民歌部分,所表现的现实精神对后世文学影响最为巨大,它

---

① 李学勤主编:《十三经注疏·毛诗正义》,北京:北京大学出版社1999年,第105页。

推动诗人、作家去关心国家的命运和人民的疾苦，而不以文学作为流连光景、消遣闲情之物，屈原作品中所表现的忧国忧民、反对黑暗势力的精神就是对这一传统的发扬。汉魏乐府以下一系列现实主义诗歌，其源头都可上溯到《诗经》。因此，《诗经》奠定了中国古典诗歌现实主义的基础，对于中国文学传统基调的形成，有重要作用。此外，《诗经》中的艺术表现手法，尤其是民歌的比兴手法，也为以后诗歌创作所继承、所发展。《诗经》的影响甚至渗透入当今的日常生活，惯用的一些词如"典型""邂逅""一日三秋""高高在上""不可救药"等，最早均出自《诗经》。

第三节

南方的奇葩——楚辞

正当北方诸子争鸣,以理性精神突破礼仪旧制时,一种新的文学体裁——楚辞,在南方楚文化体系中孕育而生。它以奇异的想象、炽烈的情感,将先秦文学映射得光华灿烂。

一 "书楚语,作楚声,纪楚地,名楚物"

诞生于楚地的楚辞,具有极为浓烈的地方色彩,它"书楚语,作楚声,纪楚地,名楚物"。沅、湘、江、澧这些楚地,兰、芷、荃、蕙这些楚国植物以及丰富的楚国方言,大量入诗,构成楚辞这一体裁的独特性,而楚地民间"巫歌"在风格、结构上对楚辞的深刻影响,更赋予楚辞与中原地区诗歌迥异而具有浓浓郁的南国风味。有鉴于此,汉代朱买臣等将这种新兴的文体名之为"楚辞",刘向整理古文献时,更将此类文体的作品汇编成集,署名《楚辞》。从此,楚地的诗歌不仅有了专集,"楚辞"这个名称也一直流传下来。

楚辞推进了《诗经》以来中国古代诗歌的发展。《诗经》中的诗多以四字为定格,各章之间多复沓,篇章较简单,诗中所描绘的原野草场、溪涧山陵、日月天地,是现实生活的写照,对于虚幻世界不太予以注意,其中虽偶有神话出现,但其角色多平实而少神奇诡媚的气息,显示出颇为素朴的风格。而楚辞在句式上打破了《诗经》的四言体,代之

>>> 屈原在祭神乐歌基础上创作的十一篇诗作《九歌》朗朗有韵、清新典丽,其中《国殇》是诗人以刚健的笔锋描绘的一幅视死如归的勇士的画卷。图为宋代李公麟《九歌图》。

以参差错落,更为灵活和自由的句式;并以其想象力的丰富、情感的浓烈、风格的绚烂,开拓了创作上的另一广袤境界。《诗经》以民歌的风格和现实倾向为后人所效法,而楚辞则更多地以诗人的文采、激情和浪漫主义的手法影响后世。刘勰把《离骚》与《诗经》并称为"文之枢纽",后人更以"莫不同祖风骚"一语来概括《诗经》、楚辞与历代诗作之间的源流关系。"风"和"骚"是中国古人对诗歌所悬出的两个最高标准,它们以不同的抒情方式为中国传统确立了两大精神原型。

楚辞是中国古代诗歌发展长链上的关键一环;它的出现,不仅使《诗经》以后沉寂了约三百年的诗坛重新活跃起来,而且以其突发的异彩,更新更美的歌声,开始了中国诗歌史上第二个重要时期。

二 "不有屈原,岂见《离骚》"

无论作为文体还是作为诗歌总集,"楚辞"和屈原的名字都是分不开的。

屈原是中国最早的伟大诗人,他生活的时代,楚国正经历着由盛到衰的急剧变化,怀王昏懦无能,任用佞臣,靳尚之流上层统治者搜括无厌,致使政治腐败。面对江河日下的国势,"娴于辞令""明于治乱"的屈原为实现他的理想和抱负,与腐朽的统治集团作了毫不妥协的斗争,遭到排斥、放逐。在长期流放中,他眷念祖国,挥笔赋《九章》《离骚》,最后投汨罗江自尽,为后世留下了高洁的人格形象和不朽的诗篇。

《九章》是九篇诗歌的总称,这些诗篇中有悲痛的陈词、现实的描述、奔放的抒情和强烈的议论,其中咏物自喻的《橘颂》,宛如涓涓溪水,清新纯洁,表现了诗人"秉德无私""横而不流"的高洁情操。诗人在祭神乐歌基础上创作的十一篇诗作《九歌》明朗有韵、清新典丽,其中《国殇》是诗人以刚健的笔锋描绘的一幅视死如归的勇士的画卷。这首诗以激越的情感,唱出了威武悲壮的挽歌,至今读来仍令人激奋不已。《天问》更是一首绝妙的诗篇，神话和历史作为连续的疑问系列，在诗中中被提出来，并包裹在丰富的情感和想象的层层交织之中。它表现了时代意识因理性的觉醒正在由神话向历史过渡，也显示了诗人探索真理的无穷热情。全诗文句参差错落，是中国文学史上"第一等的奇文字"。

屈原的代表作《离骚》，是中国古代最长的一首抒情诗，这是一篇光耀千古的浪漫主义杰作。诗人是一位伟大的爱国者，他热忱希望刷清政治，挽救楚国危亡，使楚国强大起来，但腐朽的贵族集团对他极力排斥、打击，诗人将一腔激愤及对祖国的赤城热爱，融入《离骚》之中。他痛斥贵族群小蝇营狗苟，把祖国引向危亡绝境："惟夫党人之偷乐兮，路幽昧以险隘。"他指责楚王昏庸，不辨忠邪："荃不察余之中情兮，反信谗而齌怒。"他宁肯承担迫害，也不变志从俗："宁溘死以流亡兮，余不忍为此态也！"他深信自己的正确，要永远坚持自己的道路，忠于理想："民生各有所乐兮，余独好修以为常。虽体解吾犹未变兮，岂余心之可惩？"在虚构的环境中，灵氛劝他去国远游，另寻施展抱负的处所。正当他决意出走、即将升腾远逝时，却看见了祖国的大地："陟升皇之赫戏兮，忽临睨夫旧乡。仆夫悲余马怀兮，蜷局顾而不行。"祖国使他终于决定留下来，以身殉自己的理想："既莫足与为美政兮，吾将从彭咸之所居。"《离骚》整篇作品迸发出异常夺目的爱国主义光华，它既是时代文明的华灯，又是时代精神的反映，具有深刻的历史意义和审美价值。

《离骚》充满了强烈的浪漫主义色彩，诗人生活在山林俊秀、云烟缥缈、巫风盛行的楚地，感染其风，将大量的神话传说、历史人物、日月风云、山川流沙驱向笔端；美人香草、百亩芝兰、菱荷芙蓉、芳泽衣裳、望舒飞廉、巫咸夕降、流沙毒水、八龙婉婉……错列于诗境之中，构成一个既鲜艳又深沉的想象和情感的缤纷世界，异常雄奇瑰丽，其"惊采绝艳，难与并能"。这"异乎经典"的杰出创造，将生动无羁的浪漫想象与炽热深沉的情操，完满地融为有机整体，"开创了中国抒情诗的真正光辉的起点和无可比拟的典范"①。

屈原的历史地位是不朽的,刘勰在《文心雕龙》中称"其衣被词人,非一代也"。汉初贾谊在政治斗争中失败后,被谪长沙,他投书吊屈原,引屈原为知己。司马迁为屈原作列传,低徊咏叹,以"屈原放逐,乃赋《离骚》"的精神来鞭策自己。"一生傲岸"的李白深为敬佩屈原,他以"屈平词赋悬日月,楚王台榭空山丘"的诗句,赞颂了屈原的不朽。屈原精神培育了中国文学史以至中国历史上炽热而深邃的爱国传统,至今仍以它壮美而浓烈的巨大情感力量震撼人们的心灵。屈原的浪漫主义表现手法更为后世的诗人所取法,李白、李贺等诗人笔下想象丰富、词采瑰丽的诗篇,无不体现了屈骚的深远影响。

---

① 李泽厚:《美的历程》,北京:生活·读书·新知三联书店2009年,第70页。

第四节

光华万丈的唐诗

建安以后,经南朝谢灵运、谢朓、沈约等人的努力,中国古典诗歌持续向前发展,从而在唐代揭开了最为灿烂夺目的篇章。清代所编的《全唐诗》,录有2 300多位诗人所作的近5万首诗歌。这是一个名家辈出,诗体大备的时代。众多的流派、众多的风格,蔚为诗国中万紫千红、百花怒放的奇观。

一　青春少年的清新歌唱

唐朝一个空前强盛的朝代,对外开疆拓土、国威四震,国内则相对的安定统一。中国封建社会后期的主角——世俗地主的力量上升壮大,为整个社会带来朝气蓬勃的气象。与此同时,南北文化以空前速度相互融会,中外文化大规模交流,这一切为文化的兴盛繁荣创造了社会氛围和思想基础。

与时代心绪相一致,"初唐四杰"王勃、杨炯、卢照邻、骆宾王,揭开了唐代诗歌的帷幕,这些位低名高、年少才茂的诗人,突破绮丽华艳的齐梁宫体,扩大诗的体裁与内容,并将其勃郁不平的感慨以及积极进取的精神注入作品中。如王勃的名篇《送杜少府之任蜀川》:"城阙辅三秦,风烟望五津。与君离别意,同是宦游人。海内存知己,天涯若比邻。"它虽然描写了"同是宦游人"的复杂离别心情,却用"海内存知己,天涯若比邻"这样开朗壮阔的诗句把缠绵之情一笔扫荡,变悲凉为豪放,表现了不平凡的胸怀抱负。在"初唐四杰"等诗人的倡导下,诗歌随着时代的变迁,由宫廷走向市井,由台阁移至江山与塞漠,六朝宫女的靡靡之音变而为青春少年的清新歌唱。

陈子昂的《登幽州台歌》是初唐的又一杰作。"前不见古人,后不见来者。念天地之悠悠,独怆然而涕下!"寥寥数句虽传递出一种孤怀情境,然而这一孤独绝无怨天尤人的悲愁,而是在寥廓的宇宙意识中渗透了积极进取的豪壮情怀。正如闻一多所言,"子昂的诗,是超乎形象之美,通过精神之变,深与人生契合,境界所以高绝"。

"王杨卢骆当时体""不废江河万古流"。初唐诗人以其洋溢积极进取精神的杰出制作,开拓了一代诗风。经由他们的努力,诗歌向盛唐峰巅攀登。青春少年的怅惘与欢愉化为壮志满怀,立意建功树业的激情歌唱。

二 边塞·田园

唐诗至盛唐,进入了鼎盛时期。其时体裁大备,题材多样,边塞诗派与山水田园诗派成为这一时期诗坛上的两大流派。

盛极一时的边塞诗是构成盛唐之音的一个基本内容和方面。英才焕发的边塞诗人以其杰出创作,奏出了雄奇壮丽的边塞诗章。"时明月汉时关,万里长征人未还。但使龙城飞将在,不教胡马度阴山。"王昌龄这首意境高远的《出塞》诗,将漫长的历史与寥廓的宇宙融为一体,形成盛唐诗歌所特有的壮美。"黄河远上白云间,一片孤城万仞山。羌笛何须怨杨柳,春风不度玉门关。"王之涣一首"传乎乐章,布在人口"的《凉州词》,以塞外荒寒壮阔的背景与如怨如哀的《折杨柳》乐曲,透露出久戍不归的征人的乡思。意境雄浑开阔,情调激越悲凉。"青海长云暗雪山,孤城遥望玉门关。黄沙百战穿金甲,不破楼兰终不还。"王昌龄的这首《从军行》向被推为边塞诗的名作,战士们豪迈、果敢、一往无前的气概在诗人笔下得到淋漓尽致的描绘。"北风卷地白草折，胡天八月即飞雪。忽如一夜春风来，千树万树梨花开。"塞外八月飞雪的奇景，把人们带进了一个不可思议的新奇世界，岑参的《白雪歌送武判官归京》给人一种劲健、奇崛的美感。

江山如此多娇，壮丽动荡的一面为边塞诗派所占有，优美宁静的一面则凝于田园诗派笔端。

"春眠不觉晓，处处闻啼鸟。夜来风雨声，花落知多少。"孟浩然的《春晓》是一首清新活泼的晨曲，又是一幅愉快美丽的春晨画图，其清丽的风格，折射出诗人"如一泓清水"的心境。孟浩然长于描画田园山水，王维更是山水诗的大家。"空山新雨后，天气晚来秋。明月松间照，清泉石上流。竹喧归浣女，莲动下渔舟。随意春芳歇，王孙自可留。"在这里，空山雨后的秋凉，松间明月的清光，石山清泉的声音，浣纱归来的女孩在竹林里的笑声，小渔船缓缓穿过荷花的动态，和谐完美地融合在一起，既好像一首恬静优美的抒情乐曲，又像一幅清新秀丽的山水画。"人闲桂花落，夜静春山空。月出惊山鸟，时鸣春涧中。""荆溪白石出，天寒红叶稀。山路元无雨，空翠湿人衣。"清丽、含蓄而饶有韵致，幽静之极却又生趣盎然。苏轼说："味摩诘之诗，诗中有画；观摩诘之画，画中有诗。"①《鸟鸣涧》和《山中》这两首小诗，恰是一幅"春山月夜图"与"秋山早行图"。王维诗还有另一番胜景："松含风里声，花对池中影""细枝风乱响，疏影月光寒"。这些诗句所显示的美的情态和美的音响，仿佛可闻可见，这是任何画幅也不能表达的。王维的诗岂止是"诗中有画"，真可称得上是绝妙的有声画。闻一多评价王维诗道："王维替中国诗定下了地道的中国诗的传统，后代的中国人对诗的观念大半以此为标准，即调理性情，静赏自然，其长处短处都在这里。"

---

① （宋）苏轼：《东坡题跋》卷五《书摩诘蓝关烟雨图》，北京：中华书局1985年，第94页。

>>> 苏轼说:"味摩诘之诗,诗中有画;观摩诘之画,画中有诗。"王维的诗岂止是"诗中有画",真可称得上是绝妙的有声画。图为清代黄易所作的王维诗意画《辋川图》。

　　被祖国多姿多彩山水所培育的唐代山水诗人,其胸襟、气象、境界,远非前人所能相比。中国山水诗到了盛唐,已达到完美、纯熟的境地。

　　值得指出的是,激越慷慨的边塞诗所渗透的是唐代文士追求功名、企望舒展政治理想的抱负,而与自然生命呼应共鸣、融为一体的田园山水诗则多浸润了远离尘世、希企隐遁的意识。出仕与隐退是中国古代文士生命的二重奏，它们共同反映了中国文化中儒（主张出世，以天下为己任）、道（主张隐逸，皈依自然）互补的功能关系。

三 "诗仙"与"诗圣"

旧来论诗，以为盛唐诗坛上李白、杜甫与王维三位诗人比肩而立。有人称他们为"诗仙""诗圣""诗佛"，也有人称他们三家为"天""地""人"，或"真""善""美"。然而真实屹立于唐代诗歌巅峰的伟人还是李白与杜甫，他们双峰并峙，犹如天上的双子星座，永远并列发出不灭的光辉。

李白的青年时代，正是唐王朝的全盛期。经济、文化高度繁荣的盛唐社会，赋予李白昂扬的精神面貌和建立非凡功业的远大抱负。他用理想的眼光去展望生活，似乎不世功业唾手可得。但当他去叩敲仕途的大门时，呈现在他面前的却不仅有盛唐社会的繁荣，而且有它的腐败和黑暗，他希冀"奋其智能，愿为辅弼，使寰区大定，海县清一"[①]的李白，不能改变自己的理想、牺牲自己的人格，去迎合统治集团的腐朽，这必然形成尖锐的思想矛盾，促使他以强烈的叛逆精神去冲击权贵。他抨击当时远贤臣、亲小人的政治状况是"珠玉买歌笑，糟糠养贤才"。他揭露当时权奸得意、贤才落魄的不合理现实是"骅骝拳跼不能食，蹇驴得志鸣春风""蝘蜓嘲龙，鱼目混珍；嫫母衣锦，西施负薪"。他不止一次愤懑地歌唱："大道如青天，我独不得出""人生在世不称意，明朝散发弄扁舟"，强烈抒发因怀才不遇所引起的无尽烦忧和江水一样的深愁。

李白的诗豪迈奔放，《庄子》的飘逸、屈赋的瑰丽在他作品中被天才地融为一体，诚所谓"发想无端，如天上白云，卷舒灭现，无有

[①] （唐）李白：《李太白全集》卷二十六《代寿山答孟少府移文书》，北京：中华书局1977年，第1 225页。

定形"①。他以绚丽的彩笔，表现祖国的雄阔壮美："君不见，黄河之水天上来，奔流到海不复回""黄河西来决昆仑，咆哮万里触龙门""黄河落天走东海，万里写入胸怀间"。中华民族的象征——黄河的形象和性格在李白的笔下被描画得淋漓尽致。《关山月》表现西北高原的风物："明月出天山，苍茫云海间。长风几万里，吹度玉门关。"只有能把万里江山纳入胸怀间的李白，才能够创造出这样阔大而壮丽的艺术景象。

李白的诗歌具有不朽的崇高美。康德指出，崇高美，便是"心情在自然界的崇高的表象中感到自己受到激动"，"这个激动（尤以在它开始时）能够和一种震撼相比拟"②。且看李白的诗中出色的描写："一风三日吹倒山，白浪高于瓦官阁""共工赫怒，天维中摧，鲲鲸喷荡，扬涛起雷""钟山危波澜，倾侧骇奔鲸""三时大笑开电光，倏烁晦冥起风雨"。这些诗句无不充溢着力的奋发、力的搏斗，是力的交响、力的礼赞。李白诗歌的崇高美带有鲜明的民族特征，他的作品充满了一种理性的乐观情怀和压倒一切、征服一切的英雄精神；诗人在诗中表现的不是客体对主体的欺凌、压迫，而是主体对客体的反抗、克服、战胜。在李白的诗歌里，那些形体巨大、威力无穷的形象，往往是诗人自己的化身，如《大鹏赋》中的大鹏形象，诚如清代王琦所言"太白盖以鹏自比"。而那些描写洪波射流、骇胆摄魂的壮观景象的诗句，也寄托了作者的理想。作者对它们的歌颂，实际上也是对自身力量的歌颂。

杜甫生活的时代比李白稍晚，他的长安10年，正是"安史之乱"的前夕。与其说他曾经看到开元盛世的繁荣景象，不如说他更多地认识到衰败到来时的危机四伏。"安史之乱"迫使他和人民经历了颠沛流离的苦难岁月，他以诗歌记录了这一时代的面貌，其作品因此赢得了"诗

---

① （清）方东树：《昭昧詹言》，汪绍楹点校，北京：人民文学出版社1961年，第249页。

② ［德］康德：《判断力批判》，宗白华译，北京：商务印书馆1964年，第97页。

史"的美誉。在杜甫的诗歌里,处处荡漾着忧国忧民的激情。《自京赴奉先县咏怀五百字》中"朱门酒肉臭,路有冻死骨"二句,用鲜明而凝练的语言,突显了封建社会阶级对立的现实。"三吏""三别"《春望》《北征》等一系列诗篇,字里行间渗透着诗人同情人民、热爱祖国的血泪情怀。在《茅屋为秋风所破歌》这一名篇中,杜甫吟出的"安得广厦千万间,大庇天下寒士俱欢颜,风雨不动安如山"的诗句,展示了忧国忧民的宽广胸怀。直到他病倒在湘江船上,即将步完生命的历程,也时时关注祖国的命运。以饥寒之身而怀济世之心,处穷迫之境而无厌世之想,在杜甫自己身上,民本思想以及高洁的人格操行,均达到极致。

杜诗的艺术风格与李诗颇相差异。李白的诗歌有一种清雄奔放的美,表达感情是一气直下如大河奔泻;杜诗的风格则是沉郁顿挫,感情的表达是波浪起伏、反复咏叹、百转千回,往往感情要爆发了,却又折回去,在心中回流,像有一座闸门阻拦,让感情在受阻之后再缓慢流泻出来,因此感情的抒发,也就更加深沉。杜甫的名作《登岳阳楼》,篇首抒写登楼所见的一派壮阔景色:"昔闻洞庭水,今上岳阳楼。吴楚东南坼,乾坤日夜浮。"面对洞庭湖的壮阔景色,又骤然百感交集:"亲朋无一字,老病有孤舟。"此时此刻身世苍凉、老病漂泊的伤怀,对于离散亲朋的眷念,对于国家灾难与人民疾苦的忧虑,一齐涌上心头,强烈感情就要爆发出来,但千言万语只说了一句:"戎马关山北,凭轩涕泗流。"沉郁的忧思,回流起伏的感情表达方式,通过语言、形象描写和节奏韵律的中介,表现为杜诗意境的悲壮美。深沉凝重的杜诗风格,是诗人的生活经历、思想个性以及时代特色的有机统一。而在这种风格的基调上,诗人的创作又呈现多种多样的风采,或雄浑,或悲壮,或奔放,或瑰丽,或质朴,或古简,或轻灵,无不达于胜境。

"李杜文章在,光焰万丈长。"[1]李白和杜甫各以自己的诗歌天才、广

---

[1] (唐)韩愈:《调张籍》,《韩愈集》,卞孝萱、张清华编选,南京:凤凰出版社2014年,第173页。

博而精湛的艺术修养、对祖国和民众的深沉热爱，以及对现实生活的深刻理解和认识，运用不同的创作方法，创造了"千汇万状"的作品，把浪漫主义的和现实主义的诗歌艺术推向高峰。

四 "一代之诗伯，万叶之文匠"

中唐以后，唐王朝国势趋衰，社会矛盾更加复杂尖锐。诗歌创作中的现实主义潮流形成波澜壮阔的局面。白居易继杜甫而起，创作了大量讽喻诗，或讽刺横征暴敛，或反对"黩武"的战争，或攻击豪门贵族，或揭发贪污强暴和奢侈浪费。白居易的诗巧妙地运用对比手法，使剥削与被剥削之间的尖锐对立突显得更为鲜明。如在《重赋》中，农民"幼者形不蔽，老者体无温"，而被强征去的绢却堆在官库里"岁久化为尘"。在《轻肥》中，朱绂紫绶的大夫和将军们骑着肥马，趾高气扬地去军中赴宴，"樽罍溢九酝，水陆罗八珍。果擘洞庭橘，脍切天池鳞"，而"是岁江南旱，衢州人食人"。白居易的犀利目光，几乎扫视到社会的每一个角落。当然，白居易所创作的美刺讽喻诗篇是为了"裨补时阙""上以广宸聪"，使当政者"易谕"而"深诫"，具有明确的为政治服务的目的，诚如德国戏剧家布莱希特所指出的，"他（白居易）和孔子一样把艺术视为匡正劝化的手段"，而这正是中国文学特质的反映。

白居易还创作了一批感伤诗，其中《长恨歌》《琵琶行》最为著名。《长恨歌》作于806年（元和元年），诗人把当时人们所最感兴趣的关于唐玄宗和杨贵妃的民间传说，通过自己丰富的想象力加以充实和渲染，成为现实主义和浪漫主义相结合的杰出作品。全篇流利自然而曲折动人，诗句精练异常，使人感到一种和谐的美。如写玄宗"行宫见月伤心色，夜雨闻铃肠断声"，通过月色和铃声给予他的特殊感觉，表现出他当时的悲痛心境；用"梨花一枝春带雨"，来形容贵妃在仙山中的寂寞哀怨情态，都有独到风韵。《长恨歌》故事完整，描写细腻，抒情气氛浓厚，成为千古传诵的佳篇。和《长恨歌》齐名的《琵琶行》，白居

>>> 真实屹立于唐代诗歌巅峰的还是李白与杜甫，他们双峰并峙，犹如天上的双子星座，永远并列发出不灭的光辉。"李杜文章在，光焰万丈长。"李白、杜甫把浪漫主义的和现实主义的诗歌艺术推向高峰。图为清代顾见龙《饮中八仙图》。

易借一个沦落天涯的琵琶女一生的遭遇,来抒发自己在政治上遭受打击的牢骚。"同是天涯沦落人,相逢何必曾相识",这是作者感触最深的表白。它比起《长恨歌》来不但更有现实意义,而且艺术感染力也更强烈。在艺术手法上,《琵琶行》情节曲折、层次分明、描写细致、句律和谐流动,均颇为出色,最妙的是描写女子弹琵琶的一连串譬喻——"急雨""私语""大珠小珠落玉盘""间关莺语""幽咽泉流""银瓶乍破水浆迸,铁骑突出刀枪鸣",使人应接不暇。白居易的诗,流传极为广泛。"吟咏流千古,声名动四夷",这是后世给予白居易的高度评价。

唐代是一个诗家辈出、流派众多的时代。白居易以后,韩愈、孟郊、刘禹锡、李贺、李商隐、杜牧等诗人相继而起,他们别创新格,独树一帜,在诗坛上争奇斗艳。在中国文化史上,唐代是诗歌的黄金时代。这不仅是时代的惠赐,也是文学系统自身运动的必然趋势。正因为有建安的风骨,然后方形成唐诗的遒劲;有两晋的意境,然后形成唐诗的高妙;有宋齐的藻绘,然后形成唐诗的清丽;有齐梁的声病之论,然后形成唐诗声韵的谐美;有梁陈的宫体,然后形成唐诗的细腻。唐诗是中国抒情文学发展的巅峰,在中国文学抒情传统的确立与定型上具有关键性的意义。

第五节

情采缤纷的宋词

　　诗至唐，已臻炉火纯青、登峰造极之境，颇有难乎为继之势。宋人欲与抗衡，唯有另辟蹊径、自创新风。由韩愈、柳宗元发动的唐宋诗文革新运动给人以启迪：沿袭和模拟仅能勉强维系命脉，蓬勃的生机，来自不断地开拓与创新。于是，词作为一种新的诗体勃兴起来。

　　词是一种既适于歌唱又具有独立艺术价值的诗体，并在音节和长短方面具有一套固定的格律。"词境"与"诗境"不同，它通过长短不齐的句型，更为具体、更为细致、更为集中地刻画抒写出某种心情意绪。诗常一句一意（或一境），整首含义阔大，形象众生；词则常一首（或一阕）只一意或一境，形象细腻，含意微妙，其意境常常是通过对一般的、日常的、普通的自然现象的白描来表现，从而也就使所描绘的对象、事物、情节更为具体、细致、新巧，并带有更浓厚、更细腻的主观感情色调。在以人的心情意绪为描写对象的美学背景下，小而狭、巧而新的词境由于更易于传达人们各种细致复杂的心境意绪，与日常生活也更亲切、更接近，便迅速成为这一时期流行的文学样式。由唐诗的大世界转向宋词的小世界，唐宋两代文学基本取向的歧异，生动地映现出时代文化精神的变迁。

一 一代词人苏轼

北宋初期的词坛,沿承晚唐五代遗风,在"艳科"小径上徘徊,显示不出多少生命活力。在不断地创造与探索中,这一时期的文艺思潮和美学趋向终于推出其典型代表——苏轼。这位具有非凡气度魄力的天才,雄风千里,使词坛焕然一新。

苏轼对宋词的开拓与创新,首先在于他一举冲破"靡靡之音"、翘首高歌,以强烈的热爱祖国、热爱人生的进取精神,豪迈奔放、乐观旷达的个性,将词由"樽前""花间",引向较广阔的社会人生。〔水调歌头〕("明月几时有")〔念奴娇〕("大江东去")最能代表这种革新成果。中秋怀念亲人,赤壁凭吊古迹,是以前诗词中常见的主题,但苏轼的"人有悲欢离合"的人生感慨和"江山犹是昔人非"的历史观念,又给这个题材以新的内容。苏轼将现实之情,深深寓于雄壮飞动的如画江山与英姿勃勃的历史人物之中。那"琼楼玉宇"的纯洁情景、乱石惊涛的瑰丽江山,"千里共婵娟"的美好愿望、"雄姿英发"的古代豪杰,满盈着对于祖国山河的热爱、对于历史人物的向往。尽管词中也有虚无与沉郁的意绪,却掩盖不了通篇热情洋溢、激越健壮的基调。

苏轼词的内容极为丰富多彩,清人称其为"无意不可入,无事不可言"。在他的词里,有"会挽雕弓如满月,西北望,射天狼"的爱国志士;又有"隔篱娇语络丝娘""相排踏破茜罗裙"的乡村姑娘;有"乱石穿空,惊涛拍岸,卷起千堆雪"的古战场,又有"簌簌衣巾落枣花,村南村北响缲车,牛衣古柳卖黄瓜"的农村风光;有"休将白发唱黄鸡"的乐观人生态度,又有"敲门试问野人家"的无往不适的生活情趣。

总之,苏词感情之坦率真切、个性之鲜明活脱、胸怀之旷达开朗、运笔之挥洒自如、词风之豪纵飘逸,确能开人心胸、新人耳目。故苏词出,"弄笔者始知自振",更有人称"词至东坡,倾荡磊落,如诗、如文、如天地奇观"。

在一代词人苏轼的创新与开拓下,词终于摆脱了作为乐曲附庸的状态,成为可以独立发展的新诗体。

二 "横绝六合,扫空万古"的辛弃疾

苏轼为宋词开拓一代新风,辛弃疾承流接响又别开新境。这位被称为"大声镗鞳,小声铿鍧,横绝六合,扫空万古"的爱国词人,歌唱时代的哀怨和欢乐、民族的悲愤和希望,将宋词推向又一新的高峰。

辛弃疾的词充满激昂的爱国热情。在他的词里,首先感人的是那种以英雄自许或以英雄许人,想要挽狂澜于既倒,热望恢复祖国河山的壮志豪情。"要挽银河仙浪,西北洗胡沙""道男儿到死心如铁。看试手,补天裂""袖里珍奇光五色,他年要补天西北"。这都是词人对当时残破危亡的国家发出的慷慨悲壮的声音,充满奋发有为的精神。他和他的同辈人就是如此以"壮词"相激励,希图扭转乾坤,改变整个民族的悲惨处境。然而,在腐朽的南宋王朝压抑下,英雄跃跃欲试,却又苦于无用武之地,只能空怀宏愿,将一腔壮志未酬的忧愤之情注入词中,这使辛词又具有沉郁悲凉的风格。

> 醉里挑灯看剑,梦回吹角连营。八百里分麾下炙,五十弦翻塞外声,沙场秋点兵。　马作的卢飞快,弓如霹雳弦惊。了却君王天下事,赢得生前身后名。可怜白发生。

热烈跳动的爱国激情和壮志未酬的忧伤情思溢于言表。直至晚年,他还发出了"凭谁问:廉颇老矣,尚能饭否"那种英雄失意、无门报国的感慨。正是在这样的境界中,辛词获得了不朽。

辛词是丰富的。杰出的词人以多彩的笔墨,从各方面描绘社会生活和个人情感。"茅檐低小,溪上青青草。醉里吴音相媚好,白发谁家

不学杨枝别乐天，且同通德伴伶玄。
结络秀不同老天，维摩掷杖禅经
卷，晁录铨新法什苓社经盦田。
塚开成逐家三山去，不作巫阳云雨
仙。
东坡居士凌云示。
瘦秋羊堂氏书

在不断地创造与探索中，宋朝文艺思潮和美学趋向终于推出其典型代表——苏轼。这位具有非凡气度魄力的天才，使词坛焕然一新。在一代词人苏轼的创新与开拓下，词终于摆脱了作为乐曲附庸的状态，成为可以独立发展的新诗体。图为清代朱年《东坡朝云图》。

翁媪?大儿锄豆溪东,中儿正织鸡笼。最喜小儿亡赖,溪头卧剥莲蓬。"一幅农家怡然自得的生活景象,清新、明朗。"少年不识愁滋味,爱上层楼。爱上层楼,为赋新词强说愁。而今识尽愁滋味,欲说还休。欲说还休,却道天凉好个秋!"含蓄蕴藉,语短意长,概括了人们生活中的特殊感受。

辛词雄奇阔大。写军营是营连"八百里";写雪景是"万斛琼粉盖颇黎";写群山是"青山欲共高人语,联翩万马来无数";写军队声势之壮,则是"气吞万里如虎"。辛词色彩浪漫,在词人奇特想象中,自然界的山水、风雨、草木都具有情感与性格。于是,青山可与他对话,"我见青山多妩媚,料青山见我应如是"。鸥鹭可以和他结盟,"凡我同盟鸥鹭,今日既盟之后,来往莫相猜"。松树可前来搀扶,"昨夜松边醉倒,问松我醉何如?只疑松动要来扶,以手推松曰去"。何等巧妙的构思!

辛弃疾继承了苏轼豪放的词风,更以强烈的济世情怀、豪爽的英雄本色和充沛的才力、多样的艺术风格,开拓了新的境界,把词引向更广阔、更激荡的社会现实。

三 词坛女杰李清照

两宋词坛名家辈出,杰出的女词人李清照独树一帜,留下了许多脍炙人口的名篇。

李清照的词以南渡为界限,可以分为前后两期。前期词多描写她在少女、少妇时期的生活,表现了对大自然的热爱和对爱情生活的向往,风格明快、柔婉。其名篇《醉花阴·重阳》:"薄雾浓云愁永昼,瑞脑消金兽。佳节又重阳,玉枕纱厨,半夜凉初透。东篱把酒黄昏后,有暗香盈袖。莫道不消魂,帘卷西风,人比黄花瘦。"以黄花比人的消瘦,形象上富有创造性;以瘦来说明长时的痛苦相思,不说破情,而情愈深切。

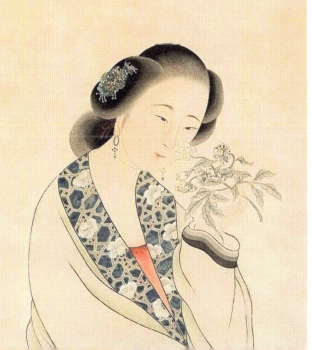

>>> 两宋词坛名家辈出，杰出的女词人李清照独树一帜，留下了许多脍炙人口的名篇。图为清代姜埙《济南李清照酴醿春去图照》。

李清照南渡后的词，由于金兵南下，山河残破，加上家毁人亡和自己流离颠沛的遭遇，风格为之一变，它们所表现的感情极为沉痛。"寻寻觅觅，冷冷清清，凄凄惨惨戚戚""只恐双溪舴艋舟，载不动许多愁"。她这种因个人生活的今昔之感所引起的深愁，蕴含着家国兴衰的沉痛反思。难怪南宋末年爱国词人刘辰翁读到此词时，要为之涕下，并且作词唱和。

李清照的词，语言优美、生动，皆经锤炼，艺术形象鲜明、完美，富于创造性。

如同唐代诗坛一样，宋代词坛也是一番奇花竞艳的景象。欧阳修、晏殊、柳永、秦观、黄庭坚、贺铸、周邦彦等词人，各以自己独具风格的创作推动了词的发展。岳飞的《满江红》更成为爱国精神的千古绝唱。在中国文学史上，宋代是词的黄金时代，宋词终于获得与唐诗并称的地位，被后人尊为一代之胜。

第六节

瑰丽璀璨的珠玉——元曲

新兴而起的文学样式元曲,是元代文学的突出成就。元曲,即元杂剧。杂剧之名,在宋代是指"务在滑稽"的科白戏,在元代则指以北曲构成的戏剧形式。它是北方地方戏院本和宋金传统的古典诸宫调二者结合的产物。它将歌曲、宾白、舞蹈等多种艺术元素结合起来,形成了独特的表演风格。其音乐采用北曲,结构严谨,通常分为四折一楔子,每折戏要用同一宫调演唱。由于元朝废除科举制度,大量读书人失去仕进之路,他们中的一些人转而投身于戏曲创作。这种与前代文人不同的社会身份,成为促进元代文学面貌改变的关键因素。

元杂剧是中国戏剧史上动人心魄的一页。在元杂剧作家中,关汉卿、白朴、马致远、郑光祖等人被称为"元曲四大家",而关汉卿则是其中的最杰出者。

一 关汉卿及其作品

关汉卿,大都(今北京)人。他活动的时代比英国戏剧家莎士比亚要早300多年。关汉卿一生共写了60多个剧本,比莎士比亚的剧作在数量上多出将近一倍。他生活在下层市民百姓中,熟悉民众的疾苦,作品因此较多地反映现实,揭露社会的黑暗部分。

关汉卿最著名的作品是《窦娥冤》。剧中的窦娥出身贫苦,三岁死了娘，七岁成了童养媳，后来受到黑暗势力的迫害被判死刑。窦娥不甘于向命运低头，在绑赴法场的路上，她呐喊道"地也，你不分好歹何为地！天也，你错勘贤愚枉做天"，对现实社会的黑暗发出愤怒抗议。在临刑俄顷，窦娥发下三桩"无头愿"——一是被杀后鲜血飞溅到旗枪的丈二白练上，二是六月刑场下大雪，三是当地大旱三年。果然，这些都不可思议地发生了。阴云布满天空，悲风怒旋，颈血没有半点落地；雪花掩埋了她纯洁的躯体；三年不雨，大地上草木丧失了滋润和光泽，大自然以异象表明了窦娥的"负屈衔冤"。此剧通过窦娥的不幸遭遇，真实地反映了劳动者身受的苦难，并运用浪漫主义的手法，歌颂了窦娥不甘心屈服于命运的斗争精神，表现了人民大众的意志和理想。《窦娥冤》充分体现了关汉卿的社会政治观点，是他最成熟的艺术结晶。

除《窦娥冤》外，关汉卿流传下来的作品还有《救风尘》《望江亭》《单刀会》《拜月亭》等。关汉卿笔下的人物众多，突出的则是被侮辱与被损害的下层妇女——妓女赵盼儿、杜蕊娘、谢天香，侍婢燕燕，童养媳窦娥，再嫁的寡妇谭记儿，继母王婆……这些艺术形象无不给人留下深刻印象。关汉卿怀着极大的同情，描写了她们悲惨的生活、苦难的遭遇，刻画了她们种种善良、聪明、坚韧、泼辣的性格，赞美了她们强烈的反抗意志，以及敢于与恶势力斗争、至死不屈的英勇行为。而对那些皇亲国戚、贪官污吏、流氓恶棍，关汉卿则描绘了他们无耻的面目，揭露了他们耀武扬威压迫劳动者的罪行。关汉卿"是一位现实主义的艺术家，也是一位伟大的民主主义的人道主义的思想家，因此他不是爬行的现实主义者，而是有思想、有理想的伟大的现实主义者，这值得我们纪念和学习"[①]。关汉卿的创作不仅在中国戏剧史和文学史上占有重要的地位，而且赢得了世界声誉。20世纪50年代，他被列为"世界文化名人"。

[①]《关汉卿研究》第1辑，北京：中国戏剧出版社1958年，扉页。

二 "天下夺魁"的《西厢记》

元杂剧拥有诸多优秀作品，白朴的《梧桐雨》、马致远的《汉宫秋》、纪君祥的《赵氏孤儿》、无名氏的《陈州粜米》，都是传世佳作。王实甫的《西厢记》，更是中国古典戏曲中的一颗璀璨明珠。

《西厢记》以张生和莺莺的爱情为主线，锋芒直指封建礼教和封建婚姻，反映了封建社会千千万万青年要求恋爱自由的愿望，具有深刻的思想性。《西厢记》的人物塑造甚为鲜明——诚恳、热情、书生气十足的张生，温柔、深情、执着追求爱情的莺莺，泼辣、机智、爽朗、见义勇为的红娘，都已成为人们熟知的艺术典型。在体裁、结构、场面处理上，《西厢记》的艺术成就也十分出色。

作为一部大型诗剧，它的文辞优美，诗意醇厚，富有音韵节奏之美，这在中国古典戏曲中是罕有与之相比的。

《西厢记》是王实甫最成功的作品，还在当时，人们就高度评价道："新杂剧、旧传奇，《西厢记》天下夺魁。"①

元代是杂剧的黄金时代，造就这一文学主流的，不仅是汉族杂剧家，还有不少出色的其他民族杂剧作家。如女真族作家李直夫的《虎头牌》反映了女真族的风俗习惯，采用了不少女真乐曲，具有浓厚的民族风格。蒙古族的第一个剧作家杨景贤，不论在艺术上或在杂剧体制的革新方面，都有重要成就，成为后来吴承恩所著长篇小说《西游记》的基本素材。

三 "中国戏"

元代杂剧不仅是中国文化宝库中的璀璨明珠，而且对欧洲文化产生了深远影响。

早在13世纪（元朝初），意大利人马可·波罗就亲自在关汉卿等人

---

① 贾仲明：《录鬼簿续编》第1集，合肥：黄山书社2009年，第7页。

>>> 王实甫的《西厢记》,是中国古典戏曲中一颗灿烂的明珠。它以张生和莺莺的爱情为主线,锋芒直指封建礼教和封建婚姻制度,艺术成就也十分出色。图选自明代文徵明《西厢记图册》。

戏剧活动的所在地大都，欣赏了盛极一时的杂剧。《马可·波罗行纪》中至少有两处介绍了中国戏剧。新航路开辟后，欧洲传教士联翩来华，中国戏剧更被广泛介绍到欧洲，在欧洲产生极大反响。

18世纪的欧洲舞台，大量上演的是以"三一律"为艺术准则的古典戏剧。它们的主题极其相似，人物千篇一律，使观众日益感到倦怠。正当启蒙的艺术家希冀改革古典戏剧，推动其发展的时候，中国戏剧传入欧洲，使欧洲剧作家耳目一新。法国思想家伏尔泰读到法译本《赵氏孤儿》时说："这出中国戏，无疑是胜过我们同时代的作品的。"

中国戏剧的魅力，使得欧洲戏剧界出现了"中国热"。中国戏曲首先是元曲，被竞相译成欧洲的各种语言。19世纪末，《元曲选》已有二十余种被译成了法文或英文。尤为引人注目的是，17世纪、18世纪的意大利和法国出现了一种前所未有的新剧种——"中国戏"。所谓"中国戏"，多以中国的事物为题材及背景，使用中国戏剧的服装、道具，甚至有时还夹杂着中欧混合语对白。"中国戏"首先出现在喜剧中，接着在风靡一时的歌剧中也出现了。在1753年至1779年间，至少有10部用意大利文及法文写成的"中国戏"剧本。当《中国孤儿》在法兰西剧院公演时，整个巴黎几乎轰动。后来，在纪念伏尔泰诞生200周年时，这出戏又重新搬上巴黎舞台，观众又是惊奇，又是赞叹不已。

中国戏剧在欧洲的传播，给欧洲思想家提供了崭新的精神食粮。伏尔泰明确指出："欧洲的贵族及商人凡在东方有所发现，总是只知求得财宝，但哲学家们则在那里寻得一个新的道德世界。"[①] 这种观念，也正是当时法国"百科全书派"的"中国观"。

---

① 潘吉星：《中国戏剧在欧洲的传播》，《光明日报》1962年8月27日。

第七节

"极摹人情世态之歧"的明清小说

明清两朝是小说的时代。中国小说历经先秦至两汉的准备阶段,至唐代有"传奇"兴起,宋代又出现"话本",白话小说诞生。到了明清两代,封建政治、经济高度发展,江南部分地区和部分手工业部门中,资本主义生产方式的萌芽开始发生,市民阶层兴起,并有了自己的审美趣味和艺术追求,文学创作随之出现一种新的局面。形式活泼、自由,语言通俗浅近,更适于反映当时丰富、复杂的生活,更易于为广大群众所接受的文学样式——小说,蓬勃发展起来,形成一股浩浩荡荡的文学巨流。到明代中后期和清初,人们对于小说在文化系统中所居地位的看法,发生了重大变化。李贽、袁宏道、冯梦龙、凌濛初以及金圣叹,都赞美小说、推崇小说,将其提高到与《春秋》《左传》相并列的地位。这应当说是中国文学史乃至于整个中国文化史上的一个值得注目的新动向。在这样一种特定的氛围之中,明清两代文学的主潮由诗、词、曲转为小说。

一 "三大奇书"

明代出现的长篇小说有一百多种,篇幅有的长至近百万字,尤为著名的是讲史小说《三国志演义》、英雄小说《水浒传》、神魔小说《西游记》,它们并称明代"三大奇书"。

《三国志演义》是中国最早的一部长篇小说，它产生于明初，是罗贯中在史书《三国志》和民间传说的基础上进行再创造的产品。它以120回、70余万字的巨制，出色地描写了三国时期大规模的政治斗争和军事斗争，勾画出东汉末年的时代风云。反映了人民在动乱时代的灾难和痛苦，寄托了希望国家从分裂走向安定统一的理想。它在人物塑造方面有着突出的成就。这部小说写了众多的人物，其中主要角色都是生动而鲜明的不朽典型。同是群雄之首，孙权、刘备、曹操这三人的思想性格各有特点。至于谋士如诸葛亮、荀彧、鲁肃，战将如关羽、张飞、赵云、夏侯惇、张辽、周瑜等，莫不都有各自个性特征。所谓曹操奸绝、关羽义绝、孔明智绝的"三绝"之谈，正反映了罗贯中对典型人物的典型性格的出色塑造。它在战争描绘上构思宏伟，复杂多变，尤其是赤壁之战，场面更是波澜壮阔，小说中主要人物差不多都在这次战争中露面，并在错综复杂的矛盾之中呈现出各自的性格特点。与此同时，在紧张、激烈的战争氛围中，又穿插曹操"横槊赋诗"、诸葛亮"草船借箭"、庞士元"挑灯夜读"等从容不迫的安详画面，显示出作家的匠心独运。

　　《三国演义》在国外影响广泛。《不列颠百科全书》1980年版第10卷"元朝白话小说"条目中称罗贯中是"第一位知名的艺术大师"，并认为它是14世纪出现的一部"广泛批评社会的小说"。美国的中国哲学与语言学专家莫斯·罗伯茨在他所译《三国：中国的壮丽戏剧》的导言中写道，如果说莎士比亚是把英国的编年史编成了戏剧，那么罗贯中则是把流传于中国几个世纪之久的许多故事组织成了一部高超的、包罗万象的演义小说。《三国演义》在俄罗斯拥有广泛读者，几乎每个图书馆或爱好中国文学的者家里，都有这部小说。

　　《水浒传》则以阔大的农民起义为场景，倾向鲜明地描述了众多造反者的故事——林冲雪夜奔梁山，鲁智深拳打镇关西，武松斗杀西门庆、醉打蒋门神，揭示了封建社会的黑暗与"官逼民反"的现实。作

>>> 《水浒传》以农民起义为场景,鲜明地描述了众多造反者的故事,揭示了"官逼民反"的现实。图为现代果渊《水泊梁山一百零八将全图》。

品塑造了众多水浒英雄形象,林冲、武松、鲁智深、李逵、宋江等,无不写得有血有肉,他们各以独特的性格从不同方面反映出人民群众的英雄气概和反抗精神。在情节构造和语言运用上,《水浒传》也取得很高成就。深邃的思想、精湛的艺术,赋予它以不朽的价值。尽管统治者诬蔑它是"诲盗"之书,但数百年来它始终在人民群众中流传不绝。

《水浒传》问世不久,就在国外流传,最早传入的国家就是东邻日本,并博得日本文艺评论家、文学史家的高度评价。日本汉学家、中国文学史专家盐谷温在《中国文学概论讲话》一书中,赞扬水浒英雄"有龙跃于天、虎啸于地之概",称《水浒传》"结构的雄大,文字的刚健,人物描写的精细,不独为中国小说之冠冕,且足以雄飞于世界的文坛"[①]。他还指出,《鲁智深拳打镇关西》一段,"实是笔下生风,肉跃血涌的好文字"。在日本有些作家仿照《水浒传》,创作了《本朝水浒传》《女水浒传》《忠臣水浒传》等,这表明《水浒传》在日本读者之中影响的深远。

《西游记》是一部杰出的浪漫主义作品。全书充满了神奇瑰丽的幻想,仿佛在读者面前展开了一幅五光十色的幻想世界的画卷——鹅毛飘不起的流沙河;经过此处"就是铜脑盖,铁身躯,也要化成汁"的火焰山;"遇金而落,遇木而枯,遇水而化,遇火而焦,遇土而入"的人参果;扇人飘八万四千里远,且可缩小如杏叶、含在嘴里的芭蕉扇……都使小说色彩奇异,引人入胜。大闹天宫、猪八戒高老庄招亲、三打白骨精、过火焰山等故事,生动、惊险、变化莫测、幻想奇特。在谈神说怪之中,它揭露了封建社会的腐朽、黑暗,展开了对现实社会的评议,使作品具有进步的、深刻的思想内容。《西游记》在性格塑造上也极为成功。翻江搅海、幽默乐观的孙行者来自日月孕育的大地,具

[①] [日]盐谷温:《中国文学概论讲话》,孙俍工译,太原:山西人民出版社2015年,第416页。

有极为可贵的创造力与生命力，他那如电光石火的行动，代表了理想跃进的光芒。猪八戒则体现了中国传统的农民精神，他贪吃、爱财却又憨直笨拙，取经途中对于田园式的任务特别主动和勤勉，甚至他的武器也是农民所使用的钉耙，其自私而又憨厚的形象赢得读者由衷的喜爱。此外如唐僧的怯懦、沙僧的沉默温厚、龙马的坚毅负责，亦各自象征了不同的气质。小说中以五行之名分别代表取经人的性质——悟空属金、属火，八戒属木，沙僧属土，唐僧属水。五行相生相克，相反相成，构成动静消长、彼此依存的关系，生动地体现了中国传统的宇宙意识。

《西游记》和中华民族所拥有的其他不朽杰作一样，很快走向世界。美国的《西游记》研究专家C.T.夏认为，英语文学将"通过这部头等重要的外国名著中获取营养，从而得到永久的丰富"。法国汉学家艾提昂伯勒则宣称，如果没有读过《西游记》，就像没有读过托尔斯泰和陀思妥耶夫斯基的作品，"有哪个欧洲人胆敢妄谈世界的小说呢"？

二 市民文学的杰作——"三言""二拍"

在明代文学巨流中，短篇白话小说集"三言""二拍"是高高的浪峰。"三言"——《警世通言》《喻世明言》《醒世恒言》，为冯梦龙所编撰；"二拍"——《初刻拍案惊奇》《二刻拍案惊奇》，编写者是凌濛初。

"三言""二拍"堪称中国封建社会后期的风俗史，题材广阔，几乎涉及当时社会的各个阶层，反映了生活的各个侧面，特别是对于城市市民的日常生活有更多描绘，故称"世情小说"，以别于此前出现的"讲史小说""英雄小说"和"神魔小说"。"三言""二拍"中有大量作品描写市民爱情生活，《卖油郎独占花魁》是一篇富有时代特色的爱情作品，小说写卖油郎秦重和一个失身为妓的莘瑶琴相爱的故事。小说通过生动的情节，赞扬在爱情和婚姻问题上，可贵的不是门第、等级和金钱，而是彼此知心如意、相互尊重。这篇小说以"市井小辈"与"衣冠子弟"相并比，把美与丑、善与恶、崇高与粗俗、光明与黑暗相对照，对市民与市民爱情生活作了肯定。《蒋兴哥重会珍珠衫》则通过蒋兴哥与王三巧一对夫妻的悲欢离合，表明封建贞节观念在市民爱情生活中已经褪色。

"三言""二拍"还着重反映了商人的生活。由于中国封建农业经济结构所制约，统治阶级推行"重本抑末"政策，商业被视为"末业""小道"，商人更被列为"士农工商"四民之末，受到社会歧视，在文学作品中，帝王将相、英雄豪杰，是作家尽力描写的主要对象。而在"三言""二拍"中，以商人为主体的市民作为主人公登上小说的舞台。《叠居奇程客得助》描写商人程宰因经营失败，流落关外，后得海神相助，依靠"人弃我堪取，奇赢自可居"的囤积居奇手段，发了大财。这种幻想正表现了商人精神世界的特色。它的一些篇章还对经商这一行业予以公开赞扬。《乌将军一饭必酬》中描叙王生三次贩货，都遭打劫，这使他对"商贾事件"失去信心。他的婶母杨氏却不断对他进行鼓励，再三劝他不可因受挫折而"堕落了家传行业"。对比传统的以科举为正业的观念，这一描写透露出市民"重商"思想兴起的时代信息。

"三言""二拍"以世俗日常生活为对象，"极摹人情世态之歧，备写悲欢离合之致"，描绘了资本主义生产方式萌芽给社会的经济生活、政治生活以及习俗礼仪带来的种种微妙变化，尽管流露了小市民的种种庸俗和浅薄，但其间也包含着有生命活力的新生意识，是对长期封建意识和儒学正统的侵袭和破坏。它具有的社会意义，可与欧洲文艺复兴时代所产生的《十日谈》相比。

"三言""二拍"的人物描写也颇为出色。典型人物群像彼此辉映，次要人物也写得栩栩如生。在编写故事上，既有气象万千、惊心动魄的巨大冲突，又有柔情如水、令人荡气回肠的诗意的纽结。在艺术手法上，既有意笔，也有工笔。读其中的佳作，会有一种艺术鉴赏的快感。

三 《聊斋志异》与《儒林外史》

清代小说将中国古典小说的创作推向高峰。蒲松龄的《聊斋志异》与吴敬梓的《儒林外史》便是清代小说的精华。

蒲松龄的《聊斋志异》继承了魏晋志怪小说、唐宋传奇的传统，加以创造发展，形成独特的艺术风格。全书共近五百篇，其中爱情故事居多。这类故事大多写狐鬼精灵和人的恋爱，反映了当时青年男女企图冲破封建礼教、追求恋爱婚姻自由的强烈愿望，塑造了众多品格优良的男女青年形象。其中一些女性的性格尤为鲜明可爱，如憨态可掬的婴宁；"弱态生娇，秋波流慧"的青凤；矢志不二，敢于与恶劣环境展开斗争的鸦头；爽朗豪迈的莲香和羞涩怯弱的李女；受妖物威胁去迷人而又心地善良的聂小倩；时而开玩笑、恶作剧，时而一本正经习字的乔秋容和阮小谢……她们美丽、聪明、多情，大多对封建礼教抱蔑视态度，积极主动地争取美满的爱情生活，这些可爱的少女形象使中国古典文学画廊更加琳琅满目。

《聊斋志异》中还有一些作品尖锐地揭露了当时黑暗、腐败的政治，抨击了科举制度的罪恶。如《促织》通过成名一家向皇帝交纳蟋蟀的悲剧故事，触目惊心地反映了在封建社会劳动者遭受的惨重迫害。而《席方平》则剖析了封建社会的整个官僚机构的丑恶本质——在阴曹地府，从冥王到狱吏，都和恶霸地主沆瀣一气，狼狈为奸，残害民众，没有公理，没有正义，主宰一切的是金钱，这正是人间的写照。在《司文郎》《王子安》中，作者则通过嬉笑怒骂的笔法，对科举制度的不合理作了深沉的一击。

《聊斋志异》文笔流畅，语言简洁生动，几百字的短文，能使故事情节波澜起伏，引人入胜。它写花妖狐魅，变幻莫测，却又具有活生生的人情味。郭沫若曾为蒲松龄故居题写一副对联"写鬼写妖高人一等，刺贪刺虐入骨三分"；老舍题联曰"鬼神有性格，笑骂成文章"。这都是对蒲松龄及其《聊斋志异》恳切的评价。作为文言小说成就最高的

《聊斋志异》，在国外也享有盛名，它很早就被译成英、法、德、俄、意、日、朝等多种文字，并获得外国学者高度评价。

《儒林外史》是中国小说史上第一部以知识分子为题材的长篇白话小说，也是中国小说史上第一部长篇讽刺小说。《儒林外史》的作者吴敬梓，用极为犀利的笔锋，勾画出封建社会末期士大夫阶层各色人物的灵魂，揭露封建末世科举制度的毒害、官僚政治的腐败和道德风俗的败坏。如《范进中举》中的范进醉心于科举登仕，从青年到老年，下考场做八股文几十次，一直未能如意，穷困潦倒，后来老而中举，惊喜成疯。再如严监生的大舅子王仁向以"我们念书的人，全在纲常上做工夫"为标榜，但看到二百两纹银后，纲常不见了，以致怂恿严监生在自己亲妹王氏没咽气之前，扶正了侍妾。在吴敬梓笔下，"儒林"围绕"功名富贵"而互相勾结、吹捧、敲诈，形象地表明封建制度正在溃烂中趋向崩溃。

《儒林外史》运用摇曳多姿、变化无穷的讽刺手法来强化人物性格。在组织结构上，众多人物分别表现生活的某一个别方面，又以每一个人的故事起讫，一环套一环，生动地反映出时代、社会多方面的生活面貌。它的出现标志着讽刺文学进入新阶段，它深刻揭露现实的黑暗，呈现社会的病态，是近世谴责小说的先导。

《儒林外史》已被译成英、法、德、俄、日、越等多种文字。有的外国专家认为，吴敬梓在文学上的贡献，足以和俄国的果戈理、英国的菲尔丁相媲美，而《儒林外史》创作年代却比果戈理和菲尔丁的讽刺作品的产生早一个多世纪。

四　突破了传统思想、传统手法的《红楼梦》

明清小说的最高成就是曹雪芹创作的《红楼梦》。这部篇幅浩瀚的作品以贾宝玉、林黛玉、薛宝钗之间的恋爱和婚姻纠葛为中心，联系广阔的社会背景，生动、真实地展现出晚期封建社会趋于崩溃的历史命运,对封建生活道路的叛逆者贾宝玉、林黛玉及其爱情作了热情的歌颂。其深刻的思想意义及阔大的社会容量,在中国古典文学作品中罕有与之匹敌者。正如鲁迅所指出的,在《红楼梦》这里,传统的思想和传统的手法才开始被打破。

《红楼梦》的人物塑造极为出色,其中不少形象如宝玉、黛玉、宝钗、凤姐、刘姥姥等,已成为不朽的艺术典型。《红楼梦》具有天然无饰的情韵,在作品中一切显得那样血肉饱满、生气勃勃,一切显得那样纷繁多姿而又那样清晰明朗,生活仿佛只不过按照它原有的样子任其自然地流淌到纸上,就像一幅天长地阔的自然风光,不加修饰地呈现在窗前一样。这种逼真、浑然天成的特色确是天才创造。它的艺术结构也颇为精致。每一情节、每一段章节的变换和运转,就像一道蜿蜒的流水,只见奔流而不见它的中断和缝合之处。曹雪芹善于把森罗万象的生活拥抱在手里,次第展开,相互显现,又不断加以扩展、丰富、深化,并向一个总方向推进。它的语言亦洗练、自然,富于表现力,达到炉火纯青的地步。

《红楼梦》问世后,它所具有的艺术力量,立刻惊动了整个社会。人们阅读它、谈论它,对它"爱玩鼓掌""读而艳之";又为了品评书中人物"遂相龃龉,几挥老拳";还有的青年读者,为书中爱情故事感动得"呜咽失声,中夜常为隐泣"。当时社会上流传"开谈不说《红楼梦》,读尽诗书也枉然"之语,可见它在清中叶已广泛深入人心。它还引起人们强烈的研究热情,书出不久,即有所谓"红学"兴起,至今"红学"研究仍方兴未艾,其范围也突破国界,具有世界意义。

《红楼梦》不仅是中国民族文化的一颗无比瑰丽的珠宝,在世界文化宝库中也熠熠生辉。法国文学评论家阿兰·博斯凯在《文学杂志》上发表了《中国文学上的丰碑》一文,高度评价《红楼梦》。他说:"才华横溢的曹雪芹在创作《红楼梦》期间大大地发展了文学表现力,在这部名著里,千波万浪,跌宕起伏,迂回曲折,因而《红楼梦》当推为独创

>> 明清小说的最高成就是曹雪芹创作的《红楼梦》。在《红楼梦》中,传统的思想和传统的手法才开始被打破;《红楼梦》不仅是中国民族文化的一颗无比瑰丽的珠宝,在世界文化宝库中也熠熠生辉。图选自清代孙温《全本〈红楼梦〉》

之首。"《红楼梦》作者本身的曲折经历和遭遇会使人联想起《唐·吉诃德》作者——西班牙的塞万提斯,其激越的创新又似欧仁·苏,在他的笔底下洋溢着大仲马式的曲折生动的情节。文笔是那样精细工巧,而又热情奔放。"他在全文结束时热情呼吁"愿这部杰作永远留在我们的记忆之中"。

明清小说在世界文化史上享有不朽地位。早在18世纪,中国小说便被介绍到欧洲,种种史料表明,18世纪欧洲各国的杰出作家,如法国的伏尔泰,德国的歌德、席勒,英国的艾迪生、哥尔德斯密斯等人都是中国小说的读者。席勒曾在一封信中说:"对于一个作家而言……埋头于风行一时的中国小说,可以说是一种恰当的消遣。"歌德从1781年读《今古奇观》起,至1827年为止,共读完了《玉娇梨》《花笺记》《好逑传》等中国作品,并对《好逑传》赞不绝口。当他的助手爱克曼问他《好逑传》是不是中国小说中最好的一部作品时,他立即不假思索地答道:"一定不然!中国人有成千上万的小说。当他们已拥有小说的时候,我们的祖先还正在树林里生活呢!"

第九章

异彩纷呈的艺术

中国神秘而又多彩的艺术，曾使几代西方哲人和艺术家为之倾倒。18世纪欧洲启蒙大师伏尔泰把东方称为一切艺术的摇篮。

艺术在中国很早就受到重视。中国古代教育定"六艺"为必修科目，它对艺术实践的重视，有力地促进了中国古代艺术的早熟。

艺术在文化系统中与其他子系统是相互影响、相互渗透的。同一时期，在绘画、雕塑、书法、音乐中表现出来的美学观念，在文学作品中可以找到呼应，反观也是如此。艺术子系统与思想子系统的关系同样如此。

植根于民族生活土壤的文化艺术，不仅表现本民族人们的思想、感情、意志、理想和要求，而且必然具有本民族的风格特征。中国哲学的精神是"天人合一"，追求人与自然的和谐统一关系。由此派生出中国艺术的独有特色，如中国的山水画，其特征正在于注意人与自然的和谐统一、感情上的互相交流。中国园林借山借景，使观赏者有一种辽阔的视野，而这种辽阔正包括了人和自然的和谐联系。中华民族具有实践理性的心理特征，体现在艺术上便是追求情理交融，讲究神似而不是模拟。中国艺术的民族风格，渗透于书法、绘画、雕塑、园林等艺术部类中，在特定的民族生活土壤上开出绚烂的奇葩。

第一节

"笔补造化"的书法艺术

书法是中国特有的艺术,它富于造型美、抒情美,如画、如乐、如诗,其流动的笔迹线条,不但曲折地连接着自然万象的美,而且直接表现着人心流淌出来的美。唐代张怀瓘曾评说中国书法,"其趣之幽深,情之比兴,可以默识,不可言宣"。唐代诗人李贺称中国书法,"笔补造化天无功"。古人谓书法艺术为"无声之音,无形之相",正概括了书法艺术的抽象精神之所在。

中国特有的书法艺术,奠基于方块汉字的造型基础上。汉字的方结构造型,就像一个个建筑物,本身具备了艺术的对比、平衡、穿插、均匀等素质,这使书法家得以充分施展艺术手段。首先,方结构使线条组织不至于杂乱无章,而有一个明确的核心。其次,结构的存在,使书法的线条在更大范围内丰富自己的表现力,每一根线条的提按、粗细乃至撇捺,在结构上都有明显的需要 —— 为造型的建筑式美感服务。空间结构的存在,使线条的推移丰富多彩、跌宕多姿。总之,汉字的结构美意味着它具有建筑造型的抽象美学特征,从而为书法家们的情感驰骋和技巧显示创造了一个无比广阔的天地。中国书法艺术的特殊风貌与汉字的象形性也不可分离。远古文字"肇于自然""博采众美,合而为字",具有美的质素。中国文字的这一特性使书法作品中的点、画、结构,与客观物象保持着特定的联系。而书法家也得以把书法艺术美与"天地山川"的自然美、"衣冠文物"的社会美联系起来，使书法艺术具有一定的再现的形象性，从而调动欣赏者的形象思维，获得隽永的美的享受。从某种意义上说，没有汉字也就没有中国书法艺术。

中国特有的书法工具在书法艺术的形成、发展中，起着至关紧要的作用。笔、墨、纸等书写工具，直接参与和促成书法家的艺术创作，其中毛笔可谓关键，"唯笔软则奇怪生焉"。书法家舞笔如景山兴云，送笔如游鱼得水，导之则泉注，顿之则山安，烟霏雾结，状若断而还连，怪怪奇奇，千形万象，都成于墨而形于纸，诚如宗白华所言："中国人这支笔，开始于一画，界破了虚空，留下了笔迹，既流出人心之美，也流出万象之美。"① 而纸的发明，墨、砚的出现和不断改进，也成为中国书法特有艺术效果产生的重要前提。故古人将笔、墨、纸、砚称为"文房四宝"。正是由于笔墨等物质手段的灵便特性，书法才有可能自由地运用形式美的规律来表现出人们的情感、气度以至个性。没有这套工具，也就没有书法艺术。

中国书法的历史源远流长。商周时期的许多甲骨文、金文，虽"以事为足"，但在"大朴"中萌含着艺术质素，在使用价值中孕育着审美价值。这些文字规整而美观，风格或雄伟或劲峭，精神爽朗，古趣横生，可以说是原始的书法艺术品。但是，"有意识地把文字作为艺术品，或者使文字本身艺术化和装饰化，是春秋时代的末期开始的。这是文字向书法的发展，达到了有意识的阶段"②。湖北随州战国早期曾侯乙墓出土的铜器及乐器上的铭文，笔势劲秀，结体修长，俊丽清健，是文字向艺术化方向发展的早期作品之一。

---

① 宗白华:《中国书法里的美学思想》,《美学散步》,上海：上海人民出版社1981年,第148页。
② 郭沫若:《古代文字之辩证的发展》,《现代书法论文选》,上海：上海书画出版社1980年,第394页。

唐代发现的石鼓文是战国时期秦国的刻石，它继承周代书体特点，雄强浑厚，朴茂自然，圆劲挺拔，是划时代的优秀书法作品。唐代张怀瓘在《书断》中称赞石鼓文"体象卓然，殊今异古。落落珠玉，飘飘缨组"，为后世小篆之祖。

秦统一六国后，"书同文"，创造了秦篆，这种书体线条圆匀，结构统一定型，字形呈纵势长方，与前代文字相比更趋成熟。相传为李斯书写的《泰山刻石》《琅琊刻石》，字体谨严浑厚，平稳端凝，疏密匀停，一丝不苟。部分有纵长笔画且其下无横画托底的字，密上疏下，稳定之中又见飘逸舒展。这种结体方法，至今仍为人们书篆刻篆所沿用。唐人称颂李斯的篆书是"画如铁石，字若飞动""骨气丰匀，方圆绝妙"。光耀书法史的秦篆，与中国雕刻史上的秦俑，建筑史上的长城、阿房宫等同为秦王朝时期的杰作，并肩于中华民族文化瑰宝之列。

汉代是中国书法艺术辉煌灿烂的时期。汉隶是居于汉代书坛主导地位的特有成就。从体势上看，汉隶由纵势长方的小篆，渐次变为正方，再变为横势扁方。中宫笔画收紧，由中心向左右舒展。从用笔到结体，形成了一套完整的规格。既庄重严整，又劲挺若动，具变化之妙。它上承篆书、古隶，下启楷书，用笔通于行、草，所以有人主张学书必先学隶。至东汉桓、灵时期（147—189）定型的隶书，成为官定标准字体。这一时期留下的碑版、金文、砖文、印章文字，以及篆、隶、楷、行、草诸体皆备的竹木简牍丰富多彩，琳琅满目。东汉树碑立传之风特盛，所遗碑版也最多。这些碑版书法风格多样，有的茂密雄强、浑穆厚重，有的方整劲挺、斩截爽利，有的左规右矩、法度森严，有的舒展峭拔、烂漫多姿，皆为汉隶精英。隋唐以后到近代，虽然楷书盛行，而隶书不废，显示出强大的艺术生命力。

魏晋南北朝在中国书法发展史上是承上启下、繁花似锦的时期。楷、草、行、隶等各体书法同时发展，风格多样，各臻其妙。这个时期造就了中国书法史上巍然卓立的两个大书法家钟繇、王羲之。他们揭开

>>> 魏晋南北朝时期造就了中国书法史上巍然卓立的两个大书法家钟繇、王羲之。王羲之的行书《兰亭序》,自古以来有"天下第一行书"之称。图为明代唐寅(传)《兰亭雅集图》。

了中国书法史新的一页,树立了楷书、行书、草书美的典范,此后历朝历代,乃至东邻日本,学书者莫不宗法"钟王"。

  钟繇,三国魏大臣,官至太傅,世称钟太傅。他的书法吸收了各家长处为己所用,能写隶、楷、行、草诸体。《书学史》称他的隶书"点如山颓,滴如雨骤,纤如丝毫,轻如云雾,去若鸣凤之游云汉,来若

游女之入花林,灿灿分明,遥遥远蔼者矣"①。但他的书法成就,主要还是在楷书方面。他把东汉以来民间流行的隶书中那些冲破规矩、方正平直、简省易写的成分集中起来,以楷书的横捺取代了藏锋、翻笔的隶书的蚕头燕尾,参以篆书、草书的圆转笔画,促进了楷书的定型化。唐代张怀瓘称他"真书绝妙""幽深无际,古雅有余,秦汉以来,一人而已"。

在书法艺术臻于成熟的魏晋,另一位书法艺坛上的巨星便是世称

---

① 祝嘉:《书学史》,郑州:河南人民出版社2016年,第39页。

"书圣"的王羲之。王羲之,琅琊临沂(今属山东)人,官至右军将军、会稽内史,故人称王右军。他七岁开始学书,坚持勤学苦练。相传他每天练习书法,即使休息的时候,也在揣摩字体的结构、间架和气势,并手随心想,在衣襟上勾画,时间久了把衣襟都磨破了。他常在家里一个水池边习字,从池里取水研墨,在池里洗笔刷砚,以至一池清水变为黑色。以"临池"为习字之称,其典乃出于此。经过几十年的钻研,王羲之博采众长,改变了晋代以前平板匀整的篆、隶书法,创出了具有自己特殊风格的楷、行、草书。他的草书造诣尤高,人称其笔势"飘若浮云,矫若惊龙",笔画似"铁画银钩"。梁武帝萧衍评价说"王右军书,字势雄强,如龙跳天门,虎卧凤阁,故历代宝之,永以为训"[①]。唐太宗对王羲之的书法佩服得五体投地,据唐代张彦远《法书要录》记载,唐太宗的皇宫收藏王羲之真迹有三千六百纸。他得到王羲之《兰亭序》墨迹后,还要以之陪葬,以便在冥世继续欣赏玩味。自六朝以后,王羲之为历代书家所师法。他的楷书以《黄庭经》《乐毅论》著名,行书以《兰亭序》《快雪时晴帖》《丧乱帖》等名世。《兰亭序》书法劲健,端秀清新,纯出自然,渗透着音乐般抒情的时间性和流动感,自古以来有"天下第一行书"之称。《快雪时晴帖》是王羲之的一封行草书札,仅二十四字,但写得遒劲秀美,结体均匀,气势贯通,筋骨血肉恰到好处,古人誉之为"天下书法第一"。王羲之的书法作品具有极高的美学价值,欣赏他的书法作品,就像欣赏一幅肃穆恬静的山水画卷,聆听一首抑扬缠绵的乐曲,也像在吟诵一首澹远典丽的诗篇。

晋代书法家,多出自"琅琊王氏",其中不仅有"书圣"王羲之,还有"小圣"王献之。王献之是王羲之第七子,他从小酷爱书法,幼学于父,其后又取法东汉书法家张芝的草书,开创了"行书"这一新

[①] (南朝)萧衍:《古今书人优劣评》,《历代书法论文选》,上海:上海书画出版社1979年,第81页。

体。他的书法用笔外拓,笔意开展,后人多认为比王羲之的书法俊美而更有逸气,然骨力似不及其父。书史评"二王"书风异同,每谓子为神骏,父为灵和。近人则有以金玉之质拟于王羲之父子。王献之善隶、草书,能写大字。年轻时,曾用帚沾泥,在壁上书写方丈大字,围观者数百人。他的父亲王羲之也很欣赏他的大字书法,可惜代远年湮,这些名迹都无法看到了。王献之的行书以《鸭头丸帖》《中秋帖》传世,楷书以《洛神赋》知名。唐宋以来的书家,都深受"二王"书法的影响。

后人评价魏晋书法为"韵胜""度高",这一风格与当时士人追求"丰神疏逸,姿致萧朗"风度的时代心态一脉相通,正是在"情驰神纵,超逸优游""淋漓挥洒,百态横生"的艺术创作中,中国书法艺术进入黄金时代。

唐代是中国封建社会空前强盛的时期,在政治稳定、经济繁荣的基础上,"承袭六朝并突破六朝的唐文化,博大清新,辉煌灿烂,蔚成中国封建文化的高峰,也是当时世界文化的高峰"[①]。在各种艺术门类中,书法成就极为突出,楷书、行书、草书尚法尚意,流派纷呈。书法艺术和诗歌一样,是这个时期最普及的艺术,又是这个时期最成熟的艺术。

初唐书家有欧阳询、虞世南、褚遂良、薛稷、孙过庭,盛唐或稍后一点则有李邕、张旭、徐浩、颜真卿、李阳冰、怀素诸家,晚唐则以柳公权为代表。此外,唐代不少诗人、文学家如李白、张籍、杜牧、白居易、元稹、李商隐等,也都擅长书法,并有书迹传世。唐代创造性较强的书法家当推李邕、张旭、颜真卿、柳公权、怀素。

张旭,官至右率府长史,世称张长史。他的书法得于"二王"而又能风格独创。狂草便是他在书法上的革新。如同李白诗的无所拘束而

[①] 范文澜:《中国通史简编》第3编第2册,北京:人民出版社1965年,第800页。

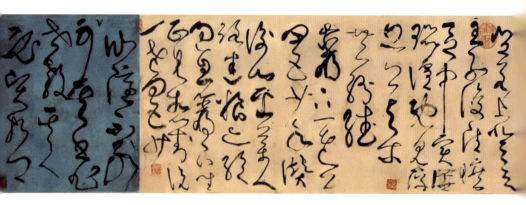

>>> 张旭的书法得于"二王"而又能独创,狂草便是他在书法上的革新。图为唐代张旭《古诗四帖》。

皆中绳墨一样,张旭的狂草流走快速,连字连笔,一派飞动,"迅疾骇人",把悲欢情感痛快淋漓地倾注在笔墨之间。杜甫《饮中八仙歌》描绘道:"张旭三杯草圣传,脱帽露顶王公前,挥毫落纸如云烟。"从中可以想见他寄情点画进行书法艺术创造时如醉如痴的狂态。张旭的书法用笔顿挫使转,刚柔变化,神采奕奕,他的草书具有音乐的旋律、诗的激情、绘画的笔墨情趣,艺术境界相当高。恰如宗白华在《中国书法里的美学思想》所评价的,张旭书法体现了"情景交融的'意境',像中国画,更像音乐,像舞蹈"。其博大、清新、纵逸、豪放的风貌盈溢着强烈的盛唐气象。在中国文化史上,"草圣"张旭与"诗仙"李白齐名。

颜真卿,出身一个世代擅长书法艺术、精通文字学的士大夫家庭。被封鲁郡开国公,人称颜鲁公。他上承王羲之的传统,学习虞世南、欧阳询、褚遂良、薛稷"四大书家"所开创的书法艺术长处,并曾亲受张

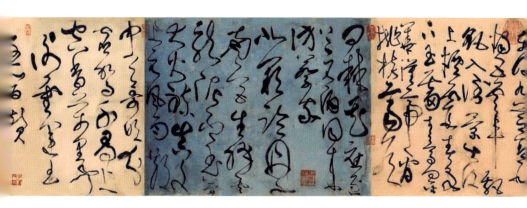

旭的指教，特别是吸取了南北朝至隋唐以来民间书家的新鲜营养，熔于一炉，法前人而寓新意。他的书法新在雄强茂密，浑厚刚劲，既有时代风貌又有个性特点；新在笔法上能把篆隶笔法运用于楷行草书，折钗、屋漏、印泥、画沙兼而有之；新在他的楷书有意识地把横画写得细瘦，点、竖、撇、捺写得肥壮，对称之竖有向内环抱之势，且用蚕头燕尾的隶法于捺笔首尾。颜书运笔及字形结构上的独特艺术风格，开创了中国书法艺术的又一个新局面。颜真卿是一位多产的书法家，他的书迹，据说有138种之多，虽经1 000多年的沧桑巨变，留存至今的仍然不少。他的楷书，以《大唐西京千福寺多宝佛塔感应碑》《东方朔画赞碑》《麻姑仙坛记》《颜惟贞家庙碑》等最为著名。755年（天宝十四年）十一月，安禄山起兵叛乱，河朔尽陷，唯颜真卿以平原太守坚守平原。颜真卿在洞察安禄山必叛而严阵以待之际书写的《东方朔画赞碑》，庄严峻峭，浑厚雄健，磅礴的气势和端庄的神态融为一体，字里行间含有刚正坚毅的气质。这种风格正是他"正色立朝，临大节而不可夺"人格的象征，从而体现出"艺之至，未始不与精神通"的美学规律。在中国书法发展史上，颜真卿不愧为一代大家，他所创造的富有崭新艺术风格的"颜体"，一直产生着深远的影响。

怀素，俗姓钱，长沙人。因为家贫，幼年当了和尚。他是继张旭之后的又一位大草书家。他幼年买不起纸，就在寺院附近种植万株芭蕉，每日用芭蕉叶练字，把芭蕉叶都用尽了。他又用漆盘练字，把盘子也磨穿了。他住的寺院墙壁上、家具上都写满了字迹，甚至连做袈裟的布，也先用来练字，然后再染色缝制。他的草书气势磅礴，独具一格，有"奔蛇走虺""骤雨旋风"之势，放逸流畅而不狂怪。他的狂草杰作《自叙帖》，前半段叙述自己的学书过程，写得舒缓飘逸，写到别人对他的赞词时就狂态毕具了，终篇二十行左右狂极，落年月日款是到最高潮后的戛然而止。这幅作品可以说是泼墨大写意长卷画，也是一组感情奔腾的抒情曲。用抽象的点画与文字内容配合表情达意，这一中国书法的特点，至"颠张醉素"得到了充分的发挥，为后世书法创作留下了极宝贵的范例。

柳公权，官至太子少师，也称柳少师。他由于善书法，在穆宗、敬宗、文宗三朝侍书禁中。穆宗曾问他用笔之法，他说"用笔在心，心正则笔正"，致使皇上改容，"悟其以笔谏也"，这便是世传的"笔谏"佳话。柳公权学颜字，但能自创新意，世称"颜筋柳骨"。他避开了颜字肥壮的竖画，把横竖画写得大体均匀而瘦硬。他又吸取了虞世南、欧阳询楷书结体上的紧密，颜真卿楷书结体的纵势，创造了独树一帜的"柳体"。其代表作有《金刚经》《神策军碑》《玄秘塔碑》等。柳公权的书法，在他当世时就已极其珍贵。争向他求字者甚众，以至一时形成"大臣家碑志，非其笔，人以子孙为不孝"的风气。

唐代书学影响东亚国家。东邻日本国圣德太子、圣武天皇、光明皇后的书法都受了当时遣唐使的强烈影响而具有了唐代书法的风貌。日本平安朝"三笔"中，空海、橘逸势两人就是到唐都长安学习过中国书法的。

有宋一代，为后世所推崇的书家有苏（轼）、黄（庭坚）、米（芾）、蔡（襄）"四大家"。

苏轼的书法作品"匀稳妍妙,风神在披拂间",表现出东坡的豪放飘逸的风采。清代王文治有诗赞美东坡书法:"坡翁奇气本超伦,挥洒纵横欲绝尘。"他所写的《醉翁亭记》"结法遒美,气韵生动";他的《赤壁赋》更被盛赞为"坡公之兰亭也"。

黄庭坚善行、草书,楷法亦自成一家。他的楷书结体,中宫收紧,由中心向外作辐射状,纵伸横逸,如荡桨、如撑舟,气魄宏大,气宇轩昂。他的草书也甚佳,其作品《花气诗》笔势苍劲,肥笔有骨,瘦笔有肉,"变态纵横,势若飞动"。《诸上座帖》"笔势飘动隽逸",更是稀世佳作。

米芾,曾居襄阳,故人称米襄阳;又因举止癫狂,人称"米颠"。他的书法作品,大至《多景楼诗帖》《苕溪诗帖》《蜀素帖》等诗帖,小至尺牍、题跋等都具有痛快淋漓、奇纵变幻、雄劲清新的特点,以及快刀利剑的气势,为人所不及。

蔡襄的书法学习王羲之、颜真卿、柳公权,以浑厚端严,雄伟遒丽之风格见长,苏轼、黄庭坚、米芾、欧阳修都对他的书法十分推崇。

除苏、黄、米、蔡"四家"之外,宋徽宗赵佶也在书坛上独树一帜,他所创造的"瘦金体",书体瘦硬,精神外露,没有极强的腕力无法写好。近代一些国画家认为中国绘画的基础是书法,而瘦金书对于中国画,特别是工笔画非常相宜。所以近代学瘦金书的人逐渐增多。宋代其他能书者也为数颇众,欧阳修、文彦博、范仲淹、王安石、陆游、朱熹等也都名重一时。

元代书法家有赵孟頫、鲜于枢、康里巎巎等,其中赵孟頫被公认为元代书法界的领袖,他的"赵体书"至今还为不少人喜爱。赵孟頫,世称赵松雪,《元史》称他"篆、籀、分、隶、真、行、草书,无不冠绝古今,遂以书名天下"[①]。赵孟頫的书法初学宋高宗,中学钟繇、王羲之、

[①] (明)宋濂:《元史》卷一七二《列传第五十九·赵孟頫传》,北京:中华书局1976年,第4 023页。

王献之，后欲展大字，又学李北海、柳公权，是集晋、唐书法大成的一代名家。他不但能在继承传统上下功夫，而且思变。他把王羲之《快雪时晴帖》展为大字，取李北海体势，守"二王"笔法，别具匠心。他的书法作品以楷书和行书为最美，被后世列为"楷书四大家"（颜、柳、欧、赵）之一。赵孟𫖯才思敏捷，日作楷书万字，"下笔神速如风雨"。同时代的虞集、鲜于枢，明代的解缙、文徵明、祝允明、董其昌对他都十分推崇。赵孟𫖯的书法，他在世时即已享有盛誉，仁宗皇帝尝取赵孟𫖯及夫人管道升、儿子赵雍书法合装成帙，让秘书监收藏起来，"使后世知我朝有一家夫妇、父子皆善书"。

明代书家中最著名者有祝允明、文徵明、董其昌等。祝允明性格豪爽，无拘无束，其狂草书，尤为当世所重。他的楷书、行书亦深得书学奥秘，晚年得意之作《太湖诗卷》，写得天真纵逸，风骨烂漫，如云烟变幻莫测。文徵明的书法"力追右军""隶书法钟繇"，草书师怀素，行书仿苏、黄、米，达到了可比肩赵孟𫖯、"神理超妙"的艺术境界。董其昌的书法既有"圆劲苍秀"，又有"颜骨赵姿"，也有"闪闪如迅霆飞电"的豪壮。如大字草书《琵琶行》，就有"龙蛇云物，飞动指腕间"的笔意和境界。董其昌的书法名气很大，至清初由于康熙皇帝的提倡，更一度举世争仿其书。晚明与董其昌齐名者有邢侗、张瑞图、米万钟。因此，有"北邢南董""南董北米"之称。

清代是中国书法史上书道中兴的一代，书家甚众。傅青主以行、草著名，书法妙趣横生。朱耷的书法追求"怪伟"，个性独特。郑燮（板桥）为画史上有名的"扬州八怪"之一，他的字把楷、草、隶、篆四体融为一气，而以楷、隶为主干，用作画方法去书写，"一字一笔，兼众妙之长"。在书法布局上，郑燮特别注意上下左右互相避让呼应，大小携带，疏密无间，错落有致，形成有主次、有轻重、有节奏、有旋律，类似绘画的章法，人有"乱玉铺阶之喻"。板桥以画家笔法"作字"，这也只有画家才能办得到。此外如金农、汪士慎、邓石如、陈鸿寿、包世臣、何绍基、赵之谦等人，或在浩若烟海的古代书法艺术宝库中随取一家，潜心揣摩，参以己意，足成新体；或博采众长，仪态万千，令人目迷心醉。总之，清代书法之盛前所未有，不仅书家甚众，难以尽数，而且留下了丰富的书法艺术珍品，以及书法艺术继承与创新的宝贵经验。

第二节

以"神似"取胜的中国画

在中国古代文化的大系统中,绘画以其独特的民族传统和不朽的作品而熠熠生辉。意大利人马可·波罗在他那本著名的"行纪"中盛赞中国的美术。他说"金碧辉煌"的中国宫廷,充满珠光宝气,"所绘壁画,龙翔凤舞,车骑百戏,珍禽异兽,战事耕作,无奇不有"。

吸引西方人的不仅仅是中国绘画的丰富多彩、神采飞扬,中国绘画独特的民族风格和民族气派也使他们深为倾慕。在艺术风格上,西方画重"形似",中国画求"神似",把"气韵生动"列为绘画"六法"第一位。这种"神似",在人物是指精神、个性,在动物、花树,是指其形态特点和动人的意趣,在山水风景就是一种美的境界和季节气候的变化特征。在构图上,中国绘画十分重视立意构思,要求情景交融,以虚实相生构图,追寻空灵回荡的意境。在色彩的运用上,中国画与西画也有很大的不同。从欧洲文艺复兴到印象派流行,西方画坛上的画家大多根据一定的光源,来描绘对象丰富的色彩变化,倾向于感性世界的直接表现。中国绘画较多重视色彩的运用,一方面是为了加强表现对象的特性,如用深红和浅红来画红花,用淡赭来染秋山,体现了理性与感性的综合;另一方面是为了加强作品所要求的情调、气氛,有时大胆用富丽的对比色,追求装饰效果,形成工笔重彩的形式。中西绘画对色彩的运用各有所长,各有特色。西画表现光影真实而生动,尤其是印象派的佳作，以色彩写阳光变化发挥到极致，直可称为光的交响乐。而中国画或完全舍弃色彩，成水墨的抒情独奏，或以笔墨为主、色彩为辅，或墨色合奏。至于工笔重彩，正像中国音乐合奏中用锣、鼓、拍板等乐器，音色鲜明强烈，造成壮丽的气氛，形成独特的和谐。在造型上，中国画特注重线条的运用、讲究笔法。线的疏密、繁简、曲直、刚柔等变化，可以产生丰富的韵律节奏，更能够体现作者的感情、性格，形成作品的独特风貌；笔法的讲究，则造成浑然一体的连贯气势。在紧密结合造型需要并富有节奏感的笔法之中，墨的浓淡、干湿也起着重要作用。中国墨用纯细的桐油烟或松烟精制而成，在画面上浓墨显得厚重深沉，淡墨有透明感，浓淡的层次丰富，含蓄而带有光泽；对于表现物象的质感、空间感，特别是雨雾中的山林、饱含水分的花叶等，都有极好的效果，能表现微妙的变化，所以画家常以墨代色，或强调"墨有五色"，形成与白描并驾齐驱的富有民族风格的绘画形式——水墨画。绘画艺术和中国哲学、文学及其他姊妹艺术（如书法、工艺美术、园林建筑等）的相互影响和渗透，更增添了其独有的美学价值。

中国绘画的民族风格是在长期的历史创造中形成的。考察中国绘画的源头，可以追溯到久远的远古时期。早在六七千年以前的新石器时代早期，上古初民便在彩陶上绘画互相追逐的鱼、跳跃的鹿以及各种纹样和装饰，表现出相当高的审美意趣。青海出土的舞蹈纹盆上的舞蹈者的形象和神情也很有生气。这些有情节、有构图、有意境的画面，令人惊叹远古的先人竟有如此高超的创作才能。商周时期的青铜器、玉器、象牙雕刻和白陶，图案细密富丽，布局严谨整齐，给人以镂金错彩、雕缋满眼的感受。随着奴隶社会的崩溃，现实中人的地位提高了，人的生产、生活成为绘画的中心主题。1949年长沙楚墓出土的晚周帛画《夔凤美女图》，是充满神话色彩的故事画。画家把现实人物，和理想中的龙、凤、夔等画在一起，既表现了生活的理想，又表现出浪漫的幻想。

> 东晋时期的顾恺之,是人物画的大师,他的人物画十分出色,《洛神赋图卷》就是代表。图为东晋顾恺之《洛神赋图卷》(宋摹本)。

从画中还可以看到想象和概括、夸张和变形这些艺术手法，特别是以线条为主的造型手段。汉代以后，至唐末五代，除壁画外基本上形成绘画的三大体裁——人物画、山水画、花鸟画。在中国传统绘画的三大体裁中，人物画最先得到发展。早在汉代，人物画便已从工艺装饰中分化出来，自身进展独立而迅速。这是以人为现实世界主人的观念在艺术上的反映。

东晋时期的顾恺之，是人物画的大师。人称他有"三绝"——痴绝、才绝、画绝。所谓"痴绝"是他的独特个性和生活态度，他曾自嘲"性之体中痴黠各半，合而论之正得平耳"；所谓"才绝"指他才气横溢，诗、文、赋、书等领域都非常精通；所谓"画绝"则指他有卓越的绘画才能。他创造了春蚕吐丝的线型，这是一种既雄劲又连绵的优美而富有韵律感的线条，提高了绘画的表现技巧。在绘画理论上，他开创了中国绘画中"传神"的理论范畴。魏晋之前的人物绘画已在自发追求对画中人物神情的表达，而顾恺之则自觉地、有意识地追求"传神"，强调人物绘画重在描绘人物的表情神态，以传达其思想活动和心理状态，进而传达出整幅绘画作品中那种"不寻常"的艺术情调与气氛。为了达到"传神"的境地，顾恺之总结了不少"传神"手段，并应用于绘画实践，如他画嵇康、阮籍肖像时，长时期不"点睛"，他有一句名言"传神写照，正在阿堵中"，以"点睛"为人物绘画的最重要环节。他的人物画十分出色，如《洛神赋图卷》，画卷从曹子建和他的随从们在洛川看到洛神起，到洛神离去为止，全画卷交织着欢乐、哀怨、怅惘的感情色彩，画中曹子建那种怅然若失、沉思默想的表情，宓妃那回眸顾盼、含情脉脉的无限情意，与那神采拂动的境界，相互生色，给人以无限感染力量。谢安曾称赞顾恺之的艺术是"有苍生来所无"，在人物画上顾恺之的成就确实达到超越前人的境地。

唐代的人物画颇为繁荣。唐初画家阎立本擅长人物画，《历代帝王图》是阎立本的代表作，它集中表现了画家肖像画的成就。图中一共画了 13 个帝王肖像——汉昭帝刘弗陵、东汉光武帝刘秀、魏文帝曹丕、吴主孙权、蜀主刘备、晋武帝司马炎、陈文帝陈蒨、陈废帝陈伯宗、陈宣帝陈顼、陈后主陈叔宝、北周武帝宇文邕、隋文帝杨坚、隋炀帝杨广。对于刘秀、曹丕、司马炎、宇文邕等促成国家统一的帝王，着意描画出他们庄严威武的气概和精神豪放的性格；对于陈顼、陈叔宝等偏安、亡国之君，则刻画出他们软弱、轻浮、平庸无能的精神面貌。在技巧上，画家把注意力集中于人物面部、眼睛、嘴角等富有特征的细节上，以揭示人物的精神状态。如曾丕一对锐敏而挑衅的目光，闪现出强悍的气度；杨坚头部微颔、眼光向上平视，显出深沉有计谋的神情。阎立本的《肖翼赚兰亭图》是描写肖翼从辨才和尚手里骗取王羲之《兰亭序》的故事。画中把这两个人物在交谈时的不同神态刻画得极为生动——一个骗术得逞，欣欣自得；一个疑虑失措，目痴口张，一场骗局表现得活灵活现。历史画卷《步辇图》也是阎立本所作，它真实记录了文成公主和松赞干布联姻的历史事件。图中主要人物唐太宗和藏族使者禄东赞的容貌神情刻画得十分鲜明生动，显示了画家绘制人物画的高超技法。

存世的人物画中，最为辉煌的巨制，可谓北宋末年张择端的《清明上河图》。这幅画通过对北宋晚期都市生活，以及当时各阶层人物生活情貌的描述，展示出一幅以普通社会生活和风俗人情为主的风俗图。《清明上河图》描绘的是北宋首都汴梁（开封）秋日的繁华景象，画面中心是城外的虹桥，桥面上车水马龙，摩肩击毂，桥下一艘巨大的漕船正在下桅，准备过桥，人们吆喝着，忙成一团。画面上还有各式各样的商店、旅馆、官衙，几百个人物熙熙攘攘地忙碌着。他们中间有农民、船夫、商人和小手工业者，有官吏、读书人，有大胡子的道人，有行脚和尚，有走江湖的医生和看相算命的卖卜先生，有各种各样的摊贩……三百六十行，行行俱全。在这众多的纷纷扰扰的人流中，有人驾车，有人挑担，有人同河中激流搏斗，也有人到处游逛。作者采用切景式的景

>>> 存世的人物画中,最为辉煌的巨制,可谓北宋末年张择端的《清明上河图》。图为宋代张择端《清明上河图》。

衬,把汴河岸上的繁华市面和社会各阶层人物的各种活动,疏密交错地组成一个完整的画面,成为流传千古的画卷。值得注意的是,在《清明上河图》长卷上,已可以明显看到画家对透视和远近法则的巧妙运用。地平线的延伸感,人物的透视处理,从其艺术表现的技巧来看,比欧洲早两百多年。

中国山水画在汉代已见端倪,但独立发展则始于魏晋南北朝时期,隋唐以后更有突破性进展。在其后一千三百多年的绘画历史中,一度成为中国画坛上的主流。这在世界绘画史上是绝无仅有的现象。

山水画从作为人事活动的背景地位中走出来,独立为一个专门画科,经历了漫长过程。山水画的独立发展表明,人类对大自然的认识与改造已达到一定阶段,山水已经进入审美范畴。当然,山水画在魏晋以后演变为中国绘画的主流,与士大夫审美心理的变迁也有着密切联系。魏晋时期社会动乱，文人普遍的心理趋向遁世，企望投入山川景色之变幻万象中求得谐和心境。然而，仕宦生活又阻碍他们逍遥山林，山水绘画便成为文人在尘世喧哗中寄托性灵、情感的所在。北宋画家郭熙在《林泉高致》第一篇《山水训》中，对此种文化心理有精妙阐述，他说：

> 尘嚣缰锁，此人情所常厌也；烟霞仙圣，此人情所常愿而不得见也。……然则林泉之志，烟霞之侣，梦寐在焉，耳目断绝。今得妙手郁然出之，不下堂筵，坐穷泉壑，猿声鸟啼，依约在耳，山光水色，滉漾夺目，此岂不快人意，实获我心哉？在世之所以贵夫画山水之本意耳。

在文人士大夫的推动下，经画匠们的不断努力，中国山水画不断升华，终于达到至美的境界。

在早期山水画发展史上，唐代李思训父子与王维是值得一提的人物。李思训所画山水树石，"笔格遒劲，湍濑潺湲，云霞缥缈。时睹神仙之事，窅然岩岭之幽"[①]，从题材到技法都有很强的理想色彩。他们父子二人又在画中施用石青、石绿、朱砂、朱磦一类对比强烈而鲜明的色彩，加以勾金点翠，形成金碧辉煌的效果，成为意境高超、笔力刚健、色彩富丽的金碧山水画的开创者。在色彩上，这一画派创造了一整套完备的青绿着色方法，形成了中国山水画独特的装饰手法，给予后世极深远的影响。王维的山水画开拓了另一种境界，他从抒情角度发展山水画，与李思训装饰性的山水画相并行。作为一位诗人，王维将淡泊恬静的诗趣转而为画。他喜作雪景、剑阁、栈道、晓行、捕鱼、雪渡、村墟

---

① （唐）张彦远：《历代名画记》，朱和平注译，郑州：中州古籍出版社2016年，第239—240页。

等,这些恰恰是当时人们反复吟咏的题材,触景生情,触情入景,情景交融,人和自然相互渗透,赋予山水画以诗的气质。在山水画中开借物咏情的风气是王维的杰出贡献,也是他千百年来受到人们推崇的原因之一。与诗的气质相适应的是王维倡导水墨山水,这种画不施色彩,专用墨的浓淡渲染而成,不但清幽淡远而且适于表现山川烟润的神采,别有一番情趣。

宋元时期是中国山水画发展到高峰的阶段,其成就超过其他许多艺术部类。它与殷周青铜礼器交相辉映,同成为世界艺术史上罕见的美之珍宝。高度发展的宋元山水画艺术,经历了北宋(主要是前期)、南宋、元这样三个历程,呈现出彼此不同的三种面貌和意境。

北宋的山水画以客观整体地描绘自然为特色,画面或山峦重叠,树木繁复;或境地宽远,视野开阔;或铺天盖地,丰盛错综;或一望无际,浩渺辽阔;或"巨嶂高壁,多多益壮";或"溪桥渔浦,洲渚掩映"。这种客观地、全景整体性地描绘自然,使它富有一种深厚的意味,审美感受更宽泛、丰满。如北宋山水画家郭熙,长于作大幅图画,他能够在高大的厅堂和墙壁上,放手作画,将"长松巨木,回溪断崖,岩岫巉绝,峰峦秀起,云烟变灭晻霭之间"的千态变状尽收入画面。他的代表作《溪山秋霁》,表现秋雨初晴后的自然景色,那挺拔的长松、清新的远山、明净的溪流、整齐的房舍,给人爽朗开阔的感觉,创造出一种壮阔优美的意境,美丽的自然景色和画家对自然景色的感受,融为一体,显现出宋元山水的第一种基本形象和艺术意境。画家王希孟创作的《千里江山图》也异常壮阔。全画横1 191.5厘米、纵51.5厘米,是用一幅整绢画成。它用高度的艺术概括力,全景整体性地描绘了祖国山河的雄奇伟丽。

南宋山水画呈现出另一番艺术意境。艺术家着重描画山川奇秀的某一角,多取特写镜头式的近景。诗意追求与细节真实同时并举。南宋画家马远、夏圭的作品被人称为"残山剩水",在他们笔下以及南宋许许多多的小品中,那深堂琴趣、柳溪归牧、寒江独钓、风雨归舟、秋江暝泊、雪江卖鱼、云关雪栈、春江帆饱等,无不在颇工致精细的极有选择的有限场景、题材、对象和布局中,传达出抒情性非常浓厚的某一特定的诗情画意。如马远的《寒江独钓图》,只画一叶扁舟漂浮在水面上,一个渔翁在船上独坐垂钓。四周除了寥寥几笔微波,几乎全为空白,但却有力地衬托出江面上一种空旷渺漠、寒意萧条的气氛,更加集中地刻画了渔翁凝神贯注于一线的神气,给欣赏者提供了一种广阔的意境。马远画山,常画山之一角;画水,则常写水之一涯;至于其他景物,也是缩减到最极限。这样近景更近,远景更深远,写意性更为浓厚,意境也异常丰富。南宋绘画以"状难写之景,如在目前,含不尽之意,见于言外"①,创造了中国山水画另一极高成就。北宋浑厚的、整体的、全景的山水,变为南宋精巧的、诗意的、特写的山水。"前者以雄浑、辽阔、崇高胜;后者以秀丽、工致、优美胜。两美并峙,各领千秋。"②

元代艺术家作出了新的贡献。他们讲究笔法墨色,着意创作水墨画,通过线的飞沉涩放、墨的枯湿脓淡、点的稠稀纵横、皴的披麻斧劈,在"有意无意,若淡若疏"极为简练的笔墨趣味中传达艺术家的情绪意兴。黄公望的水墨山水画十分有名,他的《九峰雪霁图》以极为简练的水墨画笔法,描写了错落有致的雪山。洁净的雪山和片片的寒林,加重了寒冬肃穆、宁静的气氛,体现出萧疏淡雅的特征。自元代始,水墨画压倒青绿山水,居于画坛统治地位。与此相辅而行,从元画开始的另一中国画的特有现象,是画上题字作诗,以诗文来直接配合画面。它不拘泥于传达山水神韵,描绘自然现象,具有更强烈的抒发个人思想、情感的色彩。元代画家为淋漓尽致地畅抒己怀,往往在画上题诗书字,

---

① (宋)欧阳修:《六一诗话》,郑文校点,北京:人民文学出版社1983年,第9页。
② 李泽厚:《美的历程》,北京:生活·读书·新知三联书店2009年,第182页。

>>> 中国花鸟画是中国传统绘画的另一重要画科,它以表现大自然中花卉、鸟兽的活泼生机给人以美的享受,充满了鲜明的民族特色。花鸟画起初仅作为工艺装饰,至隋唐时花鸟题材已大量入画。五代时,花鸟画更趋于成熟,其标志是徐熙、黄筌的创作。图为五代徐熙《玉堂富贵图》。

点醒画中意蕴。他们的书法素养很高，在体会自然变幻之后，形诸笔墨山水，一笔一画都蕴含着无限生机，一浅一浓的墨色道尽咫尺千里的情趣。诗词题款与画中山水相互呼应，融为一体，构成一种别致的艺术意境。明清以降五六百年山水画的发展，始终未能超越这一范畴。对笔法墨色及书法趣味的强调，极为深刻而灵活地加强了绘画艺术的审美因素，使元画获得它所独有的艺术成就。

中国花鸟画是中国传统绘画的另一重要画科，它以表现大自然中花卉、鸟兽的活泼生机给人以美的享受，充满了鲜明的民族特色。花鸟画起初仅作为工艺装饰，至隋唐时花鸟题材已大量入画。中晚唐时期，边鸾等画家奠定了花鸟画科的规模。五代时，花鸟画更趋于成熟，其标志是徐（熙）、黄（筌）的创作。

徐熙的作品，据记载有259件之多，大都是描绘常见的花鸟草虫。宋代米芾的《画史》曾记载，徐熙画的一幅桃子，"绿叶虫透背，二叶着桃上。二桃突兀，高出纸素"。徐熙还有一幅《石榴图》，在一株树上画了一百多个果实，气势奇伟，笔力豪放。宋太宗看到这幅画时，叹赏不止地说，描绘花果绝妙的人，我只知道有徐熙。徐熙花鸟画法的主要特征是，先用墨笔勾勒出物体的形态，然后略施色彩。换言之，即以线条墨色为主，设色技法为辅，并讲究线条与色彩的互相结合，这种画风，后世称为"徐体"。后来他的孙子崇嗣改造徐体画法，作画不用墨笔勾勒，纯以色彩描绘，这种手法称为"没骨法"。黄筌的花鸟画法和徐熙不同，他先用极细而不太浓的黑线勾勒出物体的部位和轮廓，然后填以色彩。这一般称之为"勾勒法"，形成花鸟画中所谓"黄体"。有一次，黄筌受皇帝的命令，为几只黄鹤写生，他充分发挥了写生的技巧，描绘出"唳天""警露""啄苔""舞风""梳翎""顾步"六种鹤的典型神态，以至那些活鹤竟认作同伴，去和它们站在一起。这使当时在场的皇帝大为惊奇叹赏，并把黄筌画鹤的偏殿改名为六鹤殿。徐熙和黄筌的花鸟画以及所创造的两种花鸟画法——没骨法和勾勒法，是后来传统花鸟画中"写意""工笔"两种主要画法的基础,对花鸟画的发展影响甚大。

宋代是"郁郁乎文哉"的朝代,上自皇帝本人、官僚巨室,下到各级官吏和地方士绅,构成一个比唐代更为庞大也更有文化教养的阶层。在绘画艺术上,细节的真实和诗意的追求,成为这个阶层在"太平盛世"中发展起来的审美趣味。这种时代心理氛围,不但推动山水画达到极佳水平,而且使柔细纤纤的工笔花鸟画很自然地成为这一时期审美标准的最好体现、独步一时的艺坛冠冕。

宋代花鸟画充满新鲜、活泼因素,赵昌、易元吉、崔白等花鸟画家注重写生,敢于独创,使宋代花鸟画别开生面。相传赵昌每当朝露未干时,便在花圃仔细观察研究各种花卉,同时进行写生。易元吉初画花鸟、草虫、果品,后见赵昌写生之作,深为敬佩,改画猿、猴等动物。他经常长时间地到深山密林中去,观察鸟兽在大自然中的真实生态,并在家屋后面种植花木,注意观察研究,他的作品富有生活气息,笔下的动物十分传神。崔白也注重写生,他的作品《双喜图》描绘的花鸟形象,不是静止呆板的标本,而是充满活泼生机,他的绘画技巧受到王安石、沈括的称赞。

宋徽宗赵佶也擅长于花鸟画,他画鸟雀常用生漆贴睛,小豆般地突出在纸和绢上,十分生动,他还描绘过二十余种鹤的不同姿态。其画作《芙蓉锦鸡》,芙蓉被锦鸡压低了头,锦鸡注视着翩飞的蝴蝶,画面上几个主要生物相互关联,产生极为生动的效果。赵佶登基后把自己所绘的珍异动植物作品编成《宣和睿览册》,每15幅一册,竟累至1 000册之多。

从北宋到南宋,在所谓"四君子"(梅、兰、竹、菊)题材方面,也出现了知名画家。如文同、苏轼画墨竹,赵孟坚、郑思肖画兰,杨无咎画梅等。其中,杨无咎开创的用墨线圈出梅花瓣,一变以彩色或墨晕作画的方法,突出了梅花的洁白芳香。以后到元末王冕,进一步发展了

>>> 宋代在"四君子"题材方面,出现了知名画家。如文同、苏轼画墨竹,赵孟坚、郑思肖画兰,杨无咎画梅等。杨无咎开创的画法,突出了梅花的洁白芳香。图为宋代杨无咎《四梅图》。

杨无咎等人的画梅技艺,所画的墨梅,花朵繁茂,生机勃勃。现存的一幅题为《万玉图》的墨梅,千万朵含笑盈枝的梅花,占满了整个画幅,生机勃勃,花香袭人,体现了王冕墨梅的艺术风格。

明代的花鸟画流派纷呈。以边文进为代表的工致妍丽的花鸟派,以林良、沈周、文徵明、唐寅为代表的水墨写意派,以徐渭、陈淳为代表的水墨大写意派和以周之冕为代表的钩花点叶派,各以其杰出的创造,推动了花鸟画的发展。其中徐渭一派,集水墨写意花鸟画技巧之大成,成为明代后期花鸟画坛中的主力。这一画派用笔放纵,水墨淋漓,比一般的写意画更加豪放、泼辣,故有"大写意"之称。徐渭的花卉尤为出色,随意挥洒,不拘成法,寥寥几笔就把花卉的神态表现得栩栩如生。他又善于充分发挥中国水墨画的笔墨技巧,画面上墨汁淋漓,浓淡干湿恰到好处。他的名作《墨葡萄》由墨点写成,构图自由,笔法生动,葡萄晶莹欲滴的特征,得到充分的表现。用泼墨法(一种将水墨倾倒于画纸上,然后根据创作意图加以勾染的画法)画牡丹,也是他的一种创造。用水墨画花鸟,不自徐渭始,但真正能够充分发挥笔墨趣味,创立水墨大写意的花鸟画法,则不能不归功于他。

水墨大写意绘画在清代经扬州画派的努力,又有了长足进展。扬州画派即指"扬州八怪"——金农、郑燮、黄慎、李鱓、李方膺、汪士慎、罗聘、高翔。他们追求"四绝"——绘画要创新,诗要创新,书法要创新,篆刻要创新。罗聘为代表的花鸟绘画,在风格上继承发展徐渭的传统,以简练的构图、突兀的造型、奇特的画面、刚健的笔法……构成作品的独特风貌,具有强烈感染力。在"扬州八怪"的画下,那睁大眼睛的翠鸟、孔雀,那活跃奇特的芭蕉、怪石、芦雁、汀凫,以狂放怪诞的外在形象吸引着人们,表现了一种强烈的内在激情,在总体上表现出一种不屈不挠而又深深感伤的人格价值。

"扬州八怪"的花鸟画各有其特点。金农、罗聘的画格外生冷,有清奇拙奥的情味;郑燮的兰竹,用笔挺秀,饶有风韵;汪士慎以清秀尖笔见长;黄慎的花卉有深朴的情趣;李鱓、李方膺的风格比较接近,李鱓的《墨荷图》、李方膺的《潇湘风竹图》都是用双勾兼写意的笔法,即"化板为活"的粗笔勾勒法,具有淋漓潇洒的风格。他们各以其独特的笔墨、构图、色彩、形象,或粗豪放浪或精工柔美,把中国画推到直逼近代的新阶段。

中国古代绘画,尤其是唐宋以来笃爱自然界的山水画、花鸟画,使中国绘画艺术树立了独特的格调,赢得了独特的世界地位,足以同希腊的雕刻和德国的音乐媲美。

第三节

气韵生动的雕塑

中国艺术对气韵、风骨的追求,不仅表现于书法、绘画,而且渗透于雕塑之中。

中国塑造艺术可以追溯到史前时代陶器发明的同时,但它的真正独立发展,却始于秦汉。秦朝是中国古代政治发展的重要枢纽,中国民族国家形成的关键时期,而其雕塑艺术正表现了这种强劲的时代风貌。

发掘于陕西临潼骊山之麓的秦俑雕塑,展示了秦朝雄伟的军阵场面,整个兵力配备组合,井然有序。三列横队为军队前锋部队,兵士们免盔束发,衣轻便短褐,腿扎裹腿,脚穿薄底浅帮鞋,显示出"轻足善走"特点及无比锐气。强大的后续部队由三十八路纵队和几千个铠甲俑簇拥着战车组成,面向东方,似乎在浩浩荡荡地行进。这气势磅礴的阵局,展现了秦始皇当年统一中国的雄壮图景。

这批陶塑展示的行进中的军阵场面虽然肃静,但军阵中的人物形象却是活生生的。雕塑家采用了种种手法,或从容貌、姿态,或从内在的思想感情、心理特征去刻画他们。这批陶塑以造型之硕大、数目之多而令人惊叹,秦兵马俑数量之巨,也是空前的。具有 1 500 多年历史的敦煌莫高窟,现存塑像只有 2 400 多尊,而一个秦始皇陵,仅根据 1 号坑、2 号坑试掘范围的情况估计,即有武士俑 7 000 余件,这是何等惊人的数目。

秦俑的出现，还表明了中国古代雕塑艺术的成熟。秦俑雕塑采取写实手法，形体、结构、比例、质感、量感都以较为严格的解剖结构作为造型的基础。例如，武士俑的面部可以看出皮肤肌肉下的颧骨、眉弓骨、颌骨的正确位置，五官的大小位置也相当准确。陶马的颈部、腿部也都能看出有名称的肌肉骨骼来，这样塑造出来的形体的凸起凹下也就不无来历了，从而增强了艺术效果。秦俑的这一特色，使它们成为当今所能见到的东方雕塑写实风格的先例。如果考虑到秦俑的制作不过是在有严格限制、任务繁重的情况下仓促应付的陪葬品，那么完全有理由推断，秦代雕塑的最高水平创作绝不会亚于同一时期古希腊、罗马的雕塑。兵马俑不过是秦始皇陵墓的附属设施，如果打开这位"千古一帝"的陵墓，无疑将发现更加丰富的古代文化宝藏。秦代兵马俑的发掘，轰动了世界，并被誉为"世界第七大奇迹"。

汉代的雕塑艺术水平也相当成熟。霍去病墓前的"马踏匈奴"石雕是一件杰出的作品，其主体形象是一匹轩昂的战马和被踏在下面挣扎的匈奴士兵。马的造型，着重大体的轮廓，力求简练的结构，给人以浑厚有力的感觉。而匈奴士兵，短而宽阔的脸型，在挣扎和紧张的气势中，手里又执一兵器，更加显示了他的凶恶，这与马悄然卓立的姿态中所显露出来的踌躇满志的神气，形成鲜明的对比。石雕是为纪念和表彰霍去病的功绩而制作的，但却没有直接描写霍去病的形象，而以"马踏匈奴"象征英雄人物的性格，石雕耸立在汉武帝为霍去病所建造的祁连山式的坟墓前，表现了典型环境。这一系列的寓意手法，极富于浪漫主义色彩，是中国纪念碑式雕塑艺术的杰作。

汉朝以后，历代艺术家的创作将中国古代雕塑艺术水平不断向前推进，从六朝到唐，中国古代雕塑艺术达到了它的高峰。

魏晋南北朝战乱频繁，佛教在这特定的历史条件下广为传播流行，宗教艺术也随之蓬勃发展。从六朝到晚唐、宋初，长达七八百年的佛教

>> 发掘于陕西临潼骊山之麓的秦俑雕塑,展示了秦朝雄伟的军阵场面。秦俑的出现,表明中国古代雕塑艺术的成熟,它被誉为"世界第七大奇迹"。图为秦代兵马俑。

艺术，创造了空前绝后的佛教雕像，其数量之多、地域之广、规模之大、造诣之深，都足以和古希腊雕塑艺术争辉千古。这些精美绝伦的佛雕，主要散布、保存在遍布南北各地的大小石窟中，它们和瑰丽多彩的壁画一起，构成具有东方色彩的石窟艺术。中国最大的石窟群是甘肃敦煌的莫高窟。莫高窟从南到北全长约1 680米，至今还留有492个石窟。石窟内都有瑰丽的壁画，那碧空自由翱翔的飞天，反弹琵琶、翩翩起舞的乐伎……神态动人，引人入胜。敦煌壁画不但绘画技巧高超，而且数量惊人，如果把这些壁画连起来，可以排成五六十华里长的大画廊。但洞窟的主体并非壁画，而是雕塑，前者不过是后者的陪衬和烘托。四周壁画的图景故事，是为了托出中间的佛身。莫高窟2 000躯以上千姿百态的塑像，其中最大的塑像有30多米高，和北京前门城楼的高度差不多；最小的菩萨只有十几厘米，雕刻得十分精致、细腻。1 000多年的历史，形成莫高窟艺术的丰富和复杂；时代和社会的变异，使莫高窟彩塑风格万千。

北魏时期的塑像，体格高大，额部宽广，鼻梁高隆，眉眼细长，头发呈波浪状，袒露着上身，表现出浓重的印度艺术的影响。但是，在神情上，这些塑像却具有时代特征，那不可言说的深意微笑，洞悉哲理的智慧神情，摆脱世俗的潇洒风度，无不是魏晋以来门阀士族贵族所追求向往的美的最高标准。

隋代的塑像，秀骨清相，婉雅俊逸明显消退，风度一变为直追雍容厚重。这是打破魏晋塑像可畏而不可亲、可望而不可即，打破与菩萨亲近的造型上的限制，进一步突破外来艺术规范的束缚，创造自己民族佛像的可贵努力。在风貌上，隋代塑像面相丰满，鼻梁降低，耳朵加大，脸部线条柔和。整个肢体比例虽然还不相称，但已经是中国人的模样，表现出雕塑民族化倾向。

迨至唐代，莫高窟的雕塑艺术达到了顶峰。六百七十多躯唐代塑像占全部雕塑的四分之一还强。这个时期的塑像完全抛弃了模仿的痕迹。

面容温和、慈祥，神情庄严、从容，具有更多的人情味和亲切感，似乎极愿接近人间，帮助人们。这些佛像大多盘膝端坐，手势作说法或召唤的姿势。衣的襞褶流利如绘画的线描，但准确地表现了内部丰润的肉体，合于人体解剖科学但又不斤斤拘泥于此，显示出艺术家的巨大创造才能，特别是那些菩萨制作得细致精美。这些菩萨像都是袒胸露臂的美丽女性，她们身段秀美、气度娴雅；修长的眉眼，表现出无限明澈、智慧、温柔而又不可亵渎；小小的嘴，唇角带着妩媚的微笑；薄薄的衣裙，飘飘欲动，极富于音乐的节奏感。她们与其说是宗教里的神，不如说是隋唐时代现实生活中善良、美丽的女性。在罗汉像的制作上，艺术家又表现了刻画众多性格的卓绝技巧。本尊严肃祥和、阿难朴实温顺，伽叶沉重认真，形象具体化、世俗化。天王力士像尤为引人注目，这些盔甲严整或是裸露上身的塑像，体现了古代武士庄严、勇猛、正直、坚毅的性格，那肌肉的凸起、关节的强调、青筋的暴露，更显示出蕴藏于内部的即将迸发的力量，表现了男性的刚毅和力，令人联想到欧洲文艺复兴时期艺术大师米开朗琪罗的雕刻，也联想到古代劳动人民健壮的体魄和勇武的气概。外来的宗教艺术种子经过汉民族文化的浸润，终于在中国大地上开出了奇葩。

敦煌莫高窟是中国本土所创建的最早的石窟寺。随着佛教的广泛流传，构成了分布全国的石窟寺网，有人称之为"一条辉煌而绵长的佛教石窟寺艺术锦带"。这些遍布全国的石窟，在窟室形制、表现内容、艺术风格上，都和莫高窟一脉相承，莫高窟成为探析中国石窟艺术的一把钥匙。由于莫高窟从北魏到宋元，历代都有经营，它又是一部首尾完整、最具代表性的、系统的石窟艺术编年史，是一部中国雕塑艺术发展史。

大同云冈、洛阳龙门、天水麦积山也是中国代表性的石窟寺，它们和敦煌莫高窟一起，以"四大石窟"并称。山西大同曾是鲜卑族建立的北魏王朝首都，在公元5世纪后半期开凿了宏丽的云冈石窟群。据《魏

>>> 公元5世纪末,北魏迁都河南洛阳,在伊水岸边的龙门山上,营造了一个巨大的石窟群——龙门石窟。图为龙门石窟的代表卢舍那大佛和周边塑像。

书·释老志》记载,北魏文成帝期间,由昙曜和尚主持,在武周塞的最高峰云冈,开始"凿山石壁,开窟五所,镌建佛像各一,高者七十尺,次六十尺,雕饰奇伟,冠于一世"。到494年(北魏孝文帝太和十八年)迁都洛阳之前,主要石窟基本完成,前后花了近40年时间。石窟群东西绵延1千米,现存洞窟53个,雕像5.1万多尊。云冈石窟的佛像等均系雕刻,大型的佛像都在无中心柱的窟内。最大的石佛高达17米,脚部长达4米。窟中除雄伟庄严的露天大佛外,还有无数的小佛、菩萨、乐伎、飞天等。在有中心柱的洞窟中,中心柱和洞壁上都嵌刻着佛像、神

异的动物和精美的花纹。被称为第一伟观的第六窟,规模巨大,后室正中凿出方形塔柱,高约15米。窟内塔柱和洞壁上很难找出一块没有雕刻的空隙,进入洞窟恍如置身于一个神话世界。

公元5世纪末,北魏迁都河南洛阳,在伊水岸边的龙门山上,又营造了一个巨大的石窟群——龙门石窟。后代陆续在龙门山和对岸香山的坚硬的青石山壁上加以开凿,经东西魏、北齐、北周、隋直至唐末,历代王朝在这里连续营造了400多年,东西两山共有2 100多窟龛,近10万躯佛像,3 600多块碑刻题记。在这里可以看到中国艺术盛期的造像活动。

龙门佛雕栩栩如生,惟妙惟肖。宾阳洞的本尊,躯体敦厚丰满,外轮廓线十分强烈,衣褶紧贴显露出来的凸凹肉体,毫无游离于形体之外的感觉。菩萨的手臂姿态优雅,看上去丰腴柔软而富于弹性,仿佛冰冷坚硬的石灰岩也变得有血有肉,万佛洞外南壁上方的观世音亭亭玉立、婀娜多姿,秀美的头颅微微偏向一边,左臂悠然下垂,右臂向上弯曲,偎在丰满的胸前,柔嫩的腰肢又轻微地扭向一边,妖娆而不轻佻,端庄而又妩媚。极南洞外的金刚力士雕像显示出龙门雕造者的高超技艺,举着须弥山的右臂肌肉暴张,嘴唇紧绷,颈项上青筋怒突,赤裸的胸膛上,两块强健的胸大肌宛如一副铁扇凸起。尤为使人惊叹的是,在肚脐周围和胸腹交界处,突起一连串圆鼓鼓的气包,仿佛一眨眼就会游动似的,据说这是古代拳术中运丹田气时出现的梅花肚。龙门石窟的代表是唐代奉先寺一组露天的石刻造像,它由13米高的卢舍那大佛和成对的弟子、菩萨、天王、力士,以及供养人所组成。卢舍那大佛面庞典雅丰腴,神情柔美、含蓄、飘逸,带着一种超凡绝尘的微笑,宁静地向下俯视。两旁的群雕都从不同角度,以各自的动态和表情与主像呼应,令人感觉有一种众星拱月的艺术效果。在中国雕塑史上,卢舍那雕像可以说是当之无愧的一个顶峰。

麦积山石窟也别有一番风采。麦积山位于甘肃天水东南45公里处,因山形如堆积的麦垛,故人称为麦积崖。麦积山石窟从公元4世纪北魏宣武帝时开始开凿,其后各代亦有修凿。现有石窟200多个,都开凿在峭壁上,靠层层栈道相通。因山石不宜雕刻,麦积山石窟的造像多为泥塑,风格清新秀丽,富有生活气息,尤其那些宋代雕塑的观音、文殊、普贤等神像,面容温婉,眼角微斜,秀丽妩媚,文弱动人。这些优美俊丽的形象正是真实的人间妇女,宗教艺术已经全然世俗化。石窟东7佛阁规模最大,长30多米,高16米,并列开凿7个洞,为北周时建造。第127窟佛像极为精致,窟内正壁坐佛的背光上刻有"十二伎乐天人"的浮雕。这些"天人"高不满10厘米,他们的乐器不一,姿态各异,和谐统一,生动飘逸,是一组精美动人的艺术作品。

麦积山石窟的形状,有如汉代宫殿,又如唐宋楼阁,廊端有室,室后有龛。"有龛皆是佛,无壁不飞天"是麦积山石窟的典型风貌。

姿态万千的石窟佛雕,凝聚着古代工匠高超的智慧和卓越的创造才能。当今宗教色彩消退,雕像的艺术美独立地显示出来,人们能够从感官上领略它那隽永的魅力。在世界文化史上,融合了中外文化优秀因子的东方佛雕与希腊雕刻并肩而立,也是一座雕塑艺术的高峰。

第四节

和谐成趣的建筑

中国文化的特质渗透于文化大系统的各个部类。由筑巢避风雨而发展起来的建筑,不仅仅服务于实用的需要,而且还以其外部形式传达和表现一定的情绪、气氛、格调、风尚、趣味,体现出中国文化特有的面貌。

早在新石器时代的半坡遗址,方形或长方形的建筑便已出现。在《诗经》等古代文献中,有"如翚斯飞""作庙翼翼"之类的描写。从"翼翼""斯飞"来看,这些建筑大概已有舒展如翼、四宇飞扬的艺术效果。尤为值得注意的是,此时的建筑几乎均为土木结构,而在其后的发展中,这种土木结构的建筑体,以及与这种结构相适应的各种平面和外观,一脉相传,形成中国建筑艺术独特的风格。这一情势,与起源于埃及、巴比伦,又在希腊、罗马得到充分发展的花岗岩、大理石体的建筑传统,形成鲜明的对照。中国建筑以木结构为主体,不仅是因为木材是中国常见的材料,质地坚韧,触感良好,容易施工,而且还在于木结构造型轻盈,屋宇更有飞扬意味,配合厚重的山墙或外墙,兼具端庄活泼,符合民族中庸个性的审美心理。木结构建筑体的传统也折射出中国文化的基本精神:中国文化的伦理本位特质,排斥了对彼岸世界的追求,而着重引导人们注重现实世界的亲亲之爱。中国人诚然也有"长生不老"的欲望,但在文化主脉中,却很少有依赖物质以达到永恒的意向。李约瑟曾说:"为什么要试图支配后世呢？中国最大的园艺作家计无否说:'人造之物诚能保存千年，但人在百年之后谁能生存？创造怡情悦性幽静舒适之境地，卜屋而居，此亦足也。'"①这揭示了中国的人生观、永恒观对建筑观念的支配。李允鉌在其著作《华夏意匠》中也指出，中国文化与西方文化，"一个以'人'为中心，一个以'神'为中心，也就是'人本''神本''物本'的文化概念。'神'和'物'都是永恒的，'人'却是'暂时'的，在不同的价值观念下自然产生不同的选择态度和方法。在整个长期的历史发展过程中，中国人坚持木结构建筑原则与此有很大关系"。

春秋战国时期，随着社会的长足进步，一股所谓美轮美奂的建筑热潮盛极一时。这一热潮在《左传》《国语》中已多有记载，到秦始皇统一六国后大修阿房宫时更达到高潮。据文献记载，二千余年以前的秦代宫殿建筑相当惊人。阿房宫东西五百步，南北五十丈，"上可以坐万人，下可以建五丈旗。周驰为阁道，自殿下直抵南山。表南山之巅以为阙"②，的确富丽堂皇。从有关阿房宫建筑的记载可以看出，中国建筑最大限度地利用木结构的可能和特点，一开始便不是以单一的独立的个别建筑物为目标，而是以空间规模巨大、平面铺开、相互连接和配合的群体建筑为特征，在严格对称的原则下，各个建筑物之间有机相连，构成多样变化又保持均衡统一的平面整体。在群体建筑的相互联系和配合中，又展示出空间序列的内在深化，通过复杂的柱、梁、檩、椽等建筑工艺，实现"五步一楼，十步一阁；廊腰缦回，檐牙高啄"③的意境，形成一种具有深度空间的庭院或庭院式建筑形式。中

---

① ［英］李约瑟:《中国之科学与文明》第10册，北京:科学出版社1977年，第162页。
② 《史记》卷六《秦始皇本纪》。
③ （唐）杜牧:《阿房宫赋》，（清）吴楚材、（清）吴调侯选注:《古文观止》卷七，上海:上海古籍出版社2007年，第400页。

>>> 秦代宫殿建筑相当惊人,阿房宫东西五百步,南北五十丈,"上可以坐万人,下可以建五丈旗"。图为清代袁江《阿房宫图》。

国建筑的平面纵深构造的艺术风格同西方建筑不同。西洋式古典建筑以体势雄豪宏壮争胜,通过巨大的岩石堆垒与雕刻,以单体建筑自身的巨大穹顶、高廊伟柱,形成一种立体布局的壮伟厦堡式建筑。1773年,歌德参观斯特拉斯堡大教堂后说:"它像一株崇高的浓荫广覆的上帝之树腾空而起……看!这座巨大的屋厦屹立在尘世却正神游太空。"这正形象地描绘了西洋式古典建筑的风貌。中西建筑在空间序列上展开的不同风格,折射出不同的民族文化精神。中国建筑在空间序列上,以平面展开、相互关联、内在深化为特征,与中华民族注重关

联与和谐的意识以及内倾的性格相吻合。西方建筑在空间序列上的高向伸展与扩张,则反映了西方文化强调个体发展的传统与外倾的民族性格。

除宫室建筑外,中国古代园林艺术的风貌也颇为独特。与规则对称、符合几何形体比例的欧洲园林,以及具有冷峻的哲理化倾向的日本园林相异,中国园林既收入自然山水美的千姿百态,又凝聚社会艺术美的精华,融传统的建筑艺术、花树栽培、叠山理水以及文学绘画艺术于一体,在波光岚影中掩映亭台楼阁之胜,体现了自然美和艺术美的统一。它不是画,却有如画般直感的风景形象;它不是诗,但有诗一般的节奏和旋律、诗一般迷人的意境。这种诗情画意的境界,是中国园林的精髓。漫步于中国古典园林,峰回路转,迂回曲折,眼前展现的是美丽的天然图画,感到的是空间与时间有机地融合在一起的活的艺术形象,是大自然美的缩影。18世纪初到过中国的英国宫廷总建筑师钱伯斯曾称赞中国园林:"他们的花园的完美之处,在于这些景致之多、之美和千变万化。"他还评价道,中国造园家"不像在意大利和法国那样,每一个不学无术的建筑师都是一个造园家",他们"是画家和哲学家"。这些造园家"从大自然中收集最赏心悦目的东西,把它们巧加安排,以至不仅仅这些东西本身都是最好的,更要使它们在一起组成一个最赏心悦目、最动人的整体"。

中国古代园林的美学价值,当然也是在漫长的历史进程中形成的。"中国古代园林从汉朝在池中建岛以后,到魏晋朝又沿着池岸布置假山花木及各种建筑。自此以后,以水池为中心处理园景成为一贯的传统方法。山石方面,从南朝起,开始欣赏奇石,而假山也从这时开始,陆续创造雄奇、峭拔、幽深和迂回不尽的意境。"① 唐宋以后,更与山水诗画的美学思想相结合,互为影响,形成独特的艺术发展路线。至清代,中国古典园林艺术达到高峰,而在千百年的历史积淀中造成的美的精华,中国园林艺术的明珠——圆明园、颐和园、避暑山庄,得以集中体现。

圆明园是中国古代园林中最为瑰丽多姿的宫苑园林。它始建于康熙年间,历经雍正、乾隆、嘉庆、道光、咸丰五朝150多年。它由圆明园、万春园、长春园三园组成,故又称为圆明三园。圆明园全盛时期,共有100多座各种类型的木石桥梁,园林风景群100余处,楼、台、殿、阁、亭、榭、轩、馆、廊等建筑面积约16万平方米,比故宫的建筑面积还多1万平方米。

圆明园的建筑采取以大化小的方式,把绝大多数的建筑物集中为许多小的群组,有机地分散配置于园内山与水相结合的自然空间内,从而

---

① 刘敦桢:《中国古代建筑史》,北京:中国建筑工业出版社1980年,第19页。

创造了一系列丰富多彩、性格各异的园林景观。圆明园一百多景，就是山复水转、层层叠叠的上百处自然空间，每个空间都经过精心的艺术提炼加工，体现某种特定的意境，可以视为一座独立的小型园林，正所谓"园中有园""景中有景"。这些园景变化多姿、各有其妙，或背山面水，如上下天光、镂月开云；或左山右水，如柳浪闻莺、接秀山房；或面湖临溪，如淡泊宁静、九孔桥；或叠石临湖，如杏花春馆、紫碧山房；或前有山障后临阔水，如湖水连望、一碧万顷；或山间环抱，如武陵春色等。可谓丰富多彩，美不胜收。

圆明园的点景，善于抓住每一景观的特点，以对联、匾额、石碑、石刻等形式，予以形象化、诗意浓、意境深的园林题吟。这种点景的手法，不但丰富了景的欣赏内容，增加了诗情画意，并且点出了景的主题，给人以艺术联想。对世界造园艺术作出独创的贡献。

圆明园还集南北园林艺术之大成，把北雄南秀的不同园林风格熔于一炉。它又以中国传统园林艺术与西方园林建筑艺术相结合，创造了包括谐奇趣、大水法、海晏堂三组大型喷水池在内的一组特殊景区——西洋楼。为中国园林艺术发展增添了新的色彩。

圆明园到处茂林修竹，奇花异草，十分迷人。满园之中"露蕊晨开，香苞午绽，嫣红姹紫，如锦似霞"。法国传教士王致诚描绘圆明园，"所有的山丘都覆盖着树林和花卉""岸边遍植花木，它们都是从岩缝里面长出来，仿佛自然生长的，花木四季不同"。圆明园不仅是一座胜似仙境的美丽花园，而且也是一座综合性的艺术宝库、庞大的博物馆。每所建筑物都富丽堂皇，充满精美的陈设、难以数计的罕见珍宝和价值连城的艺术品，文渊阁就是当时的"七大皇家图书馆"之一。王致诚由衷赞美圆明园"无美不备""天产之富与人工之巧并萃于是"。

圆明园通过法、意等国传教士王致诚、蒋友仁、郎世宁诸人的信函来往被介绍到欧洲，受到欧洲各界人士的高度评价，并将它誉为"万园之园""东方的凡尔赛宫"。法国作家雨果认为，在人类艺术发展里有两

>>> 建于清代光绪年间的、位于北京西郊的颐和园,是中国古代园林的又一瑰宝。圆明园不仅是一座胜似仙境的美丽花园,而且也是一座综合性的艺术宝库、庞大的博物馆。图为清代佚名《颐和园全图》。

个典型,"一是产生欧洲艺术的思想,一是产生东方艺术的幻想"。夏宫(圆明园)"是基于幻想基础之上的艺术,雅典女神庙则是基于思想基础上的艺术,有异曲同工之妙"。他热情赞颂圆明园是"人间奇迹""人

们的想象力所能创造的一切几乎是神话性的东西都体现在这座宫殿中。……希腊有巴特农神庙,埃及有金字塔,罗马有斗兽场,巴黎有圣母院,而东方有夏宫。谁没有亲眼看见它,就在幻想中想象它,这是一个令人震惊的、无可比拟的杰作;它远远呈现在神秘的暮色中,就仿佛是欧洲文明地平线上亚洲文明的侧影"。第二次鸦片战争后期,圆明园这座"真正的一千零一夜神话中的宫殿",被英、法等殖民者焚毁和抢掠。这座"万园之园"被毁,是世界文化史上的空前浩劫。那残存的断壁残垣,将永远铭刻侵略者的野蛮暴行。

建于清代光绪年间的、位于北京西郊的颐和园,是中国古代园林的又一瑰宝,它的园林继承了中国园林风格的传统,并有所发展。

颐和园园林布局的第一个特点是以水取胜。广阔的昆明湖水面,是园林布置的极好基础。园的周围共有 6.5 千米,全园面积约 3 平方千米,其中,陆地面积仅占四分之一,在当时北京诸园中是水面最大的一个。因此,设计者抓住了水面大这一特点,以水面为主来设计布置,主要建筑和风景点都面临湖水,或俯览湖面——当时取名清漪园,也就是清波满园之意。湖山结合,是颐和园的又一特点。位于广阔的昆明湖北岸,有一座高达58米的万寿山,好像一座翠屏峙立。清澈的湖水如同一面镜子,把万寿山映衬得分外秀丽。湖山景色密切结合,形成一个整体。伸入湖中的知春亭、临湖映水的什锦花窗、建造在湖边山麓的石舫等,都是巧妙地把湖山结合在一起的佳景。鲜明对比的手法,是颐和园园林布局的第三个特点。置身其中不仅可以看到建筑壮丽、金碧辉煌的前山,还可以看到建筑荫蔽、风景幽静的后山;不仅可以俯览浩荡的昆明湖,还可以漫步怡静的苏州河(后湖);不仅有建筑密集的东宫门,还有景物旷野的西堤和堤河区。处处有阴阳转换,时时有矛盾开展,才觉山重水复,忽又柳暗花明,使游人心情随之抑扬顿挫。颐和园中的许多风景点,用楼、台、亭、阁、斋、堂、轩、馆以及曲槛回廊等建筑物和假山花木等分别不同的地位组合而成,而风景点之间既有明显的分隔,又有有机的联系。充分使用借景手法,是颐和园园林布置的第四个特点。这一造园技法,是中国古代造园工匠多年积累的经验,在颐和园的设计中得到了巧妙地运用。设计时不仅考虑到园里建筑和风景点互相配合借用,而且把四周的自然环境、附近的园林以及其他建筑物,也一并考虑在内。如立足于昆明湖的东岸,西山的峰峦、西堤的烟柳、玉泉山的塔影,尽收眼底,成为颐和园中的景色。这种不仅园内有景而且园外也有景的借景手法，使园林范围大为扩展，景物也更为丰富。置岛屿于颐和园的湖泊中，是颐和园园林布局的第五个特点。巧思的园林设计家用长堤把湖面划分为几个区域，还在昆明湖中布置了凤凰墩、治镜阁、藻鉴堂等孤立湖心的岛屿，象征传说中的"海上三仙山"。从而打破了广阔湖面的单调气氛，使昆明湖的景观更为秀丽多姿。

颐和园园林设计中，还突出运用集景摹写的传统手法。在清漪园建造之初，就派出许多画师和工匠，到全国各地去参观和摹写有名的风景和建筑物，把它们仿造在园里。颐和园中的景色，可说是会集各地有名的建筑和胜景而成。但造园工匠并非生搬硬套，而是在参考借鉴中着意加以创新。如谐趣园和无锡惠山园形同神异，涵虚堂、景明楼也和黄鹤楼、岳阳楼不完全一致。园里的苏州街和江南苏州的市街更相去很远。在这种似与不似之间，传达出中国古代建筑工匠发展园林艺术的可贵努力。颐和园"虽由人造，宛自天成"。

位于河北承德的避暑山庄，是中国最大的皇家园林建筑群。避暑山庄由宫殿区和苑景区两部分组成，宫殿区殿宇亭阁，百态千姿，正宫、松鹤斋、东宫、万壑松风、梨花伴月等建筑质朴淡雅，是皇帝处理政务、接见民族上层人士和帝后居住的地方。主殿楠木殿，采用楠木做栋梁，古朴清雅，芳香浓郁；帝王早朝后品茗休息的四知书屋，曲廊通幽，繁花似锦；松鹤斋、畅远楼花树掩映，怪石参差；云山胜地楼、方壑松风殿，据岗临湖，清照送爽，处处景色，各具特点。苑景区包括平原、湖泊、山峦三部分。这里除了康熙、乾隆所题名的七十二景外，另有多组园林建筑和多座寺庙观庵。这些建筑又分别由若干殿、阁、塔、堂、轩、斋、亭、榭、楼、台、馆组成，而占山庄面积最广的要算湖区和山区。通过万壑松风殿前的回廊，穿过崖旁洞穴，便来到湖区。湖区四周，广植杨柳，郁郁成荫，宛如一圈绿色的围墙。湖面碧波万顷，湖畔垂柳拂岸，湖上长桥卧波，桥上建有轩亭三座，名水心榭。绕过水心

>>> 位于河北承德的避暑山庄,是中国最大的皇家园林建筑群。风光如画的避暑山庄虽说是皇家园林,但建筑风格却与历代帝王的苑林迥然不同。图为清代管念慈《承德避暑山庄图》。

榭，湖中有一大岛。乾隆题曰"月色江声"，以静寄山房、莹心堂等精美小巧的建筑构成一个庭园，假山回廊，花窗短墙，全然是江南风情。湖畔有亭曰冷香，这里山色水色色色清新，风声水声声声爽耳，月色与江声无不使人陶醉。从这里再往北，陡见一桥横陈，跨小桥，步小径，进入山庄内最大的岛屿。此岛形似如意，故名如意洲。岛上山回路转，花木通幽，粉荷送香，凉风阵阵。与此遥遥相望的是青莲岛，上有烟雨楼一座，是仿嘉兴南湖烟雨楼建造的。楼西假山深处有翼亭，观景最为有趣。夏日多雨，倚栏远眺，湖画激起层层烟雾，烟雨楼在烟雨之中若隐若现，恍惚迷离，如临蓬莱仙阁。从烟雨楼东眺，又有一阁抽水拔起，独处湖心，这是仿镇江金山寺建造的金山。从澄湖岸边往西行，但见峰峦竞秀，一派山村景色，这就进入山区了。山峦之间，有四道东西走向的峡谷，谷中清泉涌流，汇成小溪，颇具高山流水的情趣。如果走出避暑山庄登上山峰极目远眺，磐锤峰首先映入眼帘，峰上有亭翼然，名锤峰落照，黄昏时分彩云织锦，整个山峰沐浴在晚霞之中。北侧也有一高峰，此峰居山庄群峰之首，是登高览胜的绝妙之地，东眺罗汉峰，西望广仁岭，真不愧叫做四面云山亭。康熙的题诗"雨过风来紧，山寒花落迟，亭遥先得月，树密显高枝"，道出了山景之妙。风光如画的避暑山庄虽说是皇家园林，但建筑风格却与历代帝王的园林迥然不同。

  中国古代园林极为高妙地将天与人、情与景融为一体，以无言之美与沉静幽思的情调，形象地传递出中华民族特有的审美意识与文化精神，进而折射出中国文化的博大。

第十章

承传不辍、代有高峰的史学

在中国传统文化中，史学古老而又绵长，史学著作一度被推崇至极，史学的资政性渗透于中国社会全部的政治生活和文化生活之中，显示出鲜明的中华民族文化的特征。

中国近代史学家夏曾佑说："智莫大于知来。来何以能知？据往辜以为推而已矣。故史学者，人所不可无之学也。"这句话精辟地指出了史学的重要功能。

第一节

史学发达最早的国度之一

史学,大约起源于原始记事。上古社会人们用结绳、木刻等方法记事,自发记载人类童年时期的社会实践活动,但这些记录无法保存下来,后人无从得知。现在所知的最早历史,大约是由口头传说流传下来的,如黄帝战蚩尤、女娲补天、大禹治水等,故有"十口相传为古"之说。

夏商时期,随着文字的出现,史学开始萌芽。从商代甲骨卜辞中的"作册""史""尹"等字样的出现,可以看出,当时已有由多片竹简编成的初期历史文献("册"),以及起草文书、记载史事、兼管国家典籍的史官("作册""史""尹")。从留有"册六""编六"字样的甲骨字片来看,商代史官已经在计划大规模编纂史事。不唯如此,商代还特设左右两学,让贵族"学于古训"。无怪乎周人羡慕商人的文史成就说:"惟殷先人,有册有典。"商代史学的初步发展表明,伴随奴隶制文明的兴起,史学在中国已有专人专职掌管,成为国家上层建筑的一个组成部分,受到国家统治者的重视。

商灭亡后,继之而起的周人,学习和继承商代文化,推进中国古代史学大踏步发展。周代史官的分工较商代更为细致。《周官》一书有"五史"之说,即所谓大(右)史、小史、内(左)史、外史和御史。其职掌也相当明确,"大史掌国之六典,小史掌邦国之志,内史掌书王命,外史掌书使乎四方,左史记言,右史记事"①。不仅王室,各诸侯国也都设置史官以掌管文书,执行政令,即所谓"史,掌官书以赞治"。周代有史官不下千余人,知名的有周初的太史尹佚、宣王时的太史盖及尹吉甫、穆王时的左史戎夫、幽王时的伯阳父。由此可见,中国编纂史事的创始人是国家的法定官员,史官乃国家职能机构的一部分。这一具有强烈政治色彩的面貌,为中国古代史学所独有。最早的古希腊史事的编写者为民间诗人,古埃及文献的记录者是祭司。不同的民族文化传统从一开始,便在史学上打下了自己的烙印。

西周时已出现了有系统文字记载的历史文献。这就是《尚书》、古《史记》、太史盖所作的《春秋》,以及《周志》等。但流传至今的只有《尚书》,它是中国和世界上最早的一部史书,其中的《盘庚篇》成书于公元前14世纪,可追溯的历史已有3 300多年,比古希腊的荷马史诗、古印度的《古事记》和《波斯古经》要早600年到800年。古埃及的《死者之书》虽然成书更早,但只是奉献给死者的零星符咒,谈不上是系统的历史文献。《尚书》记载宽泛广博,保存了很多关于夏商和西周历史的珍贵资料。从史学史的角度来看,《尚书》属于以记言为主结合记事的一种史书,但其中不少篇章已寓有经世之意,表现了农业文明的务实精神。《尚书》中的《禹贡篇》,编写于战国之世,是一篇重要的历史地理文献,它所记载的人文地理,指明了中国自古以来就是"大一统"的,中国疆域自来就是广大的信念,对于"大一统"国家政权的建设提供了有力的历史文化依据。《尚书》的出现,还丰富了周代的教学内容,它被列为当时的教科书之一,而在诗、书、礼、乐四门课程中,它是其中独立的一门。这足以证明,早在西周时,史学已成为专门学科。

周平王东迁后,天下大乱,列国诸侯拼力争霸,以"赞治"为宗

---

① 刘知几:《史通》外篇《史官建置》第一,白云译注,北京:中华书局2014年,第508页。

旨的史学得到长足发展。如晋国的《乘》、楚国的《梼杌》、鲁国的《春秋》等，都是当时知名的史书。据说孔子遣子夏等14人求周《史记》，"得百二十国宝书"；墨子曾见过《百国春秋》，当时史学的发达可想而知。

春秋末期，社会剧烈动荡。为了借鉴史事，统治者和知识阶层迫切希望有一部当时的近现代史。然而《百国春秋》只是近乎朝报式的一国大事记，其松散的史事罗列既无褒贬，又无体系连贯，不能通观一代天下大事。有鉴于此，有学者广为搜集各国史记，删掉其中荒诞的鬼神描写，以礼为主线，"寓褒贬""别善恶"，将史学家教化世人的见解融入"春秋笔法"，重写了一部当时的近现代史——《春秋》。这部史书在中国史学史上具有深远影响，在世界史学史上亦有一定地位。西方"史学之父"希罗多德的《历史》，为西方历史上第一部比较完备的历史著作，最初约在公元前403年问世，比《春秋》要迟四五十年。

其时，又有学者对过去的《尚书》加以"芟夷""翦截"，修成又一部历史书籍——《书经》。《书经》和《春秋》这两部春秋末期的古代史和近现代史，从此成为当时学校教学的历史专科教材。在大动荡的社会变革时期，孔子等人打破"学在官府"的旧传统，开办私学，设立史学课，以《书经》与《春秋》作为史学教材来教授弟子。《史记·孔子世家》所说的"身通'六艺'（指《诗》《书》《礼》《乐》《易》《春秋》）者七十有二"，表明孔门弟子中通晓包括史学在内的文化知识者，已数不在少。

由此可见，远在24个世纪以前，史学已在中国作为一门独立学问而卓然屹立于文化之林。

第二节

中国史书的主要体例

早熟的文明,悠久的国运,使中国人富于历史感,对于自己民族的过去充满自豪,对于未来充满信心。这一民族特性反映到史学编纂上,便是几千年的历史记录绵长而从不中断。

一 从《春秋》到《清实录》:贯通古今的编年史

编年史是中国史书的主要体裁之一,它以时间为中心,按年、月、日顺序记述史事。这种以时间为经,以史事为纬的史事编纂方法,可以较清晰地反映出同一时期各个历史事件的联系;但编年记事往往将同一历史事件割裂开,使一事隔越数卷,难稽首尾,这是其缺陷所在。

公元前 841 年为中国有纪年之始,而在此前后,楚、齐、鲁、燕、晋、陈、宋等国都有了编年史。到了春秋开始的第一年,即公元前 722 年,中国历史有了更详细、更完备的编年记载,这就是《春秋》。《春秋》是现存最早的编年史,但记载过于简约,每述一事,少则一字,最长不过四十余字。于是,孔子同时代人左丘明对《春秋》作了一番改造,他的《左传》既记言又记事,突破有类语录的《尚书》体与专一述事的《春秋》体;既立足于当年又不限于当年,必要时或追根溯源,或叙述至终了。《左传》以《春秋》为纲,以丰富的史料释史,成为先秦史料的渊薮。自有《左传》出，编年体才成为有年月时序，有事实原委的详备叙事体裁。如果说《春秋》是编年体的滥觞，那么《左传》则为编年体的鼻祖。

东汉时的荀悦对编年体作了又一番改造。他采用《汉书》的资料，重新加以组织、编排，依年月日顺序记事，撰成《汉纪》三十卷。该书贯通上下，叙述简洁，成功创立了编年史断代体的体例，"历代宝之"。

两宋时期，通贯古今的编年体史书《资治通鉴》出现。它上承《左传》，即从公元前403年（周威烈王二十三年）开始，下迄959年（后周世宗显德六年），共1 362年。自"通鉴"出，这1 362年间的大事一气衔接。为了完成这部巨著，主编司马光以其毕生的精力"尽于此书"。其助手刘恕的勤勉精神也令人感佩，他患了"风疾"，右手右足都偏废了，却每每乘病痛呻吟间隙，握笔修史，一直到去世为止。《资治通鉴》撰成后赢得极高评价，《四库全书总目》称"其书网罗宏富，体大思精，为前古之所未有"。宋代王应麟说："自有书契以来，未有如'通鉴'者。"《资治通鉴》的行文也极为生动优美，司马光虽不以文人自居，但"通鉴"的文字仍然卓绝一时，传诵千古。如读"通鉴"中"赤壁大战"和"淝水之战"两大战役的描写，恍如置身战场，目睹两军的周旋，惊心动魄，令人不忍释念。

《资治通鉴》对当时的史学界产生巨大影响，续作者蜂起。南宋李焘积40年精力编成北宋九朝168年的历史，称为《续资治通鉴长编》；南宋李心传又仿"通鉴"续李焘之作，成宋高宗一朝编年体史书《建炎以来系年要录》。元金履祥又撰《通鉴前编》。至清代，毕沅在李焘、李心传的著作以及清初徐乾学所纂成的《资治通鉴后编》的基础上，参用宋、辽、金、元"四史"，以20年时间编成《续资治通鉴》。《续资治通鉴》上与司马光的《资治通鉴》相衔接，下至1370年（元顺帝至正三十年），凡411年。近代史家把它和司马光的著作合刻在一起，称《正续资治通鉴》。

>>> 两宋时期通贯古今的编年体史书《资治通鉴》出现。它赢得极高评价,《四库全书总目》称"其书网罗宏富,体大思精,为前古之所未有"。图为当代孙志钧、王海滨《司马光著〈资治通鉴〉》。

从《春秋》到《正续资治通鉴》将近 2 400 年的中国历史依编年体裁一气衔接，这种连贯性在世界历史上绝无仅有。因此，伏尔泰指出，中国编年史的古老和悠久是《圣经》所无法比拟的。

汉以后的编年体史书还有一个重要的方面军，这就是历代的"起居注"及"实录"。"起居注"即依时间编排的古代帝王言行录，据史籍介绍，汉武帝时便有《禁中起居注》；魏晋以后设著作郎、起居舍人、起居郎等职，以编撰起居注。但唐以前起居注大都佚失，唐代温大雅撰《大唐创业起居注》是现存较早的起居注。"实录"则是中国历代所修每一皇帝在位期间的编年大事记，最早见于记录的有《梁皇帝实录》，记梁武帝时事。唐以后每一皇帝去世后，继嗣之君，必敕史臣撰修实录，沿为定例。至清末光绪朝止，据统计历代实录共有 160 部。但这些实录与"起居注"一样，绝大多数已佚。较完整的是明清两代实录。《明实录》2 925 卷，《清实录》4 327 卷，是现存卷帙最大的实录。"起居注"和"实录"的加入，使中国编年体史书更为丰富、完备。

二　从《史记》到《清史稿》：列朝相承的纪传体史书

与编年体史书不同，"二十四史"以纪传体形式构成与之平行的另一条历史书写线索。所谓"二十四史"，是中国古代产生的 24 部历史书籍的统称。

唐代以前，通常把司马迁的《史记》、班固的《汉书》、范晔《后汉书》，合称为"三史"。后来，加上陈寿的《三国志》，称为"四史"，又叫"前四史"。到了北宋时期，加上《晋书》《宋书》《南齐书》《梁书》《陈书》《魏书》《北齐书》《周书》《隋书》《南史》《北史》《新唐书》《新五代史》等 13 部史书，合称"十七史"。明朝增加了《宋史》《辽史》《金史》和《元史》，称为"二十一史"。1739 年，《明史》修成后，再加上《旧唐书》《旧五代史》，经过清朝皇帝的钦定作为正史，这才合称"二十四史"，此外，1920 年，柯劭忞撰写的《新元史》成，对

《元史》有许多补正。1927年，赵尔巽主编的《清史稿》完成，人们把这部书看作"二十四史"的延续。加上《新元史》和《清史稿》，于是又有"二十六史"之称。

"二十六史"有4 100余卷，4 000多万字。它纪事久远，从第一部《史记》记叙传说中的黄帝起，到最后一部《清史稿》记叙到清朝灭亡止，前后历时4 000多年，成为一部衔接不断、包罗万象的巨著。它以宏伟的篇幅、丰富的史料，比较完整、系统地记录了中国古代历史的进程和面貌，展现了广阔的历史画卷。

"二十六史"中，除"前四史"以及《新五代史》《新元史》等少数正史出于私人修撰外，其余多由朝廷主持修撰。自唐朝起，中国便开始形成王朝设立史馆修撰前朝史的传统，如唐代修南北朝及隋代史（《晋书》《梁书》《陈书》《北齐书》《周书》《南史》《北史》《隋书》），五代时修唐史（《旧唐书》），宋修五代史（《旧五代史》），元修宋、辽、金史，明修元史，清修元史，乃至民国修清史（《清史稿》）。历代王朝之所以重视前朝史的修撰，除总结前朝统治经验外，还在于可以借修史的机会，标示本朝统一天下的正统地位，消除威胁，影响本朝政治统治者的历史记忆，巨大的历史感在赓续不断的史书修撰中也起着关键作用。在"国可灭，史不可没"的浓厚历史意识推动下，历代史官莫不为"存史"而作出巨大努力，即使在其他民族入主中原时期亦如此。

"二十六史"采用的体裁不是编年体，而是纪传体。纪传体是一种以人物传记为中心的史书体例，它综合了本纪、世家、载记、列传、书志、表和史论。本纪，基本上是编年体，叙述帝王事迹，兼以排比大事；世家，记叙王侯封国和特殊人物；载记，叙述割据政权的历史；列传，记人物、民族及外国；书志，记载典章制度原委和有关自然、社会各方面的历史；表，是用谱牒形式来厘清史事及众多人物；史论，是对历史人物和历史事件的评论。多种体裁交相补充，互相配合，在一部史书内形成一个完整的体系。

纪传体的优点是以记叙人物为中心，便于考见各类人物活动情况。同时，便于通观一个时期历史的发展形势，这是编年体史书所不及的。当然，纪传体史书也有缺陷，这就是难以清晰地表达历史事件的时间线索。一事复见数篇，宾主莫辨。

纪传体史书创始于《史记》，它的作者便是中国古代伟大的史学家、文学家、思想家司马迁。司马迁，西汉人，其父亲司马谈在朝廷担任太史令，掌管编写国史。司马谈学识渊博，通天文，懂历法，熟悉朝章典故，他决心写出一部史书。为此，从构思到史料都做了多方面准备，并亲自动笔写了部分篇章。司马迁的《史记》就是发端并奠基于其父。司马迁从小聪颖过人，读了大量今文书籍，又开始学习古文著作。他20岁怀着远大的抱负，漫游全国，上会稽，探访禹迹；登九嶷，瞻仰舜墓；至汨罗，祭奠屈原；赴曲阜，参观孔庙……长期的多次游历，使司马迁开阔了眼界，接触了社会，考察了历史遗迹，广泛地搜集了史料，为编写《史记》打下了坚实的基础。公元前110年（汉武帝元封元年），司马谈病危，他流着泪告诫司马迁"无忘吾所欲论著矣"，嘱他继续自己的未竟事业，完成编撰史书的重任。司马谈死后三年，司马迁继任父亲的官职，担任太史令。随即开始动手写作《史记》，不料公元前98年（天汉三年），司马迁因李陵一案被牵连下狱，第二年处以宫刑，遭受如此奇耻大辱，他极为痛苦悲愤。但是肉体摧残没有毁灭司马迁的意志，反而推动其精神升华。他忍辱受刑，继续发愤撰写《史记》，从中寻求自我精神解脱。公元前93年（太始四年），司马迁53岁时，终于完成了这部空前巨著。

《史记》是一部贯穿古今的纪传体通史，上溯传说中的黄帝，下至汉武帝太初年间，上下3 000年。全书包括十二本纪、十表、八书、三十世家、七十列传，共130篇，526 700字。司马迁的《史记》，是中国史学史上的一座丰碑。一代治史宗师司马迁以渊博的学识、广阔的视野，创制了规模空前的史著。司马迁以前，史学未成为一门独立学科，在《六艺略》中被置于《春秋经下》。《史记》的出现，使史书从内容到题材都为之一新。《史记》还是传记文学的鼻祖，司马迁以生动俊逸的文采，树立了历史散文体的一代风范，他笔下的"火牛阵""荆轲刺秦王""鸿门宴""垓下之战"等篇章，是历史的真实记录也是文学的杰出再创作，它既有特定的场面又有生动活泼的人物形象。鲁迅称《史记》是"史家之绝唱，无韵之《离骚》"。

司马迁的伟大作品给予后世史学家以重大启迪。东汉时班固作《汉书》，体制上模仿《史记》而改通史为断代，详尽记述西汉史事；其后各代正史，均以纪传为体、以断代为史。迁固之功，垂于千秋。

三 从《通鉴纪事本末》到《清史纪事本末》：以事为纲、按类编纂的纪事本末体史书

纪传体史和编年史是中国史书的两大宗，它们既有所长，又有所短，因此，后世改易更革者不在少数。至南宋时袁枢创纪事本末体，把史籍编纂推进到新的水平。

袁枢是南宋时建州建安（今福建建瓯）人，曾任礼部试官、严州教授。袁枢治学态度严谨，喜读史书，每读必三遍方止。读完第一遍，肯定长处，表示佩服；读完第二遍，便能从中发现问题；读完第三遍，即动手改正其中的错误。他喜读司马光的《资治通鉴》，却苦其浩博，读者不仅感到翻检甚艰，且难以得其要领。于是他发凡起例，创立纪事本末体，编纂了《通鉴纪事本末》。袁枢所编纂的《通鉴记事本末》是中国第一部纪事本末体史书，共42卷。他将"通鉴"史料删削排比，按类编为239个题目，记载了从战国至五代1 300年中的305件重大历史事件，如先秦史概括为"三家分晋""秦并六国""豪杰亡秦"三个题目。由于该书按事件类编史料，所以事件全过程比较清楚、完整，富于故事性，又具有章回体历史演义的色彩，使读者爱不释手。正因为如此，这部新体裁的史籍一经问世，就受到官方嘉奖、学者称赞、文士

欢迎。

纪事本末体的基本特征是以事为纲，按类组织史料，每一类记一个大的历史事件，每一事件自为标题，自具首尾。每一标题高度概括事件的中心，标题下面的史料组成有始有末的完整历史事件的全过程。这种体例的高明之处在于——取材既无遗漏又不冗滥，而是恰到好处。从而避免了纪传体"一事复见数篇"的缺陷，在记事上也比编年纪事更为清楚明了，时人称纪事本末体"文省于纪传，事豁于编年"。不过，纪事本末体也有缺陷，即只能侧重"治乱之迹"，难以概括历史全貌。

纪事本末的创例，为史籍的编撰别辟新径，成为中国史学论著的又一大体例，后世史家纷纷接踵，著成十余部纪事本末体史籍，形成从《左传记事本末》至《清史纪事本末》前后连贯、一气相续的体系，丰富了历史纪载。

第三节

繁富的历史文献

中国古代的历史记录不仅连绵不断、纵贯数千年,而且历史文献极为繁富,为世界上任何一个国家所不能媲美。

一 经、史、子、集

中国古代图书依经、史、子、集四部分类。这四类书都具有史料价值,史部书的史料价值自不待言,《四库全书总目》所列史部书,包括存目在内,合计为2 714部,共37 000多卷,其中又分为正史、编年、纪事本末、别史、杂史、诏令奏议、传记、史钞、载记、时令、地理、职官、政书、目录、史评15个子目,极为丰富多彩。诸种史书各有源流,自成系统,互相补充,彼此印证,在中国文化史上犹如簇簇盛开的鲜花,争妍斗艳,交相辉映。其景观正如同梁启超在《新史学》中所言:"试一翻四库之书,其汗牛充栋、浩如烟海者,非史学书居十六七乎?"

在繁富的历史著作中,少数民族的史学著作具有极珍贵的价值。用蒙古文创作的《元朝秘史》《蒙古源流》《蒙古黄金史》,并称为蒙古民族的三大历史著作。明代宣奴贝在1476年至1478年(明成化十二年至十四年间)著成西藏史的重要著作《青史》,该书以编年史体例,纲目分明地记录了吐蕃王室传承的历史以及喇嘛教派的创建、发展史,一向被推崇为研究藏史的信史,受到中外学术界普遍重视。明代穆罕默德·海答儿以波斯文著《拉什德史》,为至今保存下来的关于察合台蒙古仅有的一部历史著作。它不仅记载了明代察合台后王及南疆各地的历史,而且对哈萨克族和柯尔克孜族的历史,也作了详细记叙,成为研究这两个民族在明代历史的第一手材料。清代康熙年间,清政府遣使团前往伏尔加河下游地区慰问土尔扈特部。满族人图理琛主动请求参加使团,得到批准。他们长途跋涉,历尽艰险,胜利完成出使任务归来后,图理琛根据这次出使的经历和见闻,用汉满两种文字撰成《异域录》,记述使团所经各地的山川、地理、城市、村镇、要塞、居民、物产、风土、习俗等,对俄国的历史、内政、外交、民族、宗教、疆域、四邻等多方面情况也有所记载。这是中国第一本介绍俄国有关地区情况的书,史料价值极高。此书一出,很快名扬国外,先后被译成法、德、俄、英四国文字。国外史学界研究清初中俄关系,莫不重视《异域录》,图理琛因而驰名中外。后人把这次出使土尔扈特使团称为"图理琛使团"。

除史部著作外,经部、子部、集部书籍也具有丰富的史料价值。经部以儒家"十三经"——《易》《书》《诗》《仪礼》《周礼》《礼记》《春秋左传》《春秋公羊传》《春秋穀梁传》《论语》《孝经》《尔雅》《孟子》为主干,并附以释经书与研究语言文字的著作。它们在历史文献上的地位极为重要。中国古代屡有"六经皆史"的说法,表明古代学者已认识到经书所具有的史料价值。

子部收集了诸子百家的著作。其中如儒、墨、道、法、名诸家书,是研究哲学史的主要资料;天文、历算、"五传"、医、农等书籍,又是研究各门科学及其历史进程的主要史料;被《四库全书》称为"侈谈神怪"的小说之祖《山海经》其实是一部古代地理著作,里面记载了很多山川、道里、民俗、物产,还记载了一些古代历史人物的世系及其活动,对研究中国以及中亚、东亚各国上古时期的生产活动、生活情况

>>> 清政府遣使团前往伏尔加河下游地区慰问土尔扈特部,图理琛参加使团,用汉满两种文字撰写《异域录》。图为清代佚名《乾隆接见土尔扈特部首领渥巴锡图》。

以至民族联系,都有十分重要的价值。又如明代冯梦龙、凌濛初编撰的"三言""二拍",在描写明代手工业发展及商业资本活跃等方面,都是不可多得的资料。至于脍炙人口的《红楼梦》,不仅是一部文学名著,而且还是一部畅叙封建大家族盛衰的别史。

集部偏重诗文一类作品,其中有关记叙史事、史迹的,如时人的奏议、游记等,当然是属于史料的一部分,其他如诗、词之类纯文学性质的篇章,有些也具有珍贵的史学认识价值,班固、左思等人的"都赋",虽在语言文字上铺张扬厉,但仍不为考究汉晋时期各地掌故及风俗、物产的极好史料。屈原的《天问》《招魂》,辛弃疾的《水龙吟》《菩萨蛮》,以自身的遭际、见闻,对当时统治者的腐朽进行揭露,同样也可作史料看待。"诗圣"杜甫的诗,更被称为"诗史"。

二　独具风格的地方志书

中国地方志是中国古代史籍的重要组成部分,其风格之独特、数量之宏大,为世界上任何国家所不可比拟。

地方志是一种以地区为中心,专详于某地的风俗、民情、方言、古迹,以及疆域、人物等,又依时代先后叙述各事物发展变化的史籍。它所记叙的地方性自然现象和社会现象,比"正史"丰富和广泛,为研究历史学、地理学、文学、地名学、地震学、人口学、经济学、社会学、医学、建筑学、农艺学、科技史、中外关系史等学科,提供了很多有价值的资料。

方志起源很早,有人认为方志始于西汉,也有人认为始于东汉。现存的《越绝书》,不少学者认为是方志的发端。《越绝书》记叙了越国地方的历史、山川、城郭、冢墓、物产、人物等,和后世的地方志颇相近。班固的《汉书·地理志》,记叙了各郡国以及各地方的区域、山川、物产、风俗、户口等,可以称为第一部全国性的区域志书。隋有《区宇图志》,为官修方志之始。唐代李吉甫的《元和郡县图志》、宋代乐史的《太平寰宇记》都是方志中知名之作。明清两代，尤其是清代，是中国古方志发展的鼎盛时期，现存方志基本上为明清两代所编纂。中国地方志书籍极为宏富，现存方志上万种，凡十余万卷，卷帙浩繁，甚为可观。

三　琳琅满目的公私档案

中国自商周起，就建立了国家档案制度，凡涉及国家和地方政治、经济、军事诸方面大事，多用甲骨、铜器、竹简、缣帛、纸张诸物刻写下来，并于中央及各地相应地设置专门机构来进行保管。设在中央的有周朝的天府，汉朝的兰台、东观，唐朝的史馆，宋元的架库馆，明朝的皇史宬和清朝的内阁大库。设在地方上的机构虽不见诸记录，但并非子虚乌有，而只不过其名不显罢了。

档案的种类很多。各个朝代发布的诏令、策命、上谕、圣训、政典、法则、诫训、案牍、计籍、记功册、簿记，以及诸侯、公卿、地方郡守等人给皇帝的奏章、奏议，都可作为档案。档案文卷，一般地说，是第一手资料，是对当时国家重大事务的直接记录，故大部分档案的史料价值就高，马克思便曾在《资本论》中引用许多官方材料来评述资本主义制度。当然，有的档案也不尽可信，如那些隐恶扬善、谎报军情、报喜不报忧的档案。也有由于时代的局限或人为的偏见，而有种种失实的记载。所以在使用档案时，要进行分析，去伪存真。

明以前的档案文卷，因时代久远今已不多见，明清两代的也已多有残损。但尽管是残余，它却仍然可以"处则充栋宇，出则汗牛马"。以清代为例，原始档案从清入关前的1624年（天命九年）至1911年（宣统三年），朝廷和一些地方机关的官方文书，以至清亡后溥仪暂居故宫和天津张园、静园时期的文件都有收存，计约九百余万件册。文件名目繁多，下行的制、诰、诏、敕，上行的题、奏、表、笺，平行的咨、移、关文，以及各种类型的函、电、照、单、图、册、札、牍等，在百种以上。

  以上所述，仍远远不能包括现有的全部历史文献，如甲骨金文、简牍帛书、碑石铭刻、释道经藏、用民族文字写成的书籍文卷，各种行会、帮派、工商业组织的文件，以及民间契约、文书等都是极珍贵的历史资料。

  中国的历史文献极为丰富，它的长期性与连续性，是任何其他文明古国所不能比拟的。黑格尔曾说："中国'历史作家'的层出不穷，继续不断，实为任何民族所不及。"[①]1951年印度亲善访华团团长森德拉尔在中国时，高度赞扬中国古代史籍之丰富。他说，印度由于缺乏自己的古史著作，以至中学还得以中国玄奘作的《大唐西域记》为教材。

[①] ［德］黑格尔：《历史哲学》，王造时译，北京：生活·读书·新知三联书店1956年，第161页。

第四节

中国史学的民族特色

从农业—宗法社会生长出来的中国古代史学,其发生、发展经历了与他国不同的道路,具有独特的民族特色。中国古代史学带有鲜明的"重政务"色彩。中国最早的史事编纂者是国家法定的高级官员,最早的史书亦从服务于"赞治"的文字中产生,诚如柳诒徵所言"由赞治而有官书,由官书而有国史"。

中国古代史学强烈的政治色彩,首先表现在其考论得失、惩恶劝善、"明夫治天下之道"的鉴戒—资政性上。如《春秋》的著作目的在于"惩恶而劝善",是要明君臣之分,以维护周天子的统治。司马迁著《史记》,是为了"述往事,思来者",他"网罗天下放失旧闻,考之行事,稽其成败兴坏之理",力图将"历史—现实—未来"相与联系,为后来的统治者提供统治经验与教训。东汉荀悦提出"君子有三鉴:鉴乎前,鉴乎人,鉴乎镜"。他著《汉纪》,是要以西汉一朝"明主贤臣,规模法则,得失之轨",向东汉当权者提供鉴戒。唐初魏徵主持修史,更明确提出"取鉴于亡国",即从前一朝代"危""乱""亡"的教训中,求得自身政权的"安""治""存"。司马光更明晰地宣告,"史者,所以明夫治天下之道也",将资政性规定为治史的第一要义。他编撰的《资治通鉴》,力图"鉴前世之兴衰,考当今之得失""上助圣明之鉴"。把中国古代史学的鉴戒—资政功能推向高峰。由于史学与现实政治生活密切联系，而非与世无补的佛门经卷，故在历代王朝，史书成为皇帝的必读课本和治国理政的百科全书。还在刚有史事典册不久的周代，摄政的周公就教诲年幼的成王要以史为鉴。创建后赵的石勒，虽目不识丁，仍在戎马倥偬中，命令左右为他读《汉书》。唐太宗李世民注重史鉴，认为"以古为镜，可以知兴替"。由此可见，中国古代史学具有高度的社会价值。

由于中国古代史学的强烈鉴戒性，史学研究必然注目于近现代的"善""恶"，这些史学著作大都详近略远。如《史记》上至"三皇""五帝"，下迄西汉初年，但重点还是春秋、战国的近代史和西汉初年的现代史。如"十二本纪"，周以前才四篇，汉以前三篇，其中《项羽本纪》实际上是现代范围，而西汉帝王便有五篇；再如"十表"，三代只撰了一篇"世表"，秦以前有四篇"年表"，秦楚之际则是"月表"，甚为详备；"七十列传"更是如此。再如《汉书》，直接记录前朝历史，以后历代正史大都如此。"实录""国史"更可称为现当代史。明清两代的史学大家如黄宗羲、万斯同、章学诚等，也极为重视对近现代史的研究和撰写。

中国古代史学的"重政务"的特点，也决定了史籍所记录的是现实生活中实实在在的政事和人事，史料价值要远高于西方的史诗和宗教传说。法国启蒙思想家伏尔泰在《风俗论》中指出，"如果说有一种确凿可靠的编年史，那就是中国人的上及天、下及地的编年史"，在这些史籍中"几乎没有丝毫的虚构和奇谈怪论，绝无埃及人和希腊人那种自称受到神的启示的上帝的代言人。中国人的历史从一开始便写得合乎理性"。他认为，历史应该像中国史籍那样，记载切实的人的活动而不是神的传奇。

中国传统文化的伦理型特色也深刻地渗透史学领域。司马迁认为："《春秋》者，礼义之大宗也"；"夫不通礼义之旨，至于君不君，臣不臣，父不父，子不子。夫君不君则犯，臣不臣则诛，父不父则无道，子不子则不孝。此四行者，天下之大过也"①。这一思想在他所著的《史记》中充分地体现出来。中国古代史学著述的政治——伦理特色，到了宋元明更为突出。元修《宋史》，完全是"以表彰道学为宗"，并在儒学之外又立"道学传"，以加强对中国封建社会后期更为精致的伦理化政治思想的宣扬。

在重伦理、重道德的文化思想熏陶下，古代史书以立德为先，一些虽无事功表现但在立德上有突出事迹的人物往往在列传中居于首要地位，身为平民的孝子、烈女亦能在青史上留名。史学家也极为重视职业道德和自身的品行修养，《说文解字》释"史"说："史，记事者也。从又持中；中，正也。"所谓"正"，即不偏不倚、正直、公允，这显然是中国文化为史家所标出的道德准则。中国古代素有史家"三长"之说——史才、史学、史识。史才指修史才能，包括文采和史书编纂形式；史学指占有史料，包括对它的搜集、鉴别和运用；史识指研究历史的观点和方法。清代章学诚肯定了"三长"理论，但他认为具备了"三长"还不能称良史，他主张在"三长"之外，再加上一个史德。所谓"史德"，就是"著书者之心术"，即指史家作史能否忠实于客观史实，做到"善恶褒贬，务求公正"的一种品德。章学诚在《文史通义·史德》中认为，"才、识、学、德四者中，以史德为要"。

中国古代大多史家自觉或不自觉地以"史德"来规范自己的行为。在修史上，正直的史官和史家，无不忠于史职，忠于史实，坚持善恶必书，书必直言，为此他们不避强暴，不畏风险，甚至殉之以生命。《左传·襄公二十五年》记载了古代史官齐太史直书的事迹——齐庄公被弑，太史据实直书"崔杼弑其君"。崔杼杀了太史，太史的弟弟凛然而前，仍书"崔杼弑其君"。崔杼连杀太史二兄，但尚存者仍依前直书。崔杼无奈，只有妥协，不再置问。南史氏听说太史兄弟皆死，执

---

① 《史记》卷一二〇《太史公自序》第十七。

>>> 中国传统文化的伦理型特色深刻地渗透史学领域,司马迁的《史记》中就有充分的体现。图为当代蒋兆和《司马迁像》。

简以往,准备代写,途中听说已依实直书,方才返回。像太史兄弟这样以直书为己任、以曲笔为耻的史家,几乎代有其人。三国时史家韦昭,主持修撰《吴书》,孙皓要他为其父作纪,韦昭不允,其理由是孙皓之父未登帝位,只能为之立传;北魏崔浩主修国史时,秉笔直书,无所阿容,遭权贵诛杀;《贞观政要》的作者吴兢参与修撰《则天皇后实录》时,宰相张说企图让史官将实录中涉及与己不利之事"删削数字",他严加拒绝,表示"若取人情,何名为直笔";南宋袁枢在负责编修宋朝国史时,原宰相章惇的后人以与他同里,请"文饰"章惇的传记,他当即严拒,"吾为史官,书法不隐,宁负乡人,不可负天下后人公议"①。刘知几认为,史家职责可区分为不同层次,"彰善贬恶,不避强御,若晋之董狐、齐之南史",这是最上层;"编次勒成,郁为不朽,若鲁之丘明、汉之子长",则为其次;"高才博学、名重一时,若周之史佚、楚之倚相,此其下也"②。在他看来,只有不虚美、不隐恶、不屈不惧,以行使历史裁判职责者,才是真正的良史。这一论述清晰地概括了中国古代史家高度注重道德完善,重视身心修养,富于历史使命感的传统。在长期的历史进程中,史家独立不屈的精神已转化为民族精神的一部分。

农业社会的务实精神,也在中国古代史学上打下深深的烙印。中国古代史家注重史料编纂,却忽视理论上的宏观探讨,相当一批史家将毕生精力耗于训诂、勘误和注释之上,乃是因为这些细致入微的学问实实在在,并非玄谈,一部不足两万字的《春秋》,留传于世的注疏、正义、释例多达四五十种,分量数百倍于原著。相对而言,史学理论著作,却在中国史籍宝库中甚为难得。精于微观研究的思维定式,为后世留存了

---

① (元)脱脱等:《宋史》卷三八九《列传第一百四十八·袁枢传》,北京:中华书局1985年,第11 935页。
② (唐)刘知几:《史通》内篇《辨知第三十五》,白云译注,北京:中华书局2014年,第474页。

大量信史，而宏观考察、理论探讨的欠缺，不利于抽象思维的发展，又成为古代史学的缺陷。

此外，在中国古代思维方式特点的影响下，中国古代史学有许多有益的思想资料，如无神论观念、进化论思想、辩证思维的因素以及接近于历史唯物主义的论点，都为当时的世界所罕见，至今仍不失借鉴作用。但在社会结构与历史传统的制约下，中国古代史学始终不能跳出中世纪的窠臼，无法形成新的史学思想体系。中国传统文化的特质，规范了中国古代史学的基本精神面貌，而其长处与短缺，也尽萌生于此。

第十一章

科举制度

——近代西方文官制的模本

周秦之际以来政治文化的显著特征，便是摆脱封建性的贵族政制，形成非封建的民间选士，其完备形态便是隋唐以降的科举制度。科举是周制的"选贤与能"同秦制的拔擢人才于底层相结合的产物，被中外人士盛称为中国的"第五大发明"。

孙中山指出，西方文官考试制度学自中国科举制。美籍华裔学者邓嗣禹受这一论述的启示，广为搜集资料，1943年在《哈佛亚洲学报》发表《中国对西方考试制度的影响考》。美国汉学家德克·卜德于1948年著《中国思想西入考》，称"科举制无疑是中国赠予西方的最珍贵的知识礼物"，对欧美的制度文化影响深巨。

第一节

考选官僚制

帝王不可能凭一己之力推行政令,必须仰仗官僚体系。朱熹对宋宁宗进言,讲明"大臣"对"君"推行制命的重要性:"君虽以制命为职,然必谋之大臣,参之给舍,使之熟议,以求公议之所在,然后扬于王庭,明出命令而公行之。"①反映帝王意志的诏令通过垂直的官僚系统布达四方,经由郡县制、流官制,实现对广土众民的掌控。而所谓"流官""朝廷命官",不同于世袭贵胄,是朝廷从民间拔擢出来的干才,从而扩大了朝廷的社会基础。这便是中国两千年皇权政治具有相当生命活力的一大原因。

朝廷越过世袭身份,实行民间选士制度,其目的是强化皇权,扩大统治基础,令英雄尽入彀中,这当然是帝王从"私天下"之心出发采取的措施。然而,此制在客观上却在一定程度上打破利益固化格局,造成上下阶层间的流动,颇具"公天下"意味。王夫之在《读通鉴论》中,评议秦始皇以郡县制取代封建制时说:"秦以私天下之心而罢侯置守,而天假其私以行其大公。"此议也可用以评价民间选士制——帝王从揽士集权,让天下豪杰尽入彀中的私念出发,却促成朝廷与平民相对接,广拔英才于民间,增进阶层间人员流动,这是上天假借帝王专制之私心达成

---

① (宋)朱熹:《经筵留身面陈四事札子》,《晦庵先生朱文公文集》卷十四,《晦庵集》,四部丛刊景明嘉靖本,第196页。

>>> 殷商、西周的官制是封建贵族制,其时也偶有破格选用无爵贤士任官的举措,如周武王用姜尚做讨殷大军统帅,但这只是世卿世禄制外的"举贤"补充。图为宋代刘松年《渭水飞熊图》。

的"大公"。

"官"起源甚早,相传夏代设官颇多,所谓"夏后氏官百"。殷商、西周的官由贵胄"世及",世族凭借其世袭身份,世世为官,执掌国政,这是封建贵族制。其时也偶有破格选用无爵贤士任官的举措,如商汤重用有莘氏女的陪嫁之臣伊尹,武丁举从事版筑的傅说为相,周武王用出自底层的姜尚做讨殷大军统帅。但这还算不上真正意义的官僚政治,只

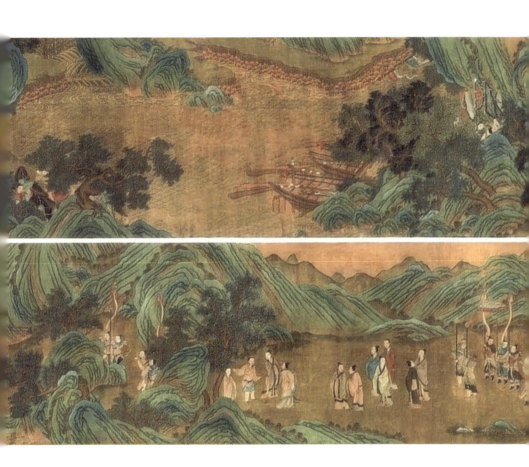

是世卿世禄制外的"举贤"补充。

春秋时世卿制与选士制并行，一方面，世族继续掌理国政，如鲁国的季孙氏、叔孙氏、孟孙氏，齐国的国、高、鲍、陈，晋国的范、知、中行；另一方面，有能力、立功勋的无爵士人入官渐多，士阶层崛起，进入贵族政治向官僚政治的转化期。春秋末叶的孔子说："先进于礼乐，野人也；后进于礼乐，君子也。如用之，则吾从先进。"①表示了对先学礼乐后做官制度的推崇，对不学礼乐、凭世袭身份做官的世卿制的温和

---

① 《论语·先进》第十。

批评,企望学习礼乐的"野人"为国所用。略晚于孔子的墨子也力辟世袭贵族制,主张不计身份等级,尚贤举能,"官无常贵,而民无终贱。有能则举之,无能则下之"①。

战国初年,士人从政、为教趋于普及,"七十子之徒散游诸侯,大者为师傅卿相,小者友教士大夫"②。此为游仕现象,而统治者也求贤民间,如魏文侯开"访士"之风。

战国中后期,列国实行军功爵制度,魏国李悝变法的一项内容是"食有劳而禄有功",不再以"亲""故"而以"功劳"作为赏赐的标准。吴起在楚国变法,"使封君之子孙三世而收爵禄,绝减百吏之禄秩",然后用所收减的爵禄"以奉选练之士"。秦推行军功爵制最彻底,"有军功者,各以率受上爵","宗室非有军功论,不得为属籍"③,取消宗室贵族享有的世袭特权,而以高官厚禄授予有功劳者。

战国间,公室、私门养士之风盛行一时。公室如魏文侯、齐威王、燕昭王均好士;私门如孟尝君、平原君、信陵君、春申君等战国"四公子"门下,各聚士数千,或文韬武略,或鸡鸣狗盗,各有用场,各得其所。秦国则行客卿制,广揽山东杰士,李斯《谏逐客书》以秦缪(穆)公、孝公、惠王、昭王广用异邦人才、拔擢底层下士,国力大增的事实,阐发"王者不却庶众"政策的优胜性。这都是对贵胄世及制度的突破。而张仪相事秦国、苏秦挂相六国,是出身低微的游士登上政坛的显例。

秦代建立完备的君主集权的官僚政制,朝廷设三公九卿,地方设朝廷掌控的郡长县令。官员的选取,实行军功爵制、客卿制和征士制、荐举制,其意都在打破世袭官制,拔擢有才能的底层人士为朝廷效力,如

---

① 《墨子·尚贤上》。
② 《史记·儒林列传》第六十一,卷一二一。
③ 《史记·商君列传》第八,卷六八。

韩非所言:"故明主之吏,宰相必起于州部,猛将必发于卒伍。"①

至汉代,征辟制和察举制并行。所谓察举制,即按郡国及人口比例察举孝廉,推举明经明法、茂才异等、贤良方正。以常科和特科、正式和非正式的各种渠道,出身商贾、奴仆乃至俘虏者,只要有异才专长,皆可入仕做官,各阶层效命王朝的渠道渐趋畅通。《汉书》称,汉武帝时人才选拔最为成功,才俊辈出,各显风流:

> 上方欲用文武,求之如弗及。始以蒲轮迎枚生,见主父而叹息。群士慕向,异人并出。卜式拔于刍牧,弘羊擢于贾竖,卫青奋于奴仆,日䃅出于降虏,斯亦曩时版筑饭牛之朋已。汉之得人,于兹为盛。儒雅则公孙弘、董仲舒、倪宽,笃行则石建、石庆,质直则汲黯、卜式,推贤则韩安国、郑当时,定令则赵禹、张汤,文章则司马迁、相如,滑稽则东方朔、枚皋,应对则严助、朱买臣,历数则唐都、洛下闳,协律则李延年,运筹则桑弘羊,奉使则张骞、苏武,将率则卫青、霍去病,受遗则霍光、金日䃅,其余不可胜纪。是以兴造功业,制度遗文,后世莫及。②

战国以来,中央集权的官僚政治取代封建贵族政治是一基本趋势。秦汉以下诸朝一方面禁养士、禁游侠、抑私门,以防贵胄尾大不掉;另一方面朝廷又广开仕门,掘隐发微,威恩并下,把士人诱引到服务朝廷、效忠君主的"正途"上来。从战国时期各国竞相用士,到汉初朝廷从全国范围选士入官,官僚政治大约经历三百余年,基本定型,武帝时方呈现上述人才辈出的鼎盛景象。

秦汉以下朝廷实行从民间考选士人任命流官的官僚政制,较之先秦的世卿世禄制是重大进步,亦优越于西欧、日本中世纪的世袭封建贵族

---

① 《韩非子》卷十九《显学》第五十。
② 《汉书》卷五八,北京:中华书局2013年,第2 633—2 634页。

政制。中国的中古文明之所以领袖群伦，与此制颇有相关性。而中国从民间选取官员的举措，在春秋战国至秦汉，突破世卿世禄制樊篱，迭次展开为：游仕制—军功爵制—察举制，它们是隋唐以下实行科举制的前导。

第二节

科举制应运而生

在杜绝贵族政治的流弊上,汉代的征辟察举制并不彻底,因察举权的执掌者多是豪门巨族,他们利用世代权力,控制官员任免。发展至魏晋南北朝,形成由世族豪门任大中正(主选人)的九品中正制,强化世家大族的参政特权,向贵族政治复归,造成"上品无寒门,下品无势族"的局面,不仅难以为朝廷选拔优秀人才,还有可能产生中央集权的离心力量,于是变革势在必行。

为了"人尽其才,才尽其用",自南北朝后期便探索考试选官的方法。其实早在汉代就有策问取士的故例,即以政事、经义设问,应考之士书于简策条对,公孙弘、董仲舒等人的应试策论便很著名,特别是董仲舒的《天人三策》垂名千古。

隋朝开始实行的科举制度——以分科举士而得名,将上述选士的做法加以系统化、制度化,通过学校育才、科举选才、铨叙用才三个环节,养育、选拔官员。587年(隋开皇七年)隋文帝分科取士,令诸州每年贡士二人,此为科举之端绪。唐宋以后科举体制渐趋成熟。

科举制以封闭应答的方式,"一切以程文为去留",突破世卿世禄制的官员血统禁锢,修正察举征召制选拔人才的主观性及九品中正制对门第的谨守,达成相对公开、公平、公正的举官制度,将"选贤与能"的古老理想付诸实施,使官僚制度走出贵族化故辙。隋唐科举制度兴起有其几方面条件。

第一,其经济前提是北魏开始实行的均田制在隋唐间得以推行。均田制以土地国有、计口授田为原则,摧毁大族豪强的庄园经济,使一批自耕农和庶族地主得以产生,并参与分享文化和权力,正所谓"旧时王谢堂前燕,飞入寻常百姓家"。

第二,反映"世代衰微,全无冠盖"①的山东士族和江南士族的利益,而这些士族通过科考获取政治地位,成为朝廷支柱力量。唐代曾三次官修姓氏书,即太宗时命高士廉等修撰《氏族志》、高宗时修《姓氏录》、中宗时修《大唐姓族系录》。国家专设谱局,用博古通今的名儒修撰姓氏谱录,其目的在于重新划定社会阶层,打破前代士庶差别。638年(贞观十二年),《氏族志》修成,仍列山东士族崔民干为第一等。李世民看后,大为不满,遂命高士廉等重新刊定,并指示"不须论数世以前,止取今日官爵高下作等级"②,强调以当朝的考试选官确定身份级别,这正是科举制的精义所在。

第三,书写、印刷等物质条件大有进步,有利于考试的实施。魏晋以来纸质书写材料取代简帛,西晋左思的《三都赋》使洛阳纸贵,晋惠帝令下吏"赍纸笔"抄写陈寿的《三国志》,东晋末年桓玄下令"以纸代简",简牍时代结束。纸上书写答卷,为科举考试简便、直观、公开的操作提供了可能,唐代士人的行卷、投卷不必再像战国游士那样"负书担橐""陈箧数十"。唐代手工造纸产量颇大,雕版印刷渐趋流行,为普通人读书并参加科考创造了便利条件。

第四,隋唐时代的经学大统一为应考士人提供必备的教科书,规定了法定的经义文本。

科举制有一逐步规范化的发展过程:587年(隋文帝开皇七年)设

---

① (后晋)刘昫:《旧唐书·高士廉传》卷六十五《列传》第十五,北京:中华书局2013年,第2 443页。
② 同上书,第2 444页。

志行修谨、清平干济二科；606年（炀帝大业二年）置进士科；唐承隋制，又于进士科外，复置秀才、明经、明法、明书、明算、诸史等科，依帝王的喜嗜不同，各有增减，唐玄宗时甚至设有专考老庄著作的道举科，其常设仅为明经、进士两科。

考试及格者称"及第""登龙门"，这意味着获得晋升官僚阶层的基本资格，再经吏部考试，通过"身"——取其体貌丰伟、"言"——取其司论辨正、"书"——取其楷法遒美、"判"——取其文进士科在考试策论和帖经之外，诗赋成为必考的重要内容。这要求考生不仅要熟读经传、背诵经义，而且必须具有相当的文学才能。为了表现文学才能，时兴"行卷"，即把自己的代表作抄在卷轴上，呈献给某一推荐人，一般是达官显要或知名学者，以求得其赏识，然后再将自己推荐给主考官。行卷之风促进唐代文学的发展，有的行卷作品成为流传后世的名篇。

进士科出身仕途更优于明经科，头名进士称状元，为读书做官的极品。唐代的进士和明经科之轻重，有如前代秀才与孝廉。进士极难，其时有"三十老明经，五十少进士"①之说，进士及第者每年不过40个人，录取率为百分之一二，而明经科则为百分之一二十。故进士科为士人所趋，"缙绅虽位极人臣，不由进士者，终不为美"。唐代高官如宰相多从进士中选拔，藩政辟举也以进士为优先。唐中叶以后，进士逐渐代替过去的士族，享受政治、经济、文化上的种种特权，包括免除赋税徭役的特权。

科举制将经义考试完善化，唐朝科考分常科和制科两类，每年分期举行的称常科，由皇帝下诏临时举行的考试称制科。隋唐五代贡举实行两级制——解试、省试，宋代实行三级制——解试、省试、殿试，明清

---

① （五代）王定保：《散序进士》，《唐摭言》卷一，西安：三秦出版社2011年，第6页。《散序进士》言进士科"岁贡常不减八九百人""其艰难谓之'三十老明经，五十少进士'"。

实行四级科考——童试考秀才、乡试考举人、会试考贡士、殿试考进士。

科考的淘汰率甚高，明清时三年一次的进士考试每次上榜不过两三百人；乡试中举者各省相加可达数千；童试取秀才，总额近万，然较之成百万读书人的基数，仍为凤毛麟角。故科举制作为教育制度，走的是精英路线，但对普及性的童蒙教育、大众教育有深刻的引导功能。

第三节

科举制的历史作用

科举制最重要的功能,是促成不靠出身而以考试入流的官僚阶层,取代世袭的封建贵族阶层。唐宋以下科举制愈益完备。此制通过法定的、不计身份的考试录用人才,使出自底层的士子,可以通过读书应试攀援上升,如五代王定保所说,"三百年来,科第之设,草泽望之起家,簪绂望之继世"。隋唐三百余年科举制促成"草泽"——下层百姓、"簪绂"——名门望族,及各阶层人士流动的社会效应。

"唐宋八大家"之一的欧阳修是起自底层的士人,他在《相州昼锦堂记》中描述了"朝为田舍郎,暮登天子堂"的情景:

> 盖士方穷时,困厄闾里,庸人孺子,皆得易而侮之。若季子不礼于其嫂,买臣见弃于其妻。一旦高车驷马,旗旄导前,而骑卒拥后,夹道之人,相与骈肩累迹,瞻望咨嗟,而所谓庸夫愚妇者,奔走骇汗,羞愧俯伏,以自悔罪于车尘马足之间。

欧阳修在文章中列举的"季子不礼于其嫂",指战国苏秦穷时,嫂子不肯给他饭吃;"买臣见弃于其妻",指汉代砍樵的朱买臣被妻子唾骂出门。而二人后来当上大官,亲朋巴结不迭,所谓"前倨而后恭"。这种由朝政养成的崇尚功名利禄的社会风气,促使底层士人孜孜于学业,以竞选入官。官员考选制削弱了世袭性、割据性的封建贵族政治，形成世界上较早的完备的文官制度。

参加科举考试的主要是学校生徒，因而带动了学校教育的发展。唐时学校分京师学和州县学，各级学校主要研习儒家经典，此外还学习律令和书法、算学等专门技能。因此，科举制度既是一种选官制度又是一种教育制度，它自隋唐延及明清，发挥了重要的社会功能。

科举制度以封闭式考试录取官员，具有公正性和法定性。因不计生员出身，唯才是举，从而较广泛地从社会各阶层拔选人才，扩大政权的统治基础。官员和候补官员基本上都是知识阶层的精英，普遍提高了官僚队伍的人文素质。科举的吸引力，使士子以读书—考试—做官为人生"正途"，读书人皓首穷年，孜孜以求，"鸿鹄展羽翮，翻飞入帝乡"是科考士子的理想。

690年（唐载初元年），太后武则天亲策贡士，殿试自此开始，以后历代沿袭。殿试以一种制度形态昭显"君师合一"，由帝王亲任主考官，将录取最高一级知识官僚的命题权、评判权收归皇帝，中试者皆成为"天子门生"，从而以师生关系强化君臣纲常。官僚政治与贵族政治有着明显差异，社会学家费孝通说："官僚是皇帝的工具，工具只能行使政权而没有政权。贵族是统治者的家门，官僚是统治者的臣仆。"①

自隋朝始兴（隋文帝开皇七年，即587年）至晚清诏废（清光绪三十一年，即1905年），科举制度实行1 318年，其间不独汉族政权如此，辽金元清等其他民族入主中原的政权也实行此种制度选拔人才。以科举考试为核心，在学校教育、异地赴任、月给俸禄、致仕退休等方面都形成系统，构造了完备的文官制度，成为中国文化的一大特色。

与郡县制相匹配的，是从贵族世卿制向游仕制的转化，进而形成官僚制度。如果说，周代是天子—诸侯—卿大夫分等级次第的世袭封建

---

① 费孝通、吴晗等：《皇权与绅权》，长沙：岳麓书社2012年，第7页。

>>> 科举制度以封闭式考试录取官员,具有公正性和法定性。因不计生员出身,唯才是举,从而较广泛地从社会各阶层拔选人才。图为明代余士、吴钺《徐显卿宦迹图·贡院考试》。

贵族当政，那么，秦汉以下则是由朝廷任命的非世袭的官僚用权。官僚体制内，在朝廷任命的"流官"之下，还有比较稳定的"吏""吏胥"，他们往往终生在一地从事行政管理的基础工作，并多有子孙相袭之例，故宋代叶适说"官无封建而吏有封建"。

自隋唐至明清实行的科举制度，朝廷与平民对接，较之世卿世禄的贵族政治是一大进步，在不拘一格选拔治国人才、扩大统治基础等方面，发挥积极作用。据统计，明初百余年间，进士及第者来自三代无功名家庭的，多达六成，这较之世袭贵族政治无疑有其优越性。历史学家何炳棣统计明清1.2万位进士、2.3万位举人的出身，发现来自寒门小户的几占一半。"白衣卿相"是科举制之下并不罕见的事例。

科举使朝廷从平民中取用人才，较之贵族政治显示了平等性、公开性，但这种平等又有其限定性。科举考试诚然不问出身，然而可以获得参加考试能力（深悉经典、熟谙古文、书法上乘等）的，多是有田土、遗产、坐收地租者，他们有读书之暇，并可聘请师父指导。当然也不乏家道贫寒、苦读登仕者，但毕竟是少数。科举平等性受到文化级差——社会等级的制约，是不争的事实。

第四节

"中国人赐给西方最重要的礼物"

作为拔擢民间英才、促进跨阶层流动的善政,科举制也有其流弊,这便是助长读书做官、升官即得荣华富贵的社会风尚。相传为宋真宗赵恒所作的《劝学诗》,将科举考试的"好处"归结为:

> 富家不用买良田,书中自有千钟粟。
> 安居不用架高堂,书中自有黄金屋。
> 娶妻莫恨无良媒,书中自有颜如玉。
> 出门莫恨无人随,书中车马多如簇。
> 男儿欲遂平生志,六经勤向窗前读。

功名利禄成为"指挥棒",引导士人奔竞于仕途,其高明者治国、平天下,立德、立功、立言;末流则沦为"禄蠹""其有老死于文场者,亦无所恨"。《儒林外史》中的周进、范进,便是碌碌终生的士人典型。读书当官成为深入社会各阶层的理念,一些下层父老也谆谆告诫子弟苦读入仕,由民入官,享受荣华。这种风靡千载的风尚,既是"官本位"的产物,也助长了"官本位"的膨胀。科举制的另一弊端,是引导士人以经史为唯一学问,使科学技术等实际知识不入社会文化主流。而宋代"右文抑武",高调实行科举制,导致士人柔弱,宋代经济、文化发达而武功不强。科举制的此一缺陷，当时即遭有识者诟病，南宋朱熹有"谋恢复，当废科举三十年"的愤语。元代初中期停科举，1313年（元仁宗皇庆二年）在儒臣力倡下，重启科举。

明清两代科举极盛，而八股取士渐成积弊。延及清末，科考内容及考试方法的迂腐愈益昭彰，康有为在《请废八股试帖楷法试士改用策论折》中指出，科举出身的"翰苑清才"不堪新政之用，除熟悉八股制艺之外，"竟有不知司马迁、范仲淹为何代人，汉祖、唐宗为何朝帝者。若问以亚非之舆地，欧美之政学，张口瞪目，不知何语矣"。固有的科举制已无法因应社会近代转型的需求，废改的呼声遍起朝野。1901年3月，两广总督陶模上《图存四策折》，其一为"废科目以兴学校"；山东巡抚袁世凯有逐年减少科举取士名额以增学堂之议；刘坤一、张之洞的《江楚会奏变法三折》内容之一也是变革科举。

顺应朝野呼声，1901年清政府宣布废除武举，此为变科举的第一步。1904年1月，张之洞与管学大臣张百熙及荣庆在修订学堂章程时奏称：由于科举未停，导致新学堂的设立受到阻碍；而新学堂未能普遍设立，又使得科举不能立刻停止。因此，朝廷应该确立一个过渡期，使科举和学堂教育归于一途。此奏折获清廷认可。科举便开始逐渐减少录取名额，而转向从学堂选拔人才。1905年（光绪三十一年），袁世凯、张之洞、周馥、岑春煊、赵尔巽与端方等地方督抚大员联衔上奏，请"立停科举以广学校"。清廷发布谕旨，宣布从1906年（光绪三十二年）开始，停止各级科举考试。隋唐以降延续千余年的科举制度，至此而止，中国传统的政教合一体制随之走向崩解。

对于清末废科举，赞扬者有之，如维新派所办《时报》发文，称此举"革千年沉痼之积弊，新四海臣民之视听，驱天下人士使各奋其精神才力，咸出于有用之途，所以作人才而兴中国者，其在斯乎"。另类评议亦接踵而至。废科举后四个月，严复在《论教育与国家之关系》的演说中评议"废科举"说："不佞尝谓此事乃吾国数千年中莫大之举动，言其重要，直无异古者之废封建、开阡陌。造因如此，结果如何，非吾党浅学微识者所敢妄道。"在这中性语句中，深蕴着对科举制贸然全盘废弃的忧思。1905年前后曾力主废科举的梁启超，1910年亦即颇有悔意。1955年，国学家钱穆在《中国历代政治得失》一书中批评清末"废科举""铸成大错"。长期留居中国的英国人英格尔斯也不以"废科举"为然，这代表了西方人的一种观感。

清末废科举的建设性目标，是兴办西式学堂，以适应近代社会之需。而西式学堂实为西方文官制的养成所，清末力主"废科举"的人士多不知晓，西方文官制乃是仿效中国科举制的产物。

中国从民间考选士人入官的消息，中世纪初期即通过犹太商人、阿拉伯商人传至西欧。10世纪时意大利西西里的诺曼王国开始举行文官考试，便是受到来自中国的启发。中国科举制被正式介绍到欧洲，是13世纪元代时入华的意大利人马可·波罗。其后，明代入华西洋传教士克香兹，发现中国古代科举考选官员制度与西方贵族官制大异，他在游记中把中国科举制介绍到欧洲，明万历年间入华后郑重地向欧洲人介绍，"在中国最终实现这一原则的制度叫做科举制"①。伏尔泰、孟德斯鸠、狄德罗、卢梭等都对科举所体现出的平等和公平原则表示折服。

自马可·波罗、利玛窦以下的西方人士关注科举制是因为，同欧洲中世纪以来实行的恩赐官职制相比较，科举制有明显的优越性。18世纪启蒙思想家伏尔泰在批判法国世袭贵族统治国家时，赞扬中国只有通过严格考试的人才能任官，"中国由那些及第的人治理着"。法国师法中国，率先在1791年进行文职人员考试。英国经济学家亚当·斯密受法国"百科全书派"的影响，1776年提议，每个人"被获准在任何机构自由从事某一职业前，必须经过考试或试用"。至19世纪初，更有人力主欧洲仿效科举制，改变中世纪以来的封建贵族政治，废弃赐官制，确立从

---

① ［意］利玛窦、［比］金尼阁：《利玛窦中国札记》上册，何高济等译，北京：中华书局1983年，第58—59页。

竞争性考试中选拔文职官员的制度。普鲁士约于1800年试行考选文官，19世纪70年代俾斯麦执政时文官考试制正式实施。1833年，英国确认通过考试择优录用的原则。1855年，英国成立第一个文官委员会，主持普通文职人员竞争性考试。在中国科举制的影响下，1870年，英国颁布法令，使文官的竞争性考试正常化，英国文官考试制度最终确立，成为欧美的楷模。

西方人说，科举制是"中国人赐给西方最重要的礼物"。此言并不夸张，孙中山在《五权宪法》中将官员考试列为民主政治的五大方面之一，进而指出：

> 现在欧美各国的考试制度，差不多都是学英国的。穷流溯源，英国的考试制度原来还是从我们中国学过去的。所以，中国的考试制度，就是世界上用以拔取真才的最古最好的制度。①

需要指出的是，隋唐至明清的科举是考选政务官，考中者被朝廷任命为朝官（入翰林院等）或地方官（如县官），而事务官（称史或吏胥）虽有一套选拔制度，但不在科考之列。而英国的文官考试是选考事务官，政务官则通过选举产生的议会任命，或由议会确认的政府首脑任命。故考选任官的重要性，隋唐至明清的中国更甚于近代西方。

---

① 孙中山：《孙大总统五权宪法讲演录》，广州：广东官印刷局1921年。

第十二章

长期走在世界前列的
中国古代科技

科学技术是文化大系统中的重要一环。所谓科学，即人们关于自然现象和规律的知识体系，它是一种社会的观念形态，也是人类探索自然规律的文化活动，数学、物理、化学、天文学、地学、生物学、农学、医学等学科均包括于内。技术一般被理解为关于工具、物质产品以及它们被用来达到实用目的的方式的知识，分为纺织、建筑、机械、冶金、车船、兵器、陶瓷、造纸、印刷等各方面。从秦汉至宋元的千余年间，中国的科学技术曾长期处于世界的领先地位，并对整个人类文明的进步作出了重大贡献。英国科学史家贝尔纳说，中国"许多世纪以来，一直是人类文明和科学的巨大中心之一"。另一英国科学史家李约瑟也指出，在科学技术发明的许多重要方面，中国人成功地走在那些创造出著名的"希腊奇迹"的传奇式人物的前面，和拥有古代西方世界全部文化财富的阿拉伯人并驾齐驱，并在公元3世纪至13世纪之间保持一个西方所望尘莫及的科学知识水平。

第一节

中国古代科技的特征

作为中国传统文化的一个子系统,中国古代科学技术具有区别于世界其他文明中心的特殊风貌、特殊结构、特殊传统,典型地反映出中国文化的性格。

首先,中国古代科技具有强烈的实用性。而这一实用性,又主要表现为"绝对地以国家的'实用'为主"。中国古代天文学成就相当突出,其原因在于王朝一统天下的统治以"授命于天"为根据,"历法乃国家要务,关系匪轻"。历代王朝莫不设立专官观测天象、修改历法,即使在魏晋南北朝的大动乱时期,天文研究的传统亦未断绝。这种传统,构成中国古代天象记录殊为丰富、历法也备臻精确的盛况。中国古代农学相当发达,仅农书就有三百多种,土地丈量技术与绘制地图技术也颇为出色。这与历代王朝"以农立国"的方略有密切关系。中国地域广阔,王朝的统一维系于强有力的行政管理,故不少官员,甚至身居相位如李吉甫者,亦关心政区沿革、物产民情,这种情形促成古代地理学的长足进展。"四大发明"也是国家"实用"需要的产物,纸张、指南针、印刷术作为一统社会中社会通信工具而产生;火药的发明固然与炼丹术相关,但作为一种技术应用于社会,还是出自"大一统"政权军事活动的需要。

中国古代科技的实用性渗透于各学科,中国古代数学以解决实际问题而著称。如《九章算术》中分列了方田、粟米、衰分、少广、商功、均输、盈不足、方程、勾股等 9 章，计有 246 个应用题，都与生产需要密切相关。此外，如大地测量以"皇舆全览"为目的，天文学附属于历法，生物学知识几乎完全存在于农学和医学中，各学科无不以"实用"来规范自己的发展道路。中国科技的实用性，是其长期居于世界前列的重要原因，这是因为国家的实用需要，使得封建王朝可以"利用国家的权力，利用集中的组织的社会力量"[①]推动科技的发展。中国古代很早就出现了钦天监、太医院等专门的科学研究机构，并以国家之力网罗了大量专门人才从事天文学、数学、医学以及工艺技术等领域的研究。历代史籍记载的天文资料、唐代以来公布的医书和药典，都是通过官方组织的大规模的科技人员的合作才得以完成。尽管王朝有兴替，但这一传统一脉相承、延续不断。与此同时，社会和个人的实用需要也使科技发展获得广泛的关心。

中国古代科技的另一特点是"经验"色彩浓厚。中国古代的科技著作大多属于对当时生产经验的直接记载或对自然现象的直观描述，极少进行科学理论的探讨。如中国古代对天文现象的观察极为仔细而系统，其完整程度为古代和中世纪欧洲所不可比拟，但是，中国古代科学家却没有对这些天象观察记录进行深入分析，以寻求其规律性。故中国史籍虽然留下了哈雷彗星出没的 31 次记录，但发现其平均周期的却是 17 世纪的英国天文学家哈雷。明代的《本草纲目》《农政全书》《天工开物》是中国古代医药学、农学、工艺三大领域最高水平的总结，但也只限于记录、归纳、总结生产经验，乏于理论方面的概括和升华。中国古代科学家注重对自然现象的观察，但大多从日常经验和自身感受出发，这一思维方式固然也提出了一些天才的思想，预测到一些后来的发现，但却始终停留在"言其所当然，而不复强求其所以然"的直观的水平上，未

---

① ［德］马克思：《资本论》第 1 卷，北京：人民出版社 1975 年，第 901 页。

能建立完善的科学理论体系。对科学发展具有关键意义的分析精神与实证精神,难以在中国古代科技的"经验型"土壤中寻觅到生长的条件。因而,"中国的经验长梦"虽曾使中国有极辉煌的科技成就记录,但也阻碍了科学技术迈向近代化。

"实用型"和"经验型"给中国科技发展以相当的局限,但也蕴含着合理的内核,正如科学家爱因斯坦所指出的:"西方科学的发展是以两个伟大的成就为基础,那就是:希腊哲学家发明形式逻辑体系(在欧几里得几何学中),以及通过系统的实验发现有可能找出因果关系(在文艺复兴时期)。在我看来,中国的贤哲没有走上这两步,那是不用惊奇的,令人惊奇的倒是这些发现(在中国)全都做出来了。"[①]

[①] [德]爱因斯坦:《西方科学的基础和中国古代的发明——1953年给J·E·斯威策的信》,《爱因斯坦文集》第1卷,许良英、范岱年编译,北京:商务印书馆1976年,第574页。

第二节

对人类历史进程发生革命性作用的"四大发明"

指南针、造纸术、火药、活字印刷,是中华民族奉献给世界并改变了整个人类历史进程的伟大技术成果,反映和代表了中国古代文明的辉煌灿烂。

造纸术是中国古代劳动人民的一项卓越的创造发明。造纸术发明以前,曾以甲骨、竹木乃至丝帛作为书写材料。西汉时,人们使用丝絮制成薄片,叫做絮纸。这是造纸术的开端。由于丝絮珍贵,絮纸原料来源极窄,人们在实践中又采用麻纤维制成的薄片,亦即植物纤维纸。到了公元2世纪初(东汉时期),蔡伦集中了劳动人民的造纸经验,经过反复试验,创造了利用树皮、麻头、破布、渔网等废物制成的植物纤维纸。这种造纸方法,使造纸原料的来源大大扩充,造纸的成本大大降低,因此很快地推广开来。蔡伦遂成为后世所传的纸的发明人。至晋朝时,纸张已为人们普遍使用,从而取代了简、帛的地位成为主要的书写材料。从公元6世纪开始,这种造纸术传往朝鲜、越南、日本。751年传到中亚细亚的撒马尔罕,以后又传到西亚的大马士革城。阿拉伯纸大批生产后,源源不断输往欧洲的希腊、意大利等地。

被称为"文明之母"的印刷术是中国古代劳动人民的又一伟大发明。雕版印刷是在古代刻石和印章的基础上产生的。公元7世纪初(隋朝初期),民间已经开始用雕版印刷佛像等数量较多的宗教画。到了唐朝又逐渐用雕版印刷流通较广的书籍。1900年，敦煌千佛洞发现了一卷868年（唐懿宗咸通九年）印刷的《金刚经》，长约533厘米，由7个印张粘连而成。卷首是一幅《释迦牟尼说法图》，卷尾题有"咸通九年四月十五日王玠为二亲敬造普施"。此卷雕刻精美，刀法纯熟，印刷清晰，是目前世界上最早的印刷物。到了五代，后唐宰相冯道等奏请雕印"九经"，这是由国家雕版印刷儒家经典的开始。于是，雕版印刷更广泛地得到应用。由于雕版印刷费工、费料，印刷业遂产生改进技术的意向。11世纪中期（宋仁宗庆历年间），刻字工人毕昇发明了活字印刷，他的方法是用胶泥刻成单字，入火烧烤，使之坚硬，做成字模，然后排列起来进行印刷。这是排版印刷的开始。以后又有人用锡、铜等金属制成活字。

中国的雕版印刷技术，大约在8世纪传到日本，12世纪或略早传入埃及。波斯也很早便熟悉了中国的印刷术，并曾经用来印造纸币。学者拉希德丁在其1310年完成的世界史著作《史集》中，还专门介绍了中国雕版术。活字印刷则于14世纪传到朝鲜。欧洲接触中国印刷术当在13世纪（元朝），此时，中西交通活跃，不少欧洲旅行家远涉中国，亲眼看到中国人用雕版和活字印刷图书、纸币和纸牌，从中受到启发，于是14世纪至15世纪，雕版与活字印刷开始流行于欧洲。1466年意大利出现了印刷厂以后，欧洲各国的印刷厂如雨后春笋般建立起来。

中国古代劳动人民在长期的生产实践中发现了硝石和硫磺的功能，为火药的发明奠定了基础。公元7世纪末（唐朝初年）名医孙思邈在他的著作《丹经》一书中，提出了一种火药的配方，把硫磺、硝末、木炭制成一种药粉，用来发火炼丹。这说明中国最迟在唐朝已经发明了火药。以后提炼纯硝的技术不断提高，它的燃烧性、爆炸性逐渐显示出来，于是，火药开始用于军事。10世纪初（唐朝末年），出现了"飞火"，也就是火炮、火箭。宋朝时用火炮、火箭于战争更为普遍。到了12世纪初期（北宋末年），出现了"霹雳炮"，大大加强了火药的爆炸

>> 唐初名医孙思邈在他的《丹经》中,提出了一种火药的配方,把硫磺、硝末、木炭制成一种药粉,用来发火炼丹。图为明代陈洪绶《高士炼丹图》。

力和破坏力。12世纪初（南宋初年）陈规发明了管形火器，近代枪炮就是从原始的管形火器发展起来的。蒙古人在对宋金作战中学到了制造火药、火器的方法，阿拉伯人在与蒙古人作战中也学会了制造火药的武器。欧洲人于13世纪后期，从阿拉伯人的书籍中获得了火药的知识。到了14世纪前期，又从对伊斯兰教国家的战争中学到了制造、使用火药和火器的方法，于是掌握了火药的秘密。

指南针的发明，是世界航海业中划时代的事件。早在战国时期，已经发现了天然磁石吸铁和指示南北的现象。人们利用磁石指示南北的特性，制成了最初的指南针——司南。12世纪初（北宋末年）朱彧在他的《萍洲可谈》中提到，他曾在广州看见"舟师"，"识地理，夜则观星，昼则观日，阴晦则观指南针"[①]，以确定航向。这是世界航海史上使用指南针的最早记录。在宋朝，中国的商船在南洋、印度，西至波斯湾一带，极为活跃。同时波斯和阿拉伯的船只也在红海和波斯湾一带航行，他们不久就从中国人那里学会采用指南针来指导航向，以后经过他们又传播到欧洲。

"四大发明"的文化价值为世界所公认，但是在古代中国，举世闻名的"四大发明"未能在本土产生革命性的社会效应，而处于一种自生自灭的状态。

[①] （宋）朱彧、（宋）陆游：《萍洲可谈·老学庵笔记》，李伟国、高克勤校点，上海：上海古籍出版社2012年，第29页。

第三节

数学的世界性贡献及其缺陷

数学被称作"科学的女王",它对科技其他侧面的发展有不可估量的影响。中国曾经产生过世界第一流的数学成果。从公元前2世纪直到14世纪,中国的数学研究从未间断。特别是从1247年到1303年间的五十多年间,涌现出一批划时代的人物,如秦九韶、李冶、杨辉、郭守敬、朱世杰等。他们的工作使"天元术"飞速地发展,成绩之突出是史无前例的。

中国古代数学对世界文化的重大贡献首推"十进位值制记数法"。古今中外的记数法,可以分为两类,一类是位值制,一类是非位值制。前者以现行的阿拉伯数码记数法为代表,后者以罗马记数法为代表。所谓位值制,就是一个数码表示什么数,要看它所在的位置而定。如23中的2表示20,32中的2表示2,等等。非位值制与此不同,每一个较高的单位是用特殊的符号来表示。

中国用筹记数,早就使用十进位值制。它和现代相比,只是符号不同罢了。故李约瑟指出,"在西方后来所习见的'印度数字'的背后,位值制早已在中国存在两千年了""中国的计算人员和星官为印度人发展只需要九个符号的计算方法开辟了道路"。他高度评价说:"如果没有这种十进位制,就不可能出现我们现在这个统一化的世界了。"

有了先进的记数法,简捷的四则运算就不难得到,再加上广泛地使用了口诀，于是能够"运筹如飞"。在这个基础上又出现了开平方、开立方的法则，这在世界上也是最早的。有了一整套简捷的运算方法，就得以对某些问题建立优良的解法，取得卓有成效的结果。在被称为"各个时代数学才能的量度"的圆周率研究领域，中国古代数学家便成果斐然。

首先在圆周率研究上取得重大突破的是魏晋时期的刘徽。他在为数学名著《九章算术》作注时，正确指出，"周三径一"不是圆周率值，实际上是圆内接正六边形周长和直径的比值。经过深入研究，他发现圆内接正多边形边数无限增加的时候，多边形周长无限逼近圆周长，从而创立割圆术。刘徽根据割圆术从圆内接正六边形算起，边数逐步加倍，相继算出正12边形、正24边形……以至正96边形每边的长。他又继续割圆，得出了更为精确的 π 值，$\pi=3927/1250=3.1416$。这个 π 值的精度已超过古希腊学者阿基米德和托勒密取得的成果，并且比阿基米德圆内接和外切正多边形计算，在程序上要简便得多。刘徽提出的方法，如果有必要，还可以继续"割"下去，就是在现代仍具有实用意义。

继刘徽之后，南北朝的祖冲之把圆周率推算到更加精密的程度。祖冲之应用割圆术，在刘徽的计算基础上继续推算，求出了精确到第七位有效数字的圆周率 $3.1415926<\pi<3.1415927$，其精确度走在世界前列。李约瑟曾将与祖冲之同时代的世界上其他学者对圆周率研究的成果加以比较："与祖冲之和祖暅之同时代的阿耶波多满足于3.1416，一个世纪以后的婆罗摩笈多则采用3.162。在欧洲，11世纪的一位与沈括属于同代人的列日的佛朗哥，得出一个很可怜的数值3.24。"直到一千多年后，15世纪阿拉伯数学家阿尔·卡西于1427年著《算术之钥》和16世纪法国数学家维叶特于1540年和1603年才求出更精确的数值。祖冲之的时代，小数点后的数一般都用分数表示。祖冲之对圆周率确定了两个值，一个是约率，$\pi=22/7$；另一个叫密率，$\pi=355/133$，这一密率值是世界

上第一次提出。

中国古代对一次同余式的研究也在世界数坛上一直遥遥领先，独占鳌头。13世纪（南宋时期）的大数学家秦九韶提出的"大衍求一术"，便是中国古代数学家对这一问题研究的结晶。秦九韶的"大衍求一术"传到西方后，受到西方学者的高度评价。德国数学史家康托尔称誉秦九韶为"最幸运的天才"。美国科学史家萨顿在评价秦九韶的贡献时称他为"他那个民族、他那个时代，并且确实也是所有时代最伟大的数学家之一"。在世界数学界，"大衍求一术"获得"中国剩余定理"之称。

处于世界前列的中国古代数学成就还有多项。

数学名著《九章算术》记载了负数概念和正负数的加减法运算法则，这在世界数学史上是第一次。

南北朝时祖冲之之子祖暅提出的关于球体体积的"祖暅原理"，直到约一千年后的17世纪才以"卡瓦列里原理"形式重现，成为微积分得以创立的关键一步。

11世纪上半叶（北宋时期）数学家贾宪所提出的"开方作法本源图"（"贾宪三角"），比欧洲巴斯加在1654年提出同样成果早六百多年。

由北宋贾宪首先提出，南宋秦九韶最后完成的"秦九韶程序"——增乘开方法，把高次方程数值解法推进到一个新的阶段。

中国早在两汉时期就能解一次联立方程组。把"天元术"——根据问题所给已知条件列写包含所设未知数的方程的一般方法，应用于联立方程组，先后产生"二元术""三元术""四元术"，这是13世纪至14世纪初中国数学家的又一辉煌成就。

中国古代数学本身也存在固有缺陷。数学是思维方式的一面镜子。中国传统数学以实用、经验为基本前提，是讲究实用价值的思维方式的产物，因而重于计算、轻于逻辑。古埃及、巴比伦的几何学和古代中国的情形一样，以实用为主，但是这些数学成就转移到希腊以后，便从实用折入演绎推理的研究轨道，古希腊的数学家泰勒斯、毕达哥拉斯、柏拉图、亚里士多德、欧几里得，无一不是哲学家或教师，他们把数学发展成纯理论性的独立科学。但中国的情形迥然相异，古代的数学家是掌天文的畴人和计吏。由于未经哲学逻辑思辨的推进，古代数学只是天文、农业、赋税、商业的附庸，没有形成一个严密的演绎体系。此外，数学的进一步发展，要求以抽象的符号形式来表示数学中的各种量、量的关系、量的变化，以及在量之间进行推导和运算。传统的筹算和珠算制度只能借助文字来叙述其各种运算，妨碍了数学语言的抽象化，"四元术"之所以成为中国古代方程式发展的极限，关键原因也正在于筹算法所能提供的天地过于狭小。14世纪以后，中国数学停滞不前，除社会原因外，与中国数学自身的短缺也直接相关。

第四节

天文学的成就与功能

在世界天文学史上,中国古代天文学以对多种天象的最早观测记录著称于世,其连续性、完备性、准确性亦为世上所罕见。

中国古文献中,有世界上最早、最丰富的太阳黑子记录。《汉书·五行志》中公元前43年(汉永光元年)四月的"日黑居仄,大如弹丸"的记载与公元前28年(汉河平元年)三月的"日出黄,有黑气大如钱,居日中央"①的太阳黑子记录,都要早于欧洲800多年。根据1975年云南天文台统计的资料,从公元前43年到1638年,共有太阳黑子记录106条,据此资料推算出的太阳黑子周期是10.6加减0.43年。中国古文献中的太阳黑子记录,对当代天文学研究具有重大价值。李约瑟在《中国科学技术史》中评价中国的黑子观测说,"中国的黑子记录是我们所拥有的最最完整的资料,记录从公元前28年即刘向时代开始,比西方最早的文献几乎早一千年"。这些已经发掘和尚未发掘的记载,足可谓为关于黑子记录的世界级宝库。

中国古代的彗星记录也是极为珍贵的。公元前613(春秋时代鲁文公十四年),记录了"有星孛入于北斗",这是世界上最早的一次哈雷彗星记录。哈雷彗星绕太阳运行平均周期是76年,出现的时候形态

---

① 《汉书》卷二七下《五行志》,北京:中华书局2013年,第1 507页。

庞然、明亮易见。从春秋战国到清末的2 000多年，中国古代观测并记录哈雷彗星31次，有些记录以生动而又简洁的语言，把气势雄壮的彗星运行路线、运行快慢，以及出现的时间，描绘得栩栩如生。在欧洲，关于哈雷彗星的记载，可以上溯到公元前11年，比《春秋》中的可靠记载晚了几百年。中国古代的彗星记事，并不限于哈雷彗星。据统计，从古代到1910年，关于彗星记录不少于500次。早在长沙马王堆西汉墓出土的帛书中，就有了29幅彗星图。据研究，这批图可能绘于战国时期，距今已有2 300多年，比世界上任何国家的彗星图都要早得多。在丰富的观测记录中，中国古代记录下彗星运行路径、形状和颜色，并在《晋书·天文志》中还记录下彗星的彗尾总是背向太阳的规律。

在"客星"的观测上，中国的记载亦雄冠全球。自殷代到1700年为止，共记录了大约90颗新星和超新星。历史上最早的一颗新星记载于公元前14世纪殷商时代的一块甲骨上——"七日己巳夕，屮新大晶并火"，意思是说七日黄昏有一颗很亮的新星出现在大火（即心宿二，天蝎座里的红巨星）附近。《汉书·天文志》关于公元前134年（汉元光元年）五月出现于天蝎星座头部的新星记录是中外历史上都有记录的第一颗新星。在中国古代天象记录中，日月食、流星雨的记载，也是世界上最早的观察记录。它们无一不反映出先人孜孜不倦，观测唯勤，探微唯精的严谨态度。伏尔泰在《风俗论》中赞扬中国人道："世界各民族中，唯有他们的史籍持续不断的记下了日食和星球的交会。我们的天文学家验证他们的计算后惊奇地发现，几乎所有的记录都真实可靠。"[①]

中国不仅有详备的天文记录，而且还有世界第一流的历法。春秋末年开始使用《四分历》，它的岁时是365.25日，这是当时世界上所使用

[①] ［法］伏尔泰：《风俗论》上册，梁守锵译，北京：商务印书馆1994年，第85页。

>>> 在世界天文学史上,中国古代天文学以对多种天象的最早观测记录著称于世,为世上所罕见。古代的彗星记录也是极为珍贵的,在"客星"的观测上,中国的记载亦雄冠全球。图为清代徐扬《日月合璧五星联珠图》(局部)。

的最精密的数值。希腊的《伽利波斯历》和中国的《四分历》相当，但要比中国晚160多年。《四分历》规定19年中置7个闰月，以调整阴阳历，这是具有世界意义的贡献。

元代天文学家郭守敬集历法之大成，创制颁布《授时历》。它是中国历史上使用最长的一部历法，也是古代最精密的一部历法。它以365.2 425天为一年，比地球绕太阳公转一周的实际时间只差26秒，经过3 320年后才相差一日，跟目前国际通行的公历——《格里哥利历》完全相同。但是《格里哥利历》直到1582年才开始使用，比《授时历》要晚300年。《授时历》还应用数学上的招差法推算太阳、月亮以及五星逐日的情况，比欧洲早了将近400年。历法的改革和完善，主要靠天文观测逐步精确为根据。正如郭守敬所说，"历之本在于测验，而测验之器莫先仪表"①。

远在公元前4世纪，中国古代为了观察日月星辰的变化，制定季节，就创制了世界上第一架测天仪器——浑仪。原始的浑仪结构简单，可能仅有赤道环和四游环的两个圆环和观测用的窥管，随着人们的天文知识的丰富和发展，浑仪也不断得到改进。至元代，郭守敬在浑仪的基础上进行了彻底改革，制造了简化的浑仪——简仪。其设计和制造水平，在世界上遥遥领先三百多年。

中国古代在天体测量方面也有着辉煌成就。战国时的石申曾将测量出的若干恒星的坐标汇编成星表，古希腊最早的星表是希腊天文学家依巴谷在公元前2世纪测编的，而石申的活动年代则在公元前4世纪，石氏星表是世界上最古老的星表。唐代初年，为了制定历法，天文学家僧一行发起实测子午线长度的天体测量活动。这是世界上第一次子午线长度的实测。元代郭守敬为改进历法，在全国各地设立26个观测点，进行

---

① （明）宋濂等：《元史》卷一六四《列传第五十一·郭守敬传》，北京：中华书局2013年，第3 847页。

大规模的天文观测活动，其中对黄赤交角和二十八宿距度的测定所获得的成就最为重要，达到了当时世界上最先进的水平。

在中国古代天文学史上，还有一项重大创造发明——水运仪象台。这座水运仪象台是北宋天文学家苏颂组织韩公廉等人，于1088年到1092年在开封建造的。它高约12米，宽7米，分做3层。上层放浑仪，用来观测日月星辰的位置；中层放浑象，它是一个球体，在球面布列天体的星宿位置，有机械能使浑象由东向西转动，和天体运动一致，使得球面星座位置和天象相合；下层设木阁，又分五层——每层有门，到一定时刻，门中有木人出来报时，木阁后面装置漏壶和机械系统，漏壶引水升降，转动机轮，整个仪器便按部就班地动作起来。水运仪象台的贡献是杰出的。首先，为了观测上的方便仪象台的屋顶做成活动的，这是现在天文台圆顶的祖先；其次，浑象一昼夜自转一圈，不仅形象地演示天象的变化，也是现代天文台的跟踪机械——转仪钟的祖先；再次，苏颂和韩公廉创造的擒纵器，是后世钟表的关键部件，因此它又是钟表的祖先。

中国古代天文学尽管取得大量世界第一流的成果，却也只能在中国封建社会的政治—经济结构中畸形发展。中国是一个农业国，"观象授时"的天文观测及历法，其精确程度只要满足农业社会的需要，统治者就不会再去推动它的发展。因此，从客观上天文学家缺少动力和条件去进行新的探索和提高。此外，将自然现象与政治行为联系在一起的"天人感应"理论，把天文学纳入"应用的政治学"轨道。君主通过改正朔，颁定历法，宣示政权统治的正统性、合法性。儒生官僚则利用特殊的天文现象，作为政治纷争的工具，或以嘉兆和祥瑞来歌功颂德、献媚取宠，或以种种灾异来排斥异己、规劝君主进而批评朝廷政治。由于天文学与政治密切关联，历代王朝严加控制历算研究，禁止人民私习天文，造成保守而封闭的学术环境，又严重制约了天文学的进步。

第五节

发达的冶金术与炼丹术同步发展的古代化学

同中国古代科技的其他部类一样,中国古代化学有欠于系统的理论探讨和总结,而侧重于发展实用技术,但这种实用趋势亦推动化学在不少项目上,取得了令人瞩目的成就。"四大发明"中就有两项——造纸术和火药,属于化学范畴。

除造纸术和火药之外,中国古代冶金历史也十分悠久,虽然中国并不是最早发明炼铜和炼铁的国家,但冶炼技术却后来居上,在人类冶金技术的六千多年历史中,相当长时期内由中国人领先。

人类冶铜术最早在西亚地区出现(前4000年初),而青铜的使用在西亚地区却和中国几乎同时(前3000年初)。早在公元前14世纪的殷商时代,中国青铜冶铸技术便高度发达,掌握了世界最先进的古代铸造技术,工艺有范铸法、分铸法、镶铸法、失蜡法,制范材料有石范、泥范、陶范、铁范、铜范,型范的结构有单面范、双面范、复合范、叠铸范,而且提出了世界上最早的青铜配比和性能、用途关系的规律——"六齐法则"。世界罕见的青铜文物如重1 750斤的后母戊鼎(原称司母戊鼎,又称后母戊大方鼎、后母戊方鼎)和精美的四羊尊便产生在这一时期。古代冶铁术最早发明于公元前13世纪的地中海东岸、两河流域上游地区,但长时期停留在原始的冶炼技术而得不到发展。中国在公元前7世纪的春秋时期进入铁器时代,约在公元前3世纪的战国中期以后达到世界冶铁技术的先进水平，其中比块炼铁质量先进的铸铁冶炼技术领先西方约两千年。为了改进生铁性能，中国古代早在东周时代就掌握了可锻铸铁的生产技术。所谓可锻铸铁，即将白口生铁经高温退火后得到的一种高强度展性铸铁，而西方发明这种铸铁是在两千多年后的 1722 年。在可锻铸铁中有一种性能优良甚至可以代替铸钢的球墨铸铁，这种铸铁所含的石墨呈分散的小球状。现代冶炼球墨铸铁技术是在 1948 年前后发明的，而在河南铁生沟汉代冶铁遗址中出土的铁锛，以及河南渑池出土的汉魏铁斧，竟然是具有球状石墨组织的退火铸铁件，这在世界冶金史上是罕见的。从战国晚期到南北朝时期，中国古代创造了一整套炼钢技术，包括渗碳钢、铸铁脱碳钢、炒钢、百炼钢和灌钢等。英国在 18 世纪中叶发明了以生铁为原料的炼钢技术，在产业革命中起了巨大作用，具有划时代的意义。而这项革新中国在公元 1 世纪至 2 世纪就已经实现。其他几种炼钢技术在当时也都具有世界先进水平，其中灌钢技术早于欧洲一千多年。中国还是世界最早冶炼金属锌，制出黄铜（铜锌合金）、白铜（铜镍合金）和铁合金的国家。在合金冶炼方面，中国古代一直处于世界领先的地位。中国古代冶金技术的兴盛，使金属产量达到年产上万吨的水平，把世界其他地区远远抛在后面，故李约瑟在《中国科学技术史》序言中说："中国的这些发明和发现往往远远超过同时代的欧洲，特别是在 15 世纪之前更是如此。"

中国古代冶炼技术之所以长时期处于世界先进水平，重要原因首先是中国在世界上最早采用高炉冶铁。如河南古荥的一座汉代冶铁高炉，复原后炉高 4.5 米，容积约 44 立方米，日产量约 0.5 吨到 1 吨，在 2 000 年前这一成就相当突出。其次，中国很早就有了比较强的鼓风系统，以加强炉温。战国时，已开始采用人力压动的皮风囊鼓风，汉代出现了马排、牛排——用马、牛带动的皮风囊，特别是东汉初年，发明了水力鼓风囊——水排，先于欧洲一千二三百年。在明代出现了活塞式木风箱,它能产生较为连续的压缩空气,从而扩展风区、增大风量,强化了冶炼。再次,中国冶金燃料发展得较快。汉代冶铁遗址中已发现煤饼,晋代时用煤冶铁已有明确记载。南宋末年,中国已开始使用焦炭。广东新会一处13世纪后期的冶铁遗址中出土的焦炭,是目前世界上发现最早的焦炭。

中国古代冶炼技术在世界上长期处于遥遥领先地位。汉通西域后,中国钢铁曾通过丝绸之路运往西方。印度梵文中的"钢",有一词作Cinaja,意为秦地生,秦地指中国,这显示了中国钢铁对印度的影响。

人们称之为化学的原始形式的炼丹术,在中国起源也很早,它跟后来出现的本草学一起,构成了中国古代化学研究的基本内容。在炼丹术和本草学中,含有关于无机强酸、有机酸、植物碱、无机盐、铅、汞、硫及其化合物等方面丰富的化学知识。炼丹术的目的虽然是反科学的,但炼丹者用铅、汞、硫等及其化合物与其他物质一起烧炼,利用各种试验手段实现了许多化学转变和无机合成,这就为化学的发展积累了相当丰富的科学资料。化学史上最早的人工合成物的记载,便见于中国古籍。公元2世纪,《周易参同契》记载了炼丹家们把红色硫化汞加热分解成水银,将水银和硫磺加热,升华成红色硫化汞,这是化学史上最早的人工合成化合物的方法。

现代化学是在欧洲中世纪炼丹术的基础上发展起来的,而欧洲炼丹术导源于阿拉伯炼丹术,阿拉伯炼丹术又是从中国传去的。这一点已在李约瑟的科学技术史研究中得到确证。如中国炼丹术很早就使用的硝石,在阿拉伯和埃及都叫中国雪,在波斯叫中国盐。此外,阿拉伯和波斯炼丹家都在七种金属中列入中国金属或中国铜。从某种意义上说,中国是世界化学的源头之一,

由于化学知识的积累和不断丰富,中国古代在瓷器、漆器、酿造、染色、兵刃、农具、货币等方面的制造技术上也相应取得突出成就。其

中瓷器制造尤为出色，为中国文明增添了璀璨光华。

早在新石器晚期，中国古代已经开始利用瓷土做原料，经高温烧制成精美的硬陶，到商代又发明了玻璃质釉。瓷土的采用，釉的发明，烧造温度的提高，开辟了中国瓷器的新纪元。此后，随着原料和烧造技术的不断改进和完善，"原始瓷器"成熟发展经历了从青瓷—白瓷—彩瓷这样几个阶段，益臻精美，成为具有极大审美价值的艺术品。唐代的白瓷类雪似银，杜甫曾在《又于韦处乞大邑瓷碗》中赞美道："大邑烧瓷轻且坚，扣如哀玉锦城传；君家白碗胜霜雪，急送茅斋也可怜。"这种质"轻且坚"、扣声"如哀玉"、色"胜霜雪"的白瓷确是弥足珍贵的精美艺术品。宋代制瓷，各大名窑的瓷器在胎质、釉色、花纹等方面各具特色。河北定窑白瓷，胎薄质细，釉色洁白，造型优美，以刻花、画花、印花等加以装饰，艺术水平很高；河南钧窑，异军突起，烧成蓝中带红或带紫的色釉，色泽如玫瑰、海棠、晚霞，极为艳丽，光彩照人；江西景德镇窑，别开生面，烧出了釉色明澈温润、白中泛青的影青瓷，誉满全球；浙江龙泉窑向有哥窑、弟窑之称，哥窑利用胎和釉在烧制时收缩率有差别，烧成釉面有疏密不同裂纹的"百圾碎"，弟窑釉青莹无纹片。南宋官窑的青瓷，器口及底部露胎处呈灰或铁色，被称为"紫口铁足"；江西吉州窑，运用剔花、洒釉、印花、贴花等多种手法装饰瓷器，具有民间艺术风格，而剪纸贴印则是它的独创；河北磁州窑烧出了白地黑花瓷，以人们喜闻乐见的人物、山水、花鸟等作装饰内容，别具一格，生动活泼。清代的粉彩瓷与珐琅彩瓷也极为可爱——粉彩是在烧成后的素釉瓷上用掺有铅粉的色料绘画，经烘烧后颜色深浅不同，浓淡协调，绚丽可爱；珐琅彩是用油画的技法，用化学方法精炼配制的珐琅材料在瓷器上作画，烧造后的画面瑰丽精美，富有立体感。

精美的中国瓷器在世界上拥有极高的声誉，受到各国的广泛欢迎。诚然，"自太古以来，几乎所有的人类都会用黏土烧制陶器、碗、盆、

>>> 中国古代瓷器制造尤为出色,为中国文明增添了璀璨光华。精美的中国瓷器在世界上拥有极高的声誉,受到各国的广泛欢迎。图为清代王致诚《陶冶图》(局部)。

瓮等物品,瓷器却被作为中国人独具智慧的产品而受到赞誉"[①]。1154年(南宋绍兴二十四年),阿拉伯地理学家埃垂西著书说:"中国面积很大,人口极多。……艺术作品中以绘画和瓷器为最精美。"1171年(南宋乾道七年),埃及王萨拉丁将四十余件中国瓷器赠给大马色国王努尔丁,表明中国瓷器是极为外国人珍视的物品。宋以后,中国瓷器已大量运销国外,甚至间接传播到遥远的非洲。西方人看到中国瓷器精巧的制作、美丽的图案、丰富的色彩,赞叹羡慕备至。不少外商来到中国,大量购买瓷器,贩到西方各国,追逐利润。1604年(明万历三十二年),葡萄牙船"圣卡特琳娜号"载去了各种各样的瓷器。1614年(万历四十二年),东印度公司的"克德兰德号"载去碗、碟、盘等近七万件。欧洲统治者还向中国预订大批瓷器。法王路易十四命宰相马札兰创立中国公司,派人到广东定做带有法国甲胄、纹章的瓷器。俄国彼得大帝也在中国定做瓷器,故宫博物院有康熙年间景德镇制造的五彩茶罐,上有俄国双鹰国徽,便是这时制造的。英国瓷器发展得最晚,所以更大量地需要中国瓷器。1673年(清康熙十二年),英国人维代尔在广州收买中国特产,其中瓷器就有53箱,比他所收买的绸缎,几乎多达两倍。美洲、非洲、大洋洲也都有人直接来中国购买瓷器,中国文化艺术遂伴随着瓷器输出而传到世界各个角落。

中国瓷器远销国外,其制作方法也传往世界各地。朝鲜、日本、阿拉伯等国相继学习和掌握制瓷技术,烧造瓷器。15世纪后半期,中国制瓷技术传到意大利威尼斯,为欧洲造瓷历史开辟了一个新纪元,其影响延续至今。正因为如此,中国在英语中称为China,它在英语中又是瓷器、陶瓷的意思,它的双重意义,鲜明地标示了中国作为"世界瓷国"的独特地位。

[①] [美]德克·卜德:《中国物品西传考》,孙西摘译,《中国文化》1985年第2辑。

第六节

传统农学的多方面成果

中华民族的主体是农耕民族,由此决定了中国古代很早就开始在农业技术上加以探索并积累丰富经验。当欧洲还在使用木犁时,中国已经推广了铁犁。欧洲人在18世纪才发明条播机,中国却早在汉代便有了这种农具。当欧洲农业还是休闲制时,中国已进入轮作复种阶段。欧洲长期实行放牧,中国早就家畜舍饲。中国古代的三百多种农书,就是中国古代农学历程的真实记录。农业史学家石声汉说:

> 在有历史记载的近几千年中,我国的农业,经过无数次大大小小的天灾人祸的考验,始终没有出现过由于技术指导上的错误而引起的重大失败。这件事实,雄辩地证明了这一科学技术知识体系的优越性。可以自豪地说,农业科学知识这一优良传统,是我国的祖先为人类创造的宝贵遗产之一。①

中国古代农业科学技术的特点是:循环利用,低能消耗;多种经营,综合发展;以种植业为主,重视植物蛋白的利用;用养结合,使地力常新;集约耕作,提高土地利用率。在培育作物、家畜良种以及制作

---

① 石声汉:《中国农业学遗产要略》,北京:农业出版社1981年,第1页。

>> 中国是世界上首先饲养家蚕和织造丝绸的国家。早在四五千前的新石器时代,中国古代就在河北、河南一带养蚕缫丝。春秋至秦汉,丝绸生产已遍及全国。图为清代顾洛《蚕织图》(局部)。

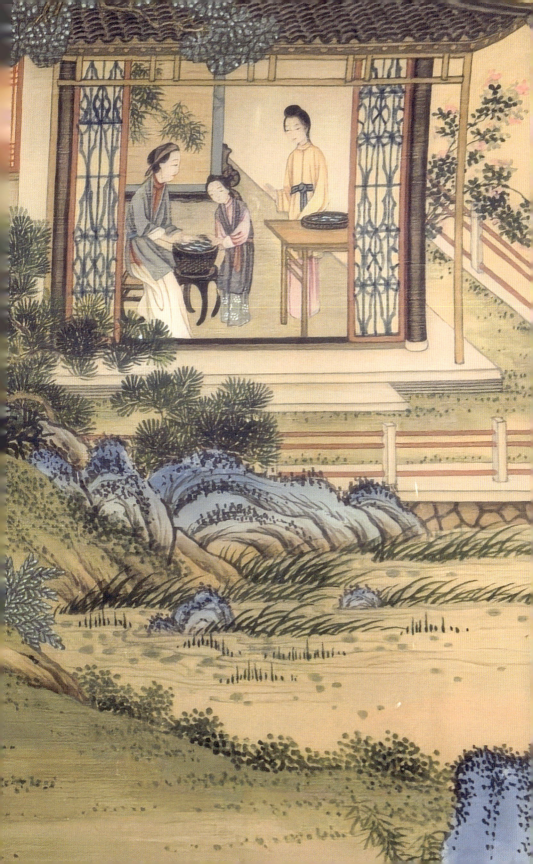

精巧农具，利用自然力，特别是水利工程方面，中国传统技术更有不少举世瞩目的创造。

中国古代的农田水利建设，其规模之大、建设之早和收益之宏，在世界上实属罕见。早在公元前251年，战国时期的李冰就主持修筑了驰誉世界的都江堰。郑国渠和灵渠也是在2 000多年前建成的大型水利工程。

中国是世界上最早的水稻生产国。相传在3 000年前的周代，水稻开始从中国传到国外。1973年，考古学家在浙江河姆渡新石器时代遗址中，发掘出大量的炭化稻谷，经专家测定距今已有6 700多年。

中国是世界上首先饲养家蚕和织造丝绸的国家。早在四五千前的新石器时代，中国古代就在河北、河南一带养蚕缫丝。春秋至秦汉，丝绸生产已遍及全国。远在公元前2世纪的西汉时期，质地精美的中国丝绸就通过丝绸之路源源不断地输往西亚和欧洲各国。古希腊、罗马称中国为Seres，意为丝绸，它显然是从汉语的"丝"音转化过去的。当时的欧洲，经济生活较为落后，即或是贵族，也不过是打着火把，穿着亚麻衣裳，吃着烤肉。因此，轻柔华美的丝绸传入欧洲，立即引起整个社会的狂喜，不论贵族还是民众都以能穿上丝绸衣服为荣。据说，公元前1世纪时，古罗马皇帝恺撒有一次穿着中国丝绸袍去看戏，顿时轰动整个剧场，在场的大臣个个翘首观望、欣羡不已，以至无心观戏。由于古罗马输入过多的丝绸和亚洲的其他奢侈品，公元1世纪至2世纪时，罗马在对亚洲国家的贸易中产生了逆差。

同丝绸相辉映，中国是世界上种茶、制茶、饮茶最早的国家，相传早在四千多年前中国就用茶叶来治病，间有啖之者。秦汉以后，饮茶之风逐渐传开。唐代陆羽系统编著了世界上第一部茶叶专著《茶经》，内有茶的历史、种植、加工、生产工具和饮茶风俗等内容，陆羽因而被后人尊为"茶神"。公元5世纪时，中国茶叶输出亚洲一些国家，16世纪至17世纪时输往欧洲各国。茶叶一经出口，立即受到输入国的珍视，以至有的人为买到茶叶,"其价几何,在所不惜"。茶叶成为与咖啡、可可并称的"世界三大饮料"。19世纪末叶以前,中国茶叶在市场上还是独一无二的。1886年创最高输出量记录,达13.4万吨,值银5 220万两,占出口总值半数以上,居出口商品的第一位。中国不仅输出茶叶,而且向很多国家提供茶树或茶籽。公元9世纪初茶树传入日本,17世纪茶籽传入爪哇,18世纪茶籽传入印度,19世纪茶树先后传入俄国、斯里兰卡等国。爪哇和印度还分别在1883年和1834年从中国运走茶工和制茶工具,在国内试种茶树和制茶。印度后来超过中国,成为第一产茶国。

茶在世界各国的传播和影响极为深远,英语单词tea和法语的thé都来自汉语的té,这是中国福建方言中对茶的称呼。俄语单词chai则来自chà,这是中国北方"茶"的发音,蒙古人、土耳其人、波斯人、现代希腊人所使用的、相似的单词,也都来源于chá字。

中国蔬菜种类繁多,品种丰富,总数大约一百六十种,其中一半是原有品种。它们有不少流传海外,深受各国人民欢迎,营养丰富、利用价值高的大豆,约在1790年传入欧洲。四时供应的大白菜和小白菜,因原产地是中国,所以它们的学名分别叫Brassica chinensis和Brassica pekinensis,即在芸薹属后边加上了中国和北京的字样。日本从1875年开始由中国引种白菜,现在产量和种植面积都占蔬菜的第二位。中国很早就不断引进外国蔬菜,经过精心培育,逐渐改变它们的习性,创造出许多新的、优良的类型和品种。辣椒原产美洲,后来经由欧洲传入中国,不过三四百年。但经过培养、创新,已有了世界上最丰富的辣椒品种,其中柿子椒已引种到美国,命名为"中国巨人"。

中国还是世界上最大、最早的果树原产地。桃是中国古老的栽培果树之一,早在《诗经》中便有"桃之夭夭,灼灼其华"的诗句。大约在公元前1世纪至公元2世纪,桃由中国西北经由中亚传入伊朗,再由伊朗传到希腊,以后再传到欧洲各国。19世纪后半期,日本、美国等又从

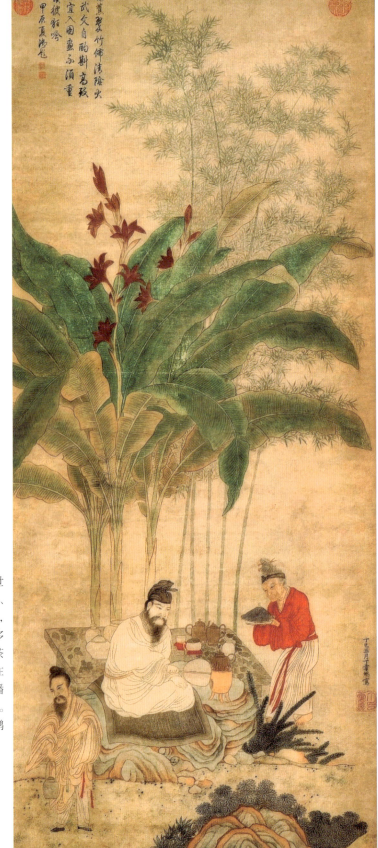

>>> 中国是世界上种茶、制茶、饮茶最早的国家,相传早在四千多年前中国就用茶叶来治病,茶在世界各国的传播和影响极为深远。图为明代丁云鹏《煮茶图》。

中国引种水蜜桃和蟠桃，在此基础上培育了许多新品种。原产于中国的甜橙也是在1945年第一次由葡萄牙人引种到里斯本，在这以后西方各国才开始大量栽培，逐步传播到世界各地。

中国古老的畜牧业也有着重要成就。中国猪种向以早熟、易肥、耐粗饲和肉质好、繁殖力强著称于世，汉唐以来，广为欧亚各国所称赞。当时大秦的本地猪种生长慢、晚熟、肉质差，遂千方百计引入中国的华南猪以改良本地猪种，育成了罗马猪。英国在18世纪初，引入中国广东的猪种，到18世纪后期，英国本地土种猪已渐趋绝迹，代之以中国猪血统的猪种了。大约克夏猪是英国最主要的腌肉用猪，这种猪是用中国的华南猪和美国约克夏地方的本地猪杂交改良而成。1818年，这种猪曾被称为"大中国种猪"，以示不忘根本。当今世界上许多有名的猪种，几乎都含有中国猪的血统，故达尔文指出"它们（指中国猪）在改进我们的欧洲品种中是有高度价值的"。中国古代还很早就发明了阉割术，受到国外畜牧兽医界的高度重视。在丹麦哥本哈根农牧学院所筹建的一所兽医博物馆里，陈列了很多兽医器械，其中有一件是用于给三周龄小猪阉割的工具，它是18世纪末由一位瑞士商人从中国带到欧洲的。日本人川田熊清曾专门研究了中国古代马的阉割术，认为世界上马的阉割，以中国为最早。

但是，中国的传统农学局限于经验，农业基础理论科学始终未得到发展，因此无法完成自身体系的完整性。加之小农经济的封闭性，妨碍了农业科学技术的交流，而人口的激增既加大了农业的压力，也成了运用农业科学技术的限制因素，这些都导致中国农学在近代落后于西方。

第七节

独树一帜的中医、中药学

人是自然与社会的中介,因此,医学对人的生理与病理的认识,就不仅仅是医疗技术,而且包含了人对自然与人类自身的认识水平与认识方式,因而特别鲜明地反映出本民族的文化传统。在中国科技史上,中医学的地位和情况是颇为独特的。即使在中国古代科技超出同时代西方的一般背景下,中医学也表现出令人惊讶的成熟。这种成熟性,首先表现在理论上的体系构造。

早在两千多年前的先秦时期,中医学就不但积累了丰富的经验,而且基本上构造了一个独特的理论体系。这一理论体系的核心是整体观和综合观,其基本理论集中体现在四个方面。

第一,人体生理功能与自然环境的高度统一。中国传统医学用构成万物的"气",把生命活动与大自然联系在一起,认为"百病生于气""气治则安,气乱则病"。当人体生理活动与自然环境不协调时,疾病就产生了。因此有所谓"六淫"的病因 —— 风、寒、暑、湿、燥、火。所以,同一疾病,随不同季节时辰,地理环境等自然条件,以及个体的差异,给予不同的治疗。

第二,人体生理机能的整体性。中国传统医学认为人体各部器官功能是休戚相关的,局部疾病可以影响到全身,全身病变可以显现于某个局部。人体每一病症的发生,无不体现出整体的失调。肾与耳在解剖学上至今未发现有什么直接联系,但中医认为"肾气通于耳,肾和则能闻五音矣"。临床证明,肾功能减退和异常,确实会引起耳功能的变化;反之亦然。其次,人体内部功能与外部表象也是紧密联系在一起的。内部病变可以牵连及外,外部病变也能传变入里。因此,中医诊断必须通过"四诊"——望、闻、问、切,来"审察内外"。

第三,疾病过程的统一性。中医认为疾病是人体内正气与邪气的搏斗。邪气由外入,故每种疾病都有一个从外入里的转变过程。邪盛气夺,所以每种疾病又都有一个由实到虚的发展过程。据此,中医以扶正祛邪为治疗原则,只要达到某个阶段的虚实程度,许多疾病均可用同样方法治疗,这就是所谓"异病同治"。

第四,精神活动与物质功能的统一。中医认为,人的精神刺激可以导致脏腑功能的变化,诸如喜伤心、怒伤肝、忧伤肺、思伤脾、恐伤肾等,反之,脏腑病变也会引起人的精神活动异常,因此中医十分重视心理治疗,所谓"治病须治人"。

总之,中医理论是从人体整体以及与环境的高度统一出发,通过"四诊合参"的系统观察,进行"阴、阳、表、里、寒、热、虚、实"所谓"八纲"的综合、辩证施治。中医理论体系是中国传统的有机思维观念的产物,在医疗实践中显示了有效性。古代中医学"医经"流传后世的代表作《黄帝内经》,至今仍是中医必读的指导性著作,表明传统中医理论体系的强大生命力,这在世界科学史上是相当罕见的事例。但是,中医理论强调人体的复杂性,却没有诊断指标的标准化和观察的客观化,运用于施治和传授便不可避免地带有较为浓厚的主观色彩。这必然影响中医学的发展,甚至造成某些技艺的失传。

中国医药学具有发达系统的医学理论这一特点,在民族医学中也同样体现出来。藏族医学家宇妥·元丹贡布于公元8世纪左右,编著成古代藏医名著《四部医典》,从医学理论到临床实践,从病因病理到诊断治疗,从药物到方剂,从卫生保健到胚胎发育,都有详细论述,奠

>>> 除了系统的中医学理论,丰富而发达的中药学——本草学,也是中国医学成熟的重要表现。图为清代禹之鼎《春泉洗药图》。

定了藏医药的基础,对中国西部民族地区的医学影响很大,一直是这些地区医病防病的指南与依据。在国际医学界,《四部医典》也享有盛誉,很早以前就有了俄文译本,1976年又有德文的部分译本。1617年至1682年(五世达赖时期),藏族医学家根据《四部医典》内容,编绘了一套完整的医学彩色挂图,共79幅,约1 000张,分人体解剖、药物、器械、尿诊、脉诊、饮食卫生防病等6个部分。像这样内容丰富、包罗齐全的古代大型医药彩色挂图,不论在国内还是在国外,都是一种创举。

除了系统的中医学理论,丰富而发达的中药学——本草学,也是中

国医学成熟的重要表现。中国本草学有悠久的历史。早在夏商时期时用药经验逐渐丰富。春秋战国时期，史书上记载的药物约有100种。大约到了汉代，出现了一部记载药物的专书《神农本草经》，收集药物365种，是中国现存最早的本草书。在唐代高宗命苏敬等人编修了一部图文并茂的药物学专著，取名《新修本草》，书中总结了1 000多年的药物学知识，共载药物844种，分为9类。这种由国家颁定的药物学专著，现在称为"药典"。世界各国政府都有自己的药典，《新修本草》就是中国古代的第一部药典。据记载，欧洲最早的药典是1498年意大利《佛罗伦萨药典》和1535年纽伦堡政府的《纽伦堡药典》，它们都比《新修本草》晚得多。

古代中药学的发展，到明代达到高峰，其标志便是李时珍的不朽巨著《本草纲目》。《本草纲目》共52卷，将近200万字，分16部——

水、火、土、金石、草、谷、菜、果、木、服器、虫、鳞、介、禽、兽、人,共60类。在安排分类次序时,先是非生物,后为生物;先植物,后动物;先低级生物,后高级生物。这种分类法,在当时世界上是先进的。在植物分类上,李时珍力求按照植物的形态、特征、生长环境和性能等自然属性来加以分类,相当系统、明确。《本草纲目》在西方植物分类学的创始人、瑞典博物学家林奈的《自然系统》一书出版(1735年)前一个半世纪,就提出了相当先进的植物分类法,这是很了不起的。《本草纲目》收录诸家"本草"所载药物共1 518种,新增药物374种,共1 892种。书中对每种药物的名称都加以确定;对药物的产地、形态、栽培和采集方法、炮制法、药物的性味和功用等,都有详尽的叙述,还搜集古代医学家和民间流传的方剂11 000余首和药物形态图1 100余幅。它系统地总结了16世纪以前丰富的药物经验,涉及古代自然科学许多领域,对后世产生了深远影响。《本草纲目》于1647年第一次译成拉丁文,以后又被译成英文、日文、德文、俄文等多种文字,流传于全世界,被誉为"东方医学巨典"。达尔文曾赞誉这部巨著为"中国古代的百科全书"。鲁迅也高度评价这部巨著,"含有丰富的宝藏""实在是极可贵的"。

独特的针灸疗法也是祖国医学中引人注目的内容。这一卓有成效的疗法不仅对国内医疗事业影响巨大,而且播扬到国外。早在秦汉时期,中国医药学包括针灸疗法便传到朝鲜、日本、东南亚和中亚各国。513年(梁武帝天监十二年),中国医生杨尔去日本讲授医学;550年(梁简文帝大宝元年),吴人知聪携带大批中国医书和针灸图去日本;552年(梁元帝承圣元年),还赠送日本政府《针经》一书;701年(唐长安元年),日本法令《大宝律令》明确规定以《黄帝明堂经》《针灸甲乙经》等,作为学习医学和针灸学的必修科目,并定出相应措施,使针灸疗法在日本得到很大发展。朝鲜半岛古代的高丽国,也在1136年正式规定以中国古医书《针经》《黄帝明堂经》《针灸甲乙经》等作为学习医学针灸

独特而卓有成效的针灸疗法是祖国医学中引人注目的内容,它不仅对国内医疗事业影响巨大,而且播扬到国外。图为宋代李唐《灸艾图》。

的必修课程。宋元以后，随着海路航运事业的发展，针灸疗法逐渐被介绍到欧洲，当时英、法、德、荷、奥等国家的一些医学家，都开始把针灸用于临床和研究，同时也翻译了一些中医针灸著作。

传统中医学也有着自身的缺陷。中医学的哲学基础"阴阳五行说"缺乏实证因素，其含糊性与神秘性往往将医者引入玄想的路径。有的医者过分重视宇宙的大循环，而忽视疾病的成因为外在病原体的侵入与内在体质的衰变，竟主张以得病日的干支为主，施以治疗。此外，传统中医学在伦理观念的制约下，漠视解剖学，以至致对某些生理的了解几付阙如。清代王清任突破旧医学的桎梏，致力研究解剖学，著成《医林改错》二卷。然而，王清任的学说不但不能流行，且被责为诋毁经文、标新立异，他本人被目之为"医界之杨墨""狂徒"。王清任改革传统医学的勇气及理想被传统观念所湮没，这不仅是他个人的悲剧，也是中国古代医界的悲剧。因为，没有解剖学作基础，传统医学无法解决认识人体和治疗人体的若干问题。

传统中医学虽有停滞落后的一面，但其自身所蕴含的积极因素，仍能维系旺盛的生命力。

近代以来西方先进的科学技术大规模传入中国，从总体而言，传统形式的中国古代科学技术基本上告一段落——"现代数学"取代了"中算"，现代冶金工业取代了传统的冶金技术，如此等等。然而，西方近现代医学传入中国后，虽然造成了对中医学的强烈冲击，但是中医始终未被"挤垮"，而是在近现代的条件下继续有所进步和发展，形成了和西医并峙的局面。当今，中医学在世界上的传播和发展也出现了新的势头，即某些学者所称的中医国际化趋势。中医学的生命活力已引起国内外学者的极大关注，努力揭开中医学奥秘的科学研究正在深入进行。

第十三章

中外文化交通

中国人向来眷恋故土、安土重居,但也从不乏发达的空间想象力,很早便形成宏阔的"天下"观念,一旦获得军事的、商业的或宗教的动因,便激发出域外探险的志向和英勇无畏的远行精神。

第一节

西域及其凿空

中国古代大道致远的一个重要方向,便是古称"西域"的亚欧大陆纵深腹地。

一 西域的得名与汉代"凿空西域"的伟绩

西域的概念自西汉就有。当时的中原人从西来胡商,尤其是从强悍的戎狄骑兵那里得知,西边有广阔无际的草原、雪山和戈壁。他们便把玉门关(今甘肃敦煌西)、阳关(今敦煌西南)以西的地带统称"西域"。《汉书》说,西域"以孝武时始通,本三十六国,其后稍分至五十余,皆在匈奴之西,乌孙之南。南北有大山,中央有河,东西六千余里,南北千余里。东则接汉,阸以玉门、阳关,西则限以葱岭"[①]。西域称谓沿用两千余年,直到清代,仍称中亚、西亚为西域,清道光年间龚自珍倡议天山南北路设省的名文,题目便是《西域置行省议》。

中原到西域固然充满险阻,自古却涌现出往返穿越的勇敢者,创立"凿空西域"的不世伟绩。"凿者,开也;空者,孔道也。"凿空西域,即打破中国西北方向的障壁,开通到达西域的通道。逾越长达万里

---

① 《汉书》卷九六《西域传》第六十六,北京:中华书局2013年,第3 871页。

>> > 张骞是这批志在万里的探险者的前驱先路,史称其有"凿空"之功。图为当代张国强《张骞使团》。

的艰险绝域,须有强大的社会力量驱动。悠悠中国古代史,由中原到中亚、西亚陆路的凿通,得力于军事、外交和商业、贸易双重需求的推进。

祈望四海一家,化被天下,是中国古代早在先秦时期即已形成的一种诉求。而秦汉"大一统"帝国的建立,形成"御胡"与"拓疆"战略,至汉武帝时,"勤远略"得以大规模实施,汉民族的活动空间从黄河——长江流域扩展到中亚广袤的草原、沙漠和雪山之间。汉武帝即位便用王恢计,诱匈奴入马邑,欲一举歼灭,却事败垂成。以后,武帝任大将军卫青、骠骑将军霍去病多次出塞,大破胡骑,奠定对匈奴的军事优势。汉宣帝时又"大发十五万骑,五将军分道出"[①],与乌孙夹击匈奴于天山之北。此后,匈奴统治集团内部攻杀、分裂,南匈奴臣属汉朝。东汉时,汉匈战端再起,车骑将军窦宪率汉军大破北匈奴,追至燕然山,匈人西迁,长达三百余年的汉匈战争告终,中原农耕文明得到一段安宁。汉朝的文明光辉,与西方的罗马文明相映照,使东亚文明与中亚、西亚、欧洲文明出现陆路交会的可能,这不仅在中华开放史,而且在世界文化交流史上都具有空前的意义。

在中国古代,男耕女织的自然经济占据主导,国家满足于四夷贡献"方物",朝廷则加倍"颁赐外蕃",以证明"际天极地皆王臣",至于以谋利为目的的商品交换,并不是朝廷对外政策的视界焦点,而探察并消弭军事威胁,才是重心所寄,因此,军事、外交构成历朝对外遣使的主要意图。两汉派出的使节,几乎全部肩负军政使命。正是这种军事外交的需求,推动了"凿空"西域的伟业。

二 "凿空西域"的英俊人物

在古代,绝域远行者由牲畜负载,甚至徒步跋涉于荒漠与雪峰之

---

① 《汉书》卷七〇《常惠传》,北京:中华书局2013年,第3 004页。

间，还会遭遇胡骑袭击追杀，极端艰苦危险。从出使域外的使节中，涌现出一批大智大勇的英雄豪杰，如西汉的张骞、苏武、傅介子、郑吉，东汉的班超、班勇、甘英，隋唐的裴矩、王玄策，他们百折不挠的行迹，显示了豪强超迈的外拓精神，将汉唐雄风发挥到极致。

张骞是这批志在万里的探险者的前驱先路。西汉初，匈奴杀死游牧于河西走廊的月氏人首领，以其头骨做饮器，月氏人衔恨西迁塞种地区（今新疆伊犁河及以西地带），建立大月氏国。主持汉匈战争的汉武帝从匈奴降者处获知中亚的月氏"怨仇匈奴"，便企图联合大月氏夹击匈奴，于是征募穿越匈奴领地寻觅大月氏的使者。汉中人张骞以郎官应募。公元前139年（汉武帝建元二年），张骞第一次出使西域，出陇西，被匈奴俘虏，留十一年，虽"予妻，有子"，张骞仍"持汉节不失"[①]。后逃出，越大漠，逾葱岭（帕米尔高原），找到大月氏。而此时的大月氏因"地肥饶"，已无意返回故土复仇。张骞联络其夹击匈奴的目的没有达到，却先后游历大宛（今乌兹别克斯坦东部）、大夏（今阿富汗北部）、大月氏（今塔吉克斯坦及克什米尔）、康居（今乌兹别克斯坦），经南山（昆仑山）北麓，又被匈奴俘获年余，后趁单于死，得以逃出，于公元前126年（汉元朔三年）回到长安。张骞出使时随行百余人，历十三年返回时只剩自己和神箭手甘父二人，但他那支几乎脱光了毛的"节"（使者象征）却保存下来，他用并双手奉还武帝。

其后，张骞于公元前122年（汉元狩元年）又试图经四川、云南出使身毒，为蛮族所阻，此行终未果。

公元前119年（汉元狩四年），张骞拜中郎将，再次出使西域，意在招抚中亚诸国，尤其是说服时在伊犁河、伊塞克湖一带的乌孙回复故地（敦煌、祁连间），以"断匈奴右臂"。在乌孙未决断之际，又分遣副使，出使大宛、康居、大夏、安息。一年以后，这些国家都遣使与张骞

[①] 《汉书》卷六一《张骞传》，北京：中华书局2013年，第2687页。

>>> 苏武是又一位执行军事外交不辱使命的杰出人物。他出使匈奴被扣,匈奴多方威胁利诱,又流放他到北海,他仍"杖汉节牧羊"。图为明代佚名《苏武持节图》。

的副使一同来到长安,"于是西北国始通于汉"①。此后,汉使经常出入西域,多者一行数百人,少者百余人,因往来甚众,时常"相望于道"。

张骞在前后二十余年间,两次出使西域,一次出使身毒未果,史称其有"凿空"之功。张骞在探险途中,详细考察、记载所到之地的山水、人物、风俗、物产,《汉书》的《西域传》和《西南夷传》就是根据张骞的报告写出的。张骞官至大行,被封博望侯,取"广博瞻望"义,可谓名副其实。张骞还因其豪放忠信,深得中外人士敬重。他辞世后,凡出使西域者都自称"博望侯",各国因而信任之。张骞是中国古代走向域外,展示出健全、强劲的开放精神的卓越代表。

苏武是又一位执行军事外交不辱使命的杰出人物。公元前100年(汉天汉元年)苏武出使匈奴被扣,匈奴多方威胁利诱,又流放他到北海(今贝加尔湖),他仍"杖汉节牧羊"。其时汉匈战争已连绵百年,争战与通使交替进行,通使的目的也在"相窥观",即刺探军情。故双方都有扣押对方使者的习惯,匈奴"留汉使郭吉、路充国等,前后十余辈。匈奴使来,汉亦留之以相当"②。可见那时的对外关系以军事战略为转移。

傅介子出使西域则另有特色。汉昭帝时,楼兰联合匈奴,杀死汉使,傅介子奉朝命,以赏赐为名,携黄金、锦绣赴楼兰,在宴席上刺杀楼兰王,令楼兰归附汉。因其"不烦师众",封义阳侯。

郑吉"以卒伍从军,数出西域"。他的西域行的特点是任为西域都护,治乌垒城(今新疆轮台东北),开汉朝置西域都护之始,后封安远侯。史称"汉之号令班西域矣,始自张骞,而成于郑吉"③。

东汉班超,史学家班固之弟,他是西汉外拓事业的自觉继承者。班超年轻时治文墨,后发感叹曰"大丈夫无它志略,犹当效傅介子、张骞

---

① 《汉书》卷六一《张骞传》,北京:中华书局2013年,第2693页。
② 《汉书》卷五四《苏建传》,北京:中华书局2013年,第2459页。
③ 同上书,第3006页。

立功异域,以取封侯,安能久事笔砚间乎"①?遂投笔从戎。班超奉朝命,招抚西域诸国带吏士三十六人,攻杀匈奴派驻鄯善的人员,又废亲附匈奴的疏勒王,巩固了汉朝在西域的统治。他后来任西域都护,被封为定远侯。其子班勇,出生于西域,曾将兵五百与龟兹(今新疆库车)合兵击走匈奴伊蠡王。班勇撰写的《西域记》是最早专门记述西域各族和中亚各国情况的文献。《后汉书·西域传》凡公元125年(汉延光四年)以前事,皆取自班勇所记。

  班超任西域都护时,奉命出使大秦,遣甘英前行。甘英率领使团从龟兹出发,经条支、安息,到达安息西界的西海(今波斯湾)沿岸,为海所阻乃还。这次出使虽未到达大秦,但增进对西亚各国的了解。甘英是两汉西行最远的人物。

---

① 《后汉书》卷四七《班超传》,北京:中华书局2012年,第1 571页。

第二节

丝绸之路

张骞等人的出使,以军事为目的,但在客观上推助了亚欧大陆商道的畅达。其实,这条中西通道的开辟,商业之力在军事、外交的先头。

一 亚欧大商道的开拓

早在张骞西行之前千百年,沿河西走廊、天山南北麓的贸易通道早已存在,中国丝织品西传甚早,晋代发现的先秦典籍《穆天子传》载,周穆王赠西王母"锦组百纯","锦组"即带花纹的丝织品,此为丝绸西传的最早记述。公元前4世纪的印度著作中有关于中国丝绸的记载;公元前3世纪,希腊、罗马称中国西部为"赛里斯国"——"丝国",可见其时中国丝绸已沿着中亚、西亚陆路运至印度、欧洲。

不过,西汉以前从中原到西域只有断续、零星的商贸活动,自西汉起才进而为持续、成规模的官民并举的物资人员交流。张骞"凿空"西域以后,从长安至中亚、西亚,使节、商贾穿梭往来;班超、班勇父子在西域的活动,除军政目的以外,已有确保商道畅通的意图在内。公元5世纪至6世纪,南北朝分立,但西北商道畅行,北魏建国不久即派使者前往西域,中亚各国的贡使、商人集于北魏前期首都平城(今山西大同北);迁都洛阳后,洛阳成为胡商荟萃之地。北齐时胡商入都更多,宫廷亦成为他们的聚集处。

隋唐之际，西北商道进一步繁荣，朝廷派遣使节，除军政任务外，经商、求佛也成为重要使命。如隋唐的裴矩四次往来于甘州、凉州、沙州，目的是引西域商队前来长安、洛阳，以首都贸易取代边境贸易。裴矩还搜集西域各国的山川险易、村长姓族、风土物产等资料，纂成《西域图记》三卷，叙四十四国国事，别造地图，穷其扼要。又由裴矩建议，隋炀帝派李昱出使波斯，韦节、杜行满出使罽宾（今克什米尔）、史国（今乌兹别克斯坦沙赫里夏勃兹）、安国（今乌兹别克斯坦布哈拉）。

唐代经营西域，规模超过汉代，在伊州、西州、庭州设立州县；在碎叶、龟兹、疏勒、于阗设立四镇，即"安西四镇"。丝绸之路更形畅达，中原人西行者愈多。

唐代西行最远者，不是朝廷使节，而是在对大食（今阿拉伯）作战中被俘的杜环。杜环是史学大家、《通典》作者杜佑的族人。他于751年（唐天宝十年）随安西节度使高仙芝与大食战于怛逻斯（今哈萨克斯坦江布尔），兵败后被俘往亚俱罗（今伊拉克巴格达南库法），行迹达波斯、苦国（今叙利亚），于762年（宝应元年）附商船回广州，作《经行记》，该书后来失传。杜佑《通典》卷一九三《边防典》摘引数段，其关于西亚各国社会生活、伊斯兰教信仰的记述真实可信，如言及大食："女子出门，必拥蔽其面。无问贵贱，一日五时礼天。食肉作斋，以杀生为功德……又有礼堂，容数万人。每七日，王出礼拜，登高坐为众说法。"文中还录下唐朝被俘流落大食的金银匠、画匠、绫绢织工、造纸匠的姓名，是中国工艺西传的直接记载，尤其难能可贵。

二 "丝绸之路"得名

中国与外部世界的文化联系，得益于汉唐间"陆上丝绸之路"和"海上丝绸之路"的开辟，陆海两条丝路，使中国在一定程度上突破地

>>> 20世纪后半叶以降,广义丝绸之路指整个古代联系东西的交通线路,包括"陆上丝绸之路"和"海上丝绸之路"。"陆上丝绸之路"有北方丝路和西南丝路两条线路。图为明代佚名《丝路山水地图》(局部)。

理障壁,赢得有效的传出—接受机制。中外文化交流得以进行,遂使汉唐华人"放开度量,大胆地,无畏地,将新文化尽量地吸收"。

"丝绸之路"一名,是德国地质学家费迪南·冯·李希霍芬创用的。李希霍芬1868年至1872年在清朝18行省中的13个行省旅行,返德后于1877年出版《中国——我的旅行成果》,其第一卷将中国通往欧洲的贸易之路命名为"丝绸之路",指两汉时期中原与中亚阿姆河和锡尔河流域及印度之间,以丝及丝织品贸易为主的交通线。

1910年,德国历史学家赫尔曼在《中国与叙利亚之间的古代丝绸之路》一书中,将丝绸之路的西端延至地中海东岸和小亚细亚;德国地理学家胡森特的专著《丝路》,对此一历史上沟通中西方的商道有翔实描述。"丝路"之名逐渐为中外人士所习用,其含义包括了更广泛的内容和地区,约指古代横贯亚洲大陆的交通线,东起黄河流域关中平原,通过河西走廊、塔里木盆地,越葱岭(帕米尔高原),经中亚两河流域,入里海南侧的波斯高原,逾西亚两河流域,抵地中海东岸,转达罗马诸地。自公元前2世纪以后千余年间,以丝绸为代表的多种中国商品经此

路西传，丝绸之路名实吻合。

时至20世纪后半叶以降，丝绸之路的内涵进一步扩大，广义丝绸之路指整个古代联系东西方的交通线路，包括"陆上丝绸之路"和"海上丝绸之路"。

"陆上丝绸之路"，有北方丝路和西南丝路两条线路。

第一条，"北方丝路"。约指汉唐间从洛阳、长安出发，呈扇状向西展开的线路，分东段、中段、西段。东段从洛阳、长安经河西走廊到玉门关、阳关；中段有南道（沿昆仑山北麓、塔克拉玛干沙漠南沿），中道（沿天山南麓、塔克拉玛干沙漠北沿），北道（沿天山北麓的准噶尔盆地）之分；西段为逾葱岭（帕米尔高原）西行至欧洲的线路，又分南道（沿阿富汗、伊朗高原，至巴格达、大马士革，至东地中海东岸的贝鲁特，航海至罗马各地），中道（即汉北道，沿阿姆河西行，至德黑兰与南道会合），新北道（一沿锡尔河西行，至木鹿城与中道会合；一沿今哈萨克斯坦北部，经里海北，入小亚细亚半岛，至罗马各地）。

第二条，"西南丝路"。由四川成都、宜宾出发，越过岷江及其支流大渡河，金沙江及其支流雅砻江、澜沧江、怒江和横断山脉，出腾冲，进入掸国（今缅甸）、身毒的商路，称"西南丝路"，云南处其十字交叉路口，将中原与东南亚、南亚联系起来。

三 西方对丝绸的认识过程

通过丝绸之路，丝绸、茶叶、铁器等中国产品传往中亚、西亚、南亚和欧洲，向西方世界传布了关于奇妙而富庶的东方文明的消息，其中丝绸尤其耸动视听。华美轻柔的丝绸，使西方人产生了许多关于东方的猜想，罗马人花了六个多世纪才了解丝的来源。公元前1世纪，古罗马诗人维吉尔提出丝是从树叶梳下的精细的羊毛。公元1世纪，罗马学者辛尼加多次提到中国人是从树上采摘丝线；同时代的普林尼更认为，中国人是在森林里生产羊毛的民族，他还具体描述怎样从树上取丝到纺线、织布的过程。到公元1世纪末，罗马人认识到丝线不同于棉线。随着罗马商人沿丝绸之路东来，至公元2世纪，他们得知丝是来自一种叫"赛儿"的类似蜘蛛的小虫。这种认识比较接近实情。公元3世纪中叶以后，罗马政局混乱、经济低迷，商人东行大为减少，罗马人对丝的认识又退回到丝从树上梳下来的传说。直至公元6世纪中叶，印度僧侣将蚕卵带到拜占庭罗马，罗马人对蚕丝的来源方有正确认识，并掌握了养蚕、纺织丝绸的技术。虽然，文人的描述显然依凭了各种道听途说，但这些道听途说（直至真实情节）是经由丝绸之路这条东西方通道得以传递的。可见，丝绸之路既是实体经济的交流通道，也是与之伴随的各种文化信息传播的路径。

第三节

"海上丝路""海上瓷路"

中国以开拓陆疆著称,然而海洋经略也成就不凡。不过以往的主流文化未予彰显,以至形成中国"和海洋不发生积极的关系"①的误断,这是必须加以辨正的。

一 16世纪以前中国曾拥有领先世界的造船及航海技术

中华民族很早就掌握制造和驾驭舟楫的能力,在这方面显示出毫不逊色于其他民族的技巧,七千多年前的河姆渡遗址已有舟楫便是明证。传世文献也多载水运事迹,《周易》称,黄帝、尧舜时代即"刳木为舟,剡木为楫。舟楫之利,以济不通"②。《墨子》说:"其为舟车何以为?车以行陵陆,舟以行川谷,以通四方之利。"③

初民的远航业绩相当惊人,据人类学家张光直等人研究,四五千年前,华人的先祖就横渡太平洋,抵达墨西哥、秘鲁;近来有学者提供殷人东渡墨西哥的若干证据;当然,这类假说尚需更充分的考古材料证明,而且,即使这类假说成立,华人先祖横渡太平洋,因其没有反馈信息,故并未给中国人的生活及其文化带来实际影响。

---

① (清)魏源:《海运全案跋》,《魏源集》上册,北京:中华书局1976年,第414页。
② 《周易·系辞下》。
③ 《墨子》卷六《节用上》。

429

中国古代农耕文明发达，官营手工业技术先进、规模宏大。从古代造船及航海技术发明的中西比较中，可大略看出中国航海水平在16世纪以前曾处于领先的地位。

由于太平洋辽阔无际、难以征服，中国人的海上航行，秦汉以前主要限于"裨海"——近海、内海。《史记·货殖列传》提及的番禺（今广东）的"珠玑、犀、玳瑁、果、布"等，便是经由近海商路，流传到中原的。汉唐以降，这条航道渐至巨海大洋。

1974年泉州出土的宋代海船，长30米，宽15米，排水量400—450吨，设有平衡舵和大型铁锚。2007年12月，宋代沉船"南海1号"整体打捞出水，是迄今为止世界上发现的海上沉船中年代最早、保存最完整的远洋贸易商船。中国古代造船技术的"三大发明"——船舵的使用、水密隔舱、龙骨装置，均在此船上得以见到。这三项发明奠定了宋元明时期中国造船及航海技术领先的基础，对世界造船航海技术产生了深远影响。

元代的造船业在宋代的基础上继续发展。元灭南宋期间的1270年（元至元七年）造战舰5 000艘，1272年（至元九年），造战舰3 000艘，1274年（至元十一年）到1292年（至元二十九年），又造海船9 900艘，可见元初造船能力之强。元世祖忽必烈企图远征日本列岛，终因飓风掀翻舰队而未果，这是大规模征服海外国度的唯一尝试。

明代郑和的宝船长70米，排水量约2 000吨。而当时西方最大船只排水量不过1 500吨，哥伦布的旗舰"圣·玛利亚号"，长约23.66米，排水量约233吨；达·伽马的旗舰"圣·加布利尔号"，排水量约400吨；麦哲伦的旗舰"特立尼达号"，排水量仅110吨。郑和拥有近代前夜世界上最庞大精良的船队。

二 "海上丝绸之路"—"海上陶瓷茶叶之路"

中国古代的海运航道,当今习称"海上丝绸之路"。以运载出口物品而言,汉唐以丝绸为代表,"海上丝绸之路"名实相符;而宋元以下则以陶瓷、茶叶为代表,宜称"海上陶瓷茶叶之路"。若兼及进口,"外国之货日至,珠香、象犀、玳瑁、奇物溢于中国,不可胜用"[①],此航线又称"香瓷之路"——输入香料,输出瓷器。

海上航运始于秦汉,兴于隋唐,盛于宋元,明初达到高峰,明中叶以后因"海禁"而衰落。航道略分两线——西航线和东航线。

第一条是西航线。从沿海沿江港口明州(宁波)、扬州、广州、泉州出发,南向至南洋群岛,经马六甲海峡后西行,入印度洋,至南亚、西亚、东非。

《汉书》载,汉武帝曾派遣使者并招募商贾,从日南(时为汉地日南郡,在今越南中部)、徐闻(今属广东)、合浦(今属广西)乘船出发,沿中南半岛东岸南行,至湄公河三角洲的都元国(今越南南部)、湄南河口的邑卢国(今泰国曼谷南),再南下至马来半岛东岸,登陆以后,穿越地峡,至马来半岛西岸,步行抵达夫首都卢(今缅甸丹那沙林),登船入印度洋,到达黄支国(今印度东南海岸),南下至已不程国(今斯里兰卡),然后东航,驶抵马六甲海峡,泊于皮宗(今新加坡西的皮散岛);再航行于南海,返回日南郡。《汉书》的这些记载,是正史中关于"海上丝绸之路"的最早文字记录。此后的海上航道——包括郑和下西洋,大体是此一线路的沿袭和拓展。这条航线现在仍极具重要性,中国大宗商品的进出口多沿其进行,如每年进口的巨量石油,主要航线为:波斯湾—霍尔木兹海峡—印度洋—马六甲海峡—南海—中国诸港口,故昔日的"海上丝绸之路""海上陶瓷之路",演变为当今的"海上石油之路",乃中国经济的重要

---

① (唐)韩愈:《送郑尚书序》卷二十一《昌黎先生文集》,宋蜀本,第532页。

命脉。

汉代船舶吨位低，只能沿海岸航行，故紧邻中南半岛的广东徐闻，是汉代开辟的南下航线的起始港，曾有"欲拔贫，诣徐闻"的古谚，可见"海上丝绸之路"主要是经商致富的航道。唐宋元明历朝，随着海船吨位的增大、航海技术的提高，海路的起始港移往较靠近经济中心的番禺（今广州）、登州（今烟台）、扬州、明州（今宁波）、泉州、张家港等处，航运规模已非汉时可比。宋元时期，侨居广州、泉州的外商多达数万人，广州、泉州、明州堪称世界级巨型港口。

第二条是东航线。由沿海沿江港口——广州、厦门、泉州、福州、宁波、舟山、南京、山东等地出发，东行越黄海、东海，至朝鲜半岛、日本列岛。征之以大量的考古材料，可以发现，中国与朝鲜半岛、日本列岛的海上交通，利用季风及海洋环流，早在新石器时代即已展开，秦汉以后则较成规模，三国东吴以降，东航线达到较高水平。

东航线除丝绸、陶瓷之外，还有一项商品——书籍。两汉以下，汉籍沿东航线输往朝鲜、日本，助成"东亚汉字文化圈"形成。以日本江户时期而言，输往日本的大量汉籍，影响较大的有《大明律》《大清会典》《古今图书集成》《大藏经》等及各种地方志，还有一批被视为"禁书"的西学书籍，如《天学初函》《天主实义》《几何原本》等。

现已认定山东、江苏、浙江、福建、广东、广西的八个城市——蓬莱、扬州、宁波、福州、泉州、漳州、广州、北海，为中国"海上丝绸之路城市"，正用力考察其在海上航道的兴起、发展中的地位与作用。日本、韩国、马来西亚、印度尼西亚等亚洲国家也瞩目于此项研究。

三 郑和七下西洋

中国古代的航海事业，明初的郑和下西洋达到登峰造极的程度，其规模和航海水平，当时都世无其匹。郑和的祖父、父亲皆到过伊斯兰教圣地麦加，其家族有着航海远行的传统。明洪武年间，明军征云南，他被俘后入燕王朱棣藩邸为宦官，参加"靖难之役"，以监军从征有功，擢内官监太监。朱棣称帝后，于1405年（明永乐三年）派郑和与副使王景弘出使外洋，从苏州刘家港出发，航行至占城（今越南南部）、爪哇、苏门答腊、锡兰（今斯里兰卡），经印度西岸折回，1407年（明永乐五年）返国。以后又于1407年（明永乐五年）、1409年（明永乐七年）、1413年（明永乐十一年）、1417年（明永乐十五年）、1421年（明永乐十九年），率船队通使西洋（今印度洋）诸国。1431年（明宣德六年）最后一次下西洋，1433年（明宣德八年）返国。在1405年至1433年前后28年间7次下西洋，遍历中南半岛沿岸、南洋群岛、南亚次大陆沿岸、阿拉伯半岛，最远达东非沿岸和红海、伊斯兰教圣地麦加。

郑和率领当时世界上最庞大的舰队——船300余艘、800余文官、400余将校、数十位通事（翻译）、180名医官，及1万余士卒、水手、工匠。舰队以旗语、钟鼓联络，浩荡而有序。此后，扬名世界的西班牙"无敌舰队"（1588年成军），也只有130艘兵船与运输船，规模远不及郑和舰队。截至第一次世界大战以前，各国海军亦无规模可比郑和舰队者。郑和晚年在福建的闽江口立碑，纪其远航壮举，碑文曰："我之云帆高张，昼夜星驰，涉彼狂澜，若履通衢者。……踏巨浪若履平地，何等英武豪迈！"

这一征服海洋的空前事功，却于郑和辞世后戛然而止，留下一个极大的历史疑问。

四 郑和之后何以无"第二郑和"

郑和身后，下西洋屡遭朝野抨击，1465年至1487年（明成化年间），正值南欧发起世界性远航的前夕，明朝廷却在大肆抹杀郑和的业绩——将郑和下西洋的档案销毁，远航"宝船"也不许再造。郑和下西洋以一大"弊政"遭到谴责和制止，宣告终结。这与"实实在在第一次发现了地球"的意大利人哥伦布，葡萄牙人达·伽马、麦哲伦的航海活

>>> 中国古代的航海事业，明初的郑和下西洋达到登峰造极程度，其规模和航海水平，当时都世无其匹。图为清代佚名《郑和下西洋》。

动一发而不可收的情况形成鲜明对比。

对于中西远洋航行的相反遭际，思想敏锐的梁启超曾唏嘘慨叹不已，并提出一个尖锐的问题：

> 及观郑君，则全世界历史上所号称航海伟人，能与并肩者，何其寡也。郑君之初航海，当哥伦布发现亚美利加以前六十余年，当维哥达嘉马发现印度新航路以前七十余年，顾何以哥氏、维氏之绩，能使全世界划然开一新纪元，而郑君之烈，随郑君之没以俱逝。我国民虽稍食其赐，亦几希焉。则哥伦布以后有无量数之哥伦布，维哥达嘉马以后有无量数之维哥达嘉马，而我则郑和以后，竟无第二之郑和。噫嘻，是岂郑君之罪也。①

这是一个深沉的拷问——为什么"哥伦布以后有无量数之哥伦布"，"而我则郑和以后，竟无第二之郑和"？此一发问，人称"梁启超问题"，直逼中国近古—近代历史的症结。

公元5世纪初的郑和下西洋，在航海史上如彗星现空，灿烂于一时，又转瞬即逝，而且无以后继，中国人终于失去加入15世纪与16世纪之交的世界性地理大发现行列的机会，也即退出率先进入近代文明的机会，中国在近古以至近代渐次落伍的历史也由此埋下伏笔。这种令人遗憾的结局，是郑和远航的性质决定的，其背后的因由则需从大陆—海岸民族的生活环境、生产方式、政治制度、观念世界的特征中追寻。

究其实质，郑和下西洋是一次由永乐皇帝发动的政治性远航，这与达·伽马、哥伦布开辟市场的远航性质大相径庭。郑和下西洋这一空前壮举的真实目的，发动者永乐皇帝虽未明确宣示，综合时人的透露和后人的分析，其具体意图似有两项：一是联络西洋诸国以共同抗御西亚

---

① 梁启超：《祖国大航海家郑和传》，《饮冰室合集》之六《饮冰室专集》，北京：中华书局1989年，第11页。

帖木儿汗国——据称帖木儿有东侵明朝的计划；二是寻找在"靖难之役"中不知所终的建文帝——据传建文帝逃亡暹罗（泰国）。

郑和七下西洋的实践表明：这一系列耗费巨大的远航，并无向海外作军事征服的意图；主要也不是为着推销商品，赢得经济利益。简言之，发动规模空前的越洋远行，是从侄子建文帝手里夺取皇位的永乐皇帝企图通过"宣威海外"，以提高声誉的一种努力，所谓"振纲常以布中外，敷文德以及四方""耀兵异域，示中国富强"[①]。随郑和参加第四、第六、第七次远航，担任通事和教谕的浙江会稽人马欢在《纪行诗》中说："皇华使者承天敕，宣布纶音往夷域。"此诗明白表示，郑和下西洋是以向"夷域""宣布纶音"为目标的御用政治远航。它的效果是博得帝王欢喜，向归航者赐爵颁恩："归到京华觐紫宸，龙墀献纳皆奇珍。重瞳一顾天颜喜，爵禄均颁雨露新。"

当然远航得以进行，自有明代经济发达做后盾，这在客观上促进了中国与南亚、西亚、东非各国的经济文化交流，对当时的社会经济生活产生了相当影响。明代严从简在1574年（万历二年）撰《殊域周咨录》称："自永乐改元，遣使四出，招谕海番，贡献毕至，奇货重宝，前代所希，充溢库市，贫民承令博买，或多致富，而国用亦羡裕矣。"同时，郑和远航与倡导者朱明皇帝"起于东"，即出身东南近海处有关。明代茅元仪也指出："唐起于西，故玉关之外将万里；明起于东，故文皇航海之使，不知其几十万里，天实启之，不可强也。"[②]

这是一种颇有文化地理眼光的分析。然而，郑和远航的御用政治性注定了其不可延续。"先后七奉使……凡三十余国。所取无名宝物，不可胜计，而中国耗费亦不赀"[③]的郑和下西洋，终因没有获得社会经济生活的有力支持。倡导者永乐皇帝辞世不久，朝廷中反对下西洋一派便占

---

① 《明史》卷三〇四《郑和传》，北京：中华书局2013年，第7766页。
② （明）茅元仪：《占度载·航海》卷二四〇《武备志》，明天启刻本，第10053页。
③ 《明史》卷三〇四《郑和传》，北京：中华书局2013年，第7768页。

据上风，明洪熙帝朱高炽于即位之初（1425）便颁诏"下西洋诸番国宝船，悉皆停止"。明宣德帝朱瞻基即位后，主张下西洋的一派略有抬头，郑和在1431年（明宣德六年）进行了第七次，也即最后一次航行。1435年（明宣德十年）郑和辞世后，明朝的远航事业终止。1473年（明宪宗成化九年）朝廷议下西洋事，一个名叫刘大夏的朝臣的言论，颇能代表当年士人对海外远航的价值评判："三宝太监下西洋，费钱粮数千万，军民死且万计。纵得奇宝而回，于国家何益？"

站在以农业型自然经济为生计的大陆文化立场上，郑和下西洋确乎是劳民伤财而又无补于国的"弊政"，其戛然中止，甚至下西洋的档案也加以销毁，也就并不足以为奇了。

中国在15世纪初叶创造了领先世界的远航伟业，又自废前程，以至自外于15世纪末与16世纪初揭幕的"海洋时代"的大竞争。以后，等待中国的则是西方殖民者从海上的入侵。

第四节

"万里茶道"

"万里茶道"是清代兴起的、以茶叶为大宗货物的、中蒙俄之间的国际商贸大通道,是与古代"陆上丝绸之路""海上丝绸之路""海上茶瓷之路"齐名的,中国乃至世界历史上东西方交流的重要渠道。

一 从《尼布楚条约》到《恰克图条约》:"万里茶道"的前奏

中国是产茶大国,茶叶在国内外都有巨大的消费市场。《明史·食货志》等史料记载"番人嗜乳酪,不得茶,则困以病""番人恃茶以生"[①]。中国红茶、砖茶、帽盒茶也均为俄国所需,运销量非常大。这一需求的形成与草原民族和欧洲人以肉食为主的饮食习惯有关,茶可以消食去腻,故有"宁可一日无食,不可一日无茶"之说。

据郭蕴深《中俄茶叶贸易史》中记载:"1638年茶叶由中亚进入俄国,作为献给沙皇的礼物。"茶叶在欧俄地区流行的时间大略为18世纪,其时,饮茶作为由欧洲传入的一种生活时尚,盛行于圣彼得堡和莫斯科等欧俄上流社会,饮用的茶叶主要为白毫散茶;由中亚传入的砖茶则流行于西伯利亚土著中,作为日常饮食的一部分,由于普及甚广,砖茶在该地可以当货币使用。

---

① 《明史》卷八〇《食货志四》,北京:中华书局1974年版,第1947、1951页。

俄罗斯对茶叶消费的强烈需要，为经营茶叶贸易的商人带来巨大利益。俄商"将在恰克图以一磅二卢布的茶价，转运至圣彼得堡，以三卢布的价钱卖掉，赚利五成"。中国商人在茶叶对外贸易中同样获利丰厚，以1819年（清嘉庆二十四年）为例，是年中国商人在恰克图售俄茶叶6.7万箱，约合500万磅，其时恰克图茶叶售价，上品茶每磅价2卢布，中品1卢布，下品47戈比，以中品价计，华商收入约500万到600万卢布，约折合为当时中国的白银300万两。相当可观的利润，双方市场的需要，直接推动"万里茶道"的形成。

中俄之间的茶叶贸易，从《尼布楚条约》到《恰克图条约》经历了一个从有限贸易到基本放开的过程。

1682年（清康熙二十一年）清兵出师，征讨侵占雅克萨城的俄人，俄人乞和。1689年（康熙二十八年）两国签订了《尼布楚条约》，第五条其中有"嗣后往来行旅，如有路票，听其贸易"，这是中俄互市茶叶的开始。俄国商队纷纷来到库伦（今蒙古国乌兰巴托）、归化（今内蒙古呼和浩特）、张家口、北京等地经商。1728年（清雍正六年）中俄签订《恰克图条约》，开放恰克图、尼布楚、祖鲁海图三处中俄边境城市为商埠，但仍允许俄商入境。1729年（清雍正七年），清朝正式立市集于恰克图，并派理藩院司员驻其地，监理中俄互市贸易。1730年（清雍正八年），清政府批准在恰克图的中方边境地区建立另一个口岸市场，这样就将恰克图分为南北二市，南市为中国商民居住，北市为俄国商民居住。1755年（清乾隆二十年），清政府宣布中止俄国商人来北京贸易，北口对俄贸易统归恰克图一处。这个南通库伦、北达上乌丁斯克（今俄罗斯乌兰乌德）的边陲小镇一时名声大作。恰克图成为中俄贸易的咽喉要道，也成为"万里茶道"的中枢，被称为"西伯利亚汉堡"和"沙漠威尼斯"。

二 晋商与"万里茶道"

以1727年（清雍正五年）中俄《恰克图界约》签订为开端，"万里茶道"蓬勃发展起来。

开拓"万里茶道"的主力是晋商。早在明代，山西商人就通过"开中制"经营盐、粮积累财富，继之扩展到绸、布、铁等商业贸易，从而拥有了相当雄厚的资本，诚所谓"平阳、泽、潞豪商大贾甲天下，非数十万不称富"[①]。《清实录》康熙二十八年（1689）二月乙卯条记康熙皇帝之言："今朕行历吴越州郡，察其市肆贸迁，多系晋省之人，而土著者盖寡。"可见其经商足迹之广、势力之大。

《尼布楚条约》签订后，晋商发现了中俄茶叶贸易中蕴藏的巨大商机，积极开展对俄的商业活动。其时"汉民至江省贸易，以山西为早，市肆有逾百年者，本巨而利亦厚"。恰克图开市后，"内地赴恰克图贸易之商人，泰半为山西人"[②]。到清中期，北方边境口岸对外贸易几乎全为晋商所垄断。

山西并不产茶，但晋商以灵敏的嗅觉，积极进入产茶区，并从多方面克服艰难险阻，打通从茶产区至恰克图的运输通道。

最早赢得晋商青睐的茶叶主要来自福建北部武夷山区。衷干《茶市杂咏》称"清初茶市在下梅，附近各县所产茶，均集中于此。竹筏三百辆，转运不绝。茶叶均系西客经营，由江西转河南运销关外。西客者，山西商人也。"《崇安县志》记载："其时武夷茶市集崇安下梅，盛时每日行筏三百艘，转运不绝。"这一时期的茶道运输多由福建崇安过分水关进入江西铅山（又名河口），在此地装船顺信江下鄱阳湖，穿湖而过，出九江口入长江，溯江抵武昌转汉水达樊城（今襄樊）起岸，由驼队接替运送，贯河南入山西泽州（今晋城）继续北上，经潞安（今长

[①] 王士性：《广志绎》卷三《江北四省》，北京：中华书局1981年版，第61页。
[②] 刘选民：《中俄早期贸易考》，《旅蒙商：17世纪至20世纪中原与蒙古地区的贸易关系》，北京：中国商业出版社1995年，第199页。

>>> "万里茶道"蓬勃发展起来,开拓"万里茶道"的主力是晋商。他们直接促进了"茶叶之路"的繁荣和延伸。图为当代李晓林《晋商商帮兴起》。

治）抵平遥、祁县、太谷老号休整，然后再北上忻州、大同，经天镇达张家口枢纽，转运恰克图，全程一万华里，由此完成了中国茶叶走向世界的"万里茶路"。福建武夷山下梅村，因此成为万里茶道最南端的起点。

从1851年至1861年（清咸丰年间）始，由于长江下游军事活动加强，福建茶区遭受兵燹，晋商改为贩湖南安化、临湘羊楼司，湖北蒲圻羊楼洞茶为主。这条运输路线主要有二——一是以安化为集散地，分水旱两路，旱路经常德、沙市、襄阳、赊店、郑州入山西，北上抵张家口转库伦，达恰克图；水路经益阳，穿洞庭湖，由岳阳入长江，至汉口，转汉水，北上经河南、山西抵张家口，转恰克图。二是以湖北羊楼洞、湖南羊楼司为集散地，经蒲圻（今赤壁）、赵李桥（赤壁西南），至新店镇（赤壁西南），穿黄盖湖，入长江，至汉口，再入河南，北上经山西，抵张家口转恰克图；或在山西走杀虎口，抵归化（今呼和浩特）转库伦，达恰克图。

1862年（清同治元年），俄国通过《中俄陆路通商章程》打破了边境贸易的地域限制，在伊犁—乌鲁木齐—哈密、恰克图—库伦—张家口、库伦—乌里雅苏台—科布多这三条黄金道路上，获得贸易免税权。再加俄商在汉口建立茶栈和茶厂，使贩运中国茶叶成本大降。中国商人逐步失去了与沙俄商人的竞争力，恰克图的山西商人对俄贸易额一落千丈。为此，晋商向清政府提出"由恰克图假道俄边行商"的建议，即深入俄境，把茶庄等商号开到俄国莫斯科等地。1868年（同治七年）清政府批准"西商领票运茶前往"，经恰克图转赴俄罗斯贸易，并酌减厘金，取消浮税。于是，山西商人如虎添翼，进入俄境，在莫斯科、多木斯克耶尔古特斯克、赤塔、克拉斯挪亚尔斯克、新西伯利亚、巴尔纳乌、巴尔古金、比西克、上乌金斯克、聂尔庆斯克等城市设立分号，或采购运销恰克图进出口的货物。但是，好景不长，1870年（清同治九年），俄国从中国沿海向南直到乌克兰敖德萨港的航线开通，分走了一部分恰克图的贸易额。1905 年（清光绪三十一年），横贯俄国的西伯利亚大铁路竣工通车。从此，俄商由天津转口陆路运输到恰克图回国的货物，改由沿海北上海参崴（今符拉迪沃斯托克），转铁路运输回国。恰克图的中俄茶叶贸易额急剧下跌。加之印度茶和锡兰茶进入国际市场，打破了中国茶独占世界茶叶市场的局面。与此同时，俄商在汉口的六个机制砖茶厂使用蒸汽机生产砖茶，生产效率高、成本低、质量好。而山西商人的砖茶制作仍依靠小手工业作坊，所制砖茶成本高，质量却不及俄商砖茶，复加运输交通工具落后、课税林立、成本无法降低，山西商人在与俄商茶叶贸易的较量中败北下来。"万里茶道"因此走向衰落。

三 "万里茶道"的历史贡献

"万里茶道"活跃于欧亚大陆二百余年，正如丝绸之路一样，它虽是商贸经济之路，却积极发挥着人文交流的作用。随着中国茶叶在俄罗斯的广为销售，不仅愈来愈多的人饮用茶，而且"万里茶道"沿线人们的情感与文化交流以茶为媒介，也大大增进。

"万里茶道"的开辟推动了茶叶产地、中转码头、关隘、集散地、销售市场等城镇的成长。诸如崇安、汉口、羊楼洞、赊店、祁县、张家口、库伦、多伦、恰克图等，都因茶叶贸易发生深刻变化。如湖南安化是重要的黑茶产区，"万里茶道"开辟后，商贾云集，最盛时有茶行三百多家。河南南阳赊店，由于是潘河、赵河交汇处，南流即为唐河，南下汇白河入汉水，是南通襄阳、汉口的重要码头，又是北上入山西、张家口或归化城、恰克图的重要中转站，所以商业兴隆，鼎盛时有商号 500 多家，流动人口达 13 万，成为"河南四大名镇"之一。湖北羊楼洞在晋商大量收购洞茶的刺激下，茶叶种植快速发展，种植面积迅速增加。往年仅植于"畸零之地"即山坡、田边、屋旁等不太适合种植庄稼土地上的茶树不断拓展，形成"今四山俱种茶，山民藉以为业"的局面。统计表明，自清乾隆年起到清末民初，羊楼洞周边数县都有一半以上的土地改为茶园。"东自通山百余里，南自通城九十里，西自临湘八十里，北自咸宁百里，均有毛茶集中于羊楼洞制造。"茶叶收购活动的活跃使这里面貌一新。

"万里茶道"的开辟，还在中国历史上留下熠熠生辉的晋商精神。晋商对市场嗅觉灵敏，善抓机遇，本不产茶地区的商人对江南茶区的生产、运输、税点和厘金，以及俄罗斯茶叶消费的需求信息等，都能够了如指掌、运筹帷幄，并成功实现了产茶、制茶、包装、运销的一体化经营方式，昭显了杰出的商业运作力。在开辟和延伸"万里茶道"的过程中，晋商始终面对茶路遥远、办茶艰辛、行商复杂、外出风险等各种艰难，尤其是从张家口经张库大道至恰克图一段，长达2 150多公里，沿途尽是戈壁与沙漠，环境恶劣，只有骆驼和牛车可以通行，而晋商以"踏破千里荒漠"的"骆驼精神"战胜了这些困难。他们用自己的辛劳与汗水，在为自己创造财富的同时，直接促进了"茶叶之路"的繁荣和延伸。"他们是历史的功臣，是文化的使者。"

结语

中国近代文化
从挫折中崛起

中国古代文化曾取得多方面的辉煌成就，并在长达十几个世纪里一直走在世界前列，它所树立的一座座丰碑，至今仍然令人景仰。然而，15世纪至16世纪以来，随着世界格局的变迁，中国文化的这种领先地位逐渐丧失，到19世纪中叶以后，昔日"雄踞万邦"的中国已因其落后而变为被动挨打的弱国。

　　昧于外部事务的中国人在相当长的期间，曾经很不理解也不愿意相信自己的国度、自己的文化，已由先进跌落为后进。其实，历史的法则不以人的意志为转移地铸造了这种令人痛心的局面——由于小农业与家庭手工业相结合的自然经济特别难以瓦解，也由于建筑在这种土壤上的君主专制集权政治和意识形态的强固有力，中国封建社会的生理机制日益老化，又缺乏动力朝新的社会形态转变，社会的往复动荡和变更，基本上是一种同层次循环。与中国情形相异的是，欧洲资本主义生产方式的萌芽在15世纪至16世纪得到长足发展，意识形态领域随之历经文艺复兴的洗礼，结束了中世纪黑暗时期，大踏步朝近代方向跃进。培根、哥白尼、伽利略等借助历史的力量，引导欧洲突破中世纪神学和经院哲学的束缚，大步迈入以分析、归纳和实证为特征的近代思维的门槛。然而，在自然经济和专制政治的沉闷氛围里，尚不可能锻造出中华民族的"新工具"。知识界的主体沉溺于科举积习、八股滥调之中，儒学经典的训条依然是人们不得逾越的生活规范；几乎全体中国人在19世纪40年代以前，对于外部世界发生的巨大变动，都茫然不知。

　　18世纪，当乾隆皇帝陶醉于自己的"十全武功"，并决定继续关闭"天朝"的大门时，那些被中国人视作"蛮貊夷狄"的西欧列国已在蒸汽机的轰鸣声中走向工业社会，而世界市场伴随着殖民扩张，不断由西向东、由北向南伸展其范围。以1840年第一次鸦片战争为端绪，向来以"天朝上国"自居的清王朝，抵挡不住洋人的坚船利炮，窘相毕露。圆明园被焚、《永乐大典》遭劫、北洋水师覆灭、一个又一个丧权辱国条约签订，使封建社会的积弊暴露无遗。

与西方列强用鸦片和大炮打开中国大门的同时，一种水平超过中国传统文化的外来文化，与倾销东方市场的廉价商品一起，洪水般涌入中国大地。古代的中外文化交流，主要以宗主国与藩属国之间的"朝贡"—"赐赏"，以及宗教传播为中介，其进程是舒缓的、规模是狭小的。然而，以商品交流为典型形式的近代文化交流，带有一种强制输入的势头，其张力令人窒息又使人猛醒。自此，中国文化史进入一个前所未有的动荡不安、瞬息万变的时期。

面对上述态势，一部分中国人抱有"深闭固拒"的态度，其代表是封建顽固派。他们对封建纲常名教，虔诚膜拜，无限留恋，而对洋人、洋物、洋文化一概排斥。清同治年间的文渊阁大学士倭仁，咒骂一切"夷务"；清光绪年间的体仁阁大学士徐桐，八十老翁见洋人、洋物竟以扇遮面，以示不与"夷狄"共戴天。至于铁路、电信等近代设施，更遭到这帮顽愚的强烈抵制。盲目排斥外来文化的情绪也渗入民众之中，英勇抗击八国联军的义和团，在抵御帝国主义侵略的同时，对于凡与"洋"字相涉的事物一概加以破坏，表现出植根于农业—宗法社会的民族排外性的文化心理。

然而，在惨重的挫折面前，越来越多的中国人开始醒悟。他们终于意识到，中国人并非一脉单传的"天之骄子"，而仅仅是世俗世界的普通成员。长期以来被尊为万古法则的圣经贤传、古圣先王的治世之道，也在中国人的心目中发生动摇。在新的时代与新的形势面前，久远深厚的中国古代文化，到底该如何发展呢？

这是一个屡遭挫折的严峻的时代，也是一个从挫折中崛起的时代。在普遍的危机感中，一部分中国人开始面对西方寻找东方的出路。以林则徐、魏源为杰出代表的进步士人,在同外部世界接触的过程中最先觉醒。林则徐编纂《四洲志》、组织翻译西书西报,成为"睁眼看世界"的第一人;魏源在批判烦琐考证,脱离现实的学风的同时,提出了"师夷长技以制夷"的主张。此后,研习西学成为一种时尚,愈来愈多的先进的中国人致力于"旁求泰东西国民之粹,囊之以归,化分吾旧质,而更铸吾新质"①。西方有形的"外在文明"首先吸引了苦于军事惨败的中国人,清政府中的一些与洋务有关的官僚,率先购巨舰、买大炮、办新式工厂和新式学堂。这批人即所谓的"洋务派"。他们首次在中国土地上大规模引进西方科学技术,打开了人们的眼界;然而,洋务派无意改革中国腐朽的政治制度和经济制度,企图强行将从西方输入的近代生产技术硬塞进业已腐朽不堪的封建生产关系的框架内,因而必然事倍功半。甲午之战,中国陆海军崩溃,宣告了洋务派"中学为体,西学为用"道路的破产,中国人开始懂得:仅有坚船利炮,是不足以图强致富的;只有实行政治体制、观念形态的改革,中国才有振兴的希望。诚如维新派所指出的:"有新学术,然后有新道德、新政治、新技艺、新器物;有是数者,然后有新国家、新世界。"②于是,人们转而从西方新学中汲取政治思想和文化思想方面的营养。仅在1902年至1903年间,维新派就广泛而通俗地宣传了培根、洛克、笛卡尔、达尔文、孟德斯鸠、伏尔泰、卢梭、亚当·斯密、边沁、康德、黑格尔、约翰·弥勒、斯宾塞、圣西门以及亚里士多德、柏拉图等人的学说;比较系统地整理和介绍了欧美哲学、政治学、法律学、经济学、教育学以及物理学、生物学、天文学的发展史和近代成就,撰写和发表了资产阶级代表人物如科苏特、罗兰夫人、克伦威尔、加里波的、马志尼、华盛顿、拿破仑、斯宾塞、俾斯麦、张伯伦、罗斯福等人的传记或评论;翻译和推荐了卢梭

---

① 壮游:《国民新灵魂》,《江苏》1903年第5期。
② 梁启超:《近世文明初祖二大家之学说》,《梁启超全集》第2集《论著》二,北京:中国人民大学出版社2018年,第470页。

的《民约论》、孟德斯鸠的《法意》、亚当·斯密的《原富》、约翰·穆勒的《论自由》《名学》、斯宾塞的《群学肄言》等重要理论著作，以及《独立宣言》《人权宣言》等资产阶级经典文献。西方近代文化，作为一种新鲜的精神食粮，成为当时中国人民，尤其是知识青年所能得到的最好滋补品，它们带来了上升时期资产阶级的活力与朝气。随着中国资本主义的发展和资产阶级在政治舞台上的崭露头角，中国传统文化结构发生变异，进化论、民约论、民权论、民主共和思想，以及西方资产阶级的其他各种政治学说，取代孔孟儒学，成为社会思潮的主流。与此相关联，近代学堂取代了书院和科举；新式的报纸杂志，取代了旧日的邸报、揭帖；石印铅印技术，代替了传统的木板印刷；图书馆、博物馆相继出现。这些新的社会思潮和新的文化设施，虽然尚不免粗糙、幼稚，但它们毕竟是新生的具有旺盛生命力的事物，是中国新文化的曙光。

十月革命一声炮响，给中国送来了马克思列宁主义。中国文化的面目为之一新。"自从中国人学会了马克思列宁主义以后，中国人在精神上就由被动转入主动。"①哲学、社会科学、文学艺术等各个文化领域都出现欣欣向荣的局面，科学的、民族的、人民大众的新文化得到蓬勃发展，而以鲁迅、郭沫若为代表的新文化健将们，富于创造性和批判精神，他们学问精深博大，熔中外古今于一炉，在诸多文化阵地做出开拓性的工作，取得了一批超越前人的成果，鲜明地展示了新文化的青春活力。封建的、买办的文化，在这种新文化面前黯然失色、相形见绌。

然而，中国近代文化的发展途程是艰难而曲折的，从农业—宗法社会的土壤中生长出来并影响中华民族数千年的文化传统，并未得到彻底转换。即使在中华人民共和国成立后，在农业民族赖以维持生存的小生产的生产方式中滋生、因岁月久远而深入民族心理、带有封建性印记

---

① 毛泽东：《唯心历史观的破产》，《毛泽东选集》第4卷，北京：人民出版社1991年，第1516页。

>>> 十月革命一声炮响,给中国送来了马克思列宁主义。中国文化的面目为之一新。图为当代佚名《五四运动》。

的落后意识，仍然像幽灵一样盘旋在人们的脑际，限制着人们的眼界。在改革开放日益加强的当今，指向未来的现代化事业，还会同传统文化中的消极因素发生撞击和冲突。创新式发展传统文化、建立中华现代文明，使命光荣，任重道远。

传统文化的现代化转型，必须打破"墨守故纸"和"排斥异己"的心理。任何一种文化，无论具有何等深厚的历史基础，如果长期凝固、停滞并拒绝改革和更新，势必要落后于时代的发展，甚至可能被淘汰。新时代文化的建设者必须站在未来的远景上，吸收外域文化的优秀成分，加以综合改造。在这种改造与更新中，失去的只会是文化传统中"愚陋怯弱"的糟粕，获得的将是传统文化的新的生命形式。

传统文化的现代化改造，也应当清除"心醉西风"、尽弃传统以从人的自卑心理。现代中国文化体系的建立必须立足于中国自身历史传统的基础之上，任何断然分割现代化事业与传统文化联系的企图，无异于发动一场灾变，都是注定要失败的。只有植根于民族文化深厚的土壤又广为汲取外来文化的营养，才有可能生长出一种与现代化大生产相适应而又切合本国国情的文化体系，才会造就出亿万具有中国气派的现代人群体，推进现代化事业的迅猛跃进。

传统文化的现代化改造，还必须着眼于文化形态的高层次发展。检视世界文化的发展历程，其轨迹明显呈现一种螺旋式上升的圆圈状。在古典世界里，曾经出现东方（中国、印度）与西方（希腊、罗马）文化并肩发展、双峰并峙的格局；中世纪则出现东方文化超越西方的现实；迨至近代，世界文化又转为西方领先；而在当代西方文化思想和基本观念正经历着新的转折，其动向之一便是吸收东方文化传统中的某些因素。这是由于科技的发展要求新的综合，而以素朴的整体观念和求统一的思维方式为特征的中国古代文化对现代西方文化便有所启示。英国哲学家罗素说："我常想，假如我们要熟知这个世界……我们不但必须承认亚洲在政治上的平等地位，还必须承认文化上的平等地位。我不知道这将带来什么变化,但我坚信变化必极深远,也必有最大的重要性。"[①]李约瑟也说:"当此时刻来临时,欧洲(或更确实地说,届时全世界)便能取材于一极古老而又极明智但全然非欧洲性格的思想模式。"当然,这种"复归"不是简单的回复,而是融合东西方文化中优秀成分,在更高层次上的再现。这一文化递变的轨迹表明,文化形态总是在某种形式下向高级层次螺旋式递进,在这一过程中民族狭隘性也日益被打破。

中华民族在以往数千年的历史中贡献过震惊全人类的文化,又没有在近代的挫折中甘于沉沦,而是顽强地摸索重新崛起的路径。可以预期,有着如此雄健的生命活力的中华民族,赢得了新的生产力提供的丰厚土壤,并在科学世界观阳光雨露的滋润下,一定可以创造出无愧于古人、无愧于现代世界的新文化。

在"风雨如磐"的20世纪初叶,一些先进的中国人曾满怀信心地期待"使我20世纪之支那,进而为世界第一强国。是则吾人之主义,可以大书而特书曰'爱国主义'"[②]!这些先驱者身后的几十年间,中国的面貌发生了翻天覆地的变化。中华民族历尽艰辛,终于走到了强国之列。"路漫漫其修远兮",爱国主义则是激励中华民族攀登高峰的重要动力。当今的爱国主义,是科学的而非蒙昧的、人民大众的而非个人自我的、开放的而非狭隘的。这就需要"以正确可行之论,输入国民之脑,使其有独立自强之性,而一去其旧染之污,与世界最文明之国民,有同一程度,因得以建设新国家"。

在这本《中国文化简史》中,共同探究中国文化的历史奥秘,其现实意义正在于此。

---

① [英]罗素:《西方哲学史》,何兆武、李约瑟、马元德译,北京:商务印书馆1963年,第338页。
② 卫种:《〈20世纪之支那〉初言》,《辛亥革命前十年间时论选集》第2卷上册,北京:生活·读书·新知三联书店1977年,第64页。